TOMORROW'S LAWYERS

明日の
法律家

リチャード・サスキンド 著
Richard Susskind

池内稚利 訳
Masatoshi Ikeuchi

永遠の幸福を私に与えてくれる子ども達、
ダニエル、ジェミー、アリに
本書を捧げる

Tomorrow's Lawyers
An Introduction to your Future
3rd edition
by Richard Susskind

Copyright ©Richard Susskind 2023

Tomorrow's Lawyers: An Introduction to your Future 3rd
edition was originally published in English in 2023. This
translation is published by arrangement with Oxford
University Press. Shojihomu Co., Ltd. is solely responsible for
this translation from the original work and Oxford University
Press shall have no liability for any errors, omissions or
inaccuracies or ambiguities in such translation or for any
losses caused by reliance thereon.

日本語版への序文

　拙著『明日の法律家（Tomorrow's Lawyers）』の第3版が日本語に翻訳されたことを大変光栄に思う。丁寧かつ熱心に翻訳作業をされた池内稚利弁護士に心から感謝している。また、この序文を書く機会を与えられたことも大変な栄誉である。

　私は2007年に一度だけ日本を訪れたことがある。妻と娘とともに、人生で最高の休暇を過ごした。息をのむような景色、非常に美しい庭園、素晴らしい食事、ハイテクな雰囲気、そして出会った多くの人々によるもてなしを味わいながら、方々へ旅をした。この旅は休暇であると同時に仕事でもあった。後者については、私の友人である葛西康徳教授が親切に受け入れてくれた。最高裁判所への訪問や、法律事務所の弁護士、企業内弁護士、法学者など、各種会合での講演を企画してくれた。さまざまな会話から多くのことを学んだ。

　その講演旅行で使用したスライドを振り返ってみると、私の講演は、2008年に初めて出版された『法律家の終焉？（The End of Lawyers?)』という、おそらくは不適切なタイトルであった別著で展開した議論に焦点を当てていたことがわかる。しかし、講演やその書籍で取り上げたテーマの多くは、今回の著作にも盛り込まれている。何よりも、私の仕事と本書は、法律の世界における変化の可能性と魅力について、また、法律の運用や裁判所の運営を改善するためにデジタル技術をどのように活用できるか、また活用すべきかについて論じている。他のすべての産業やマーケットと同様に、法律もアップグレードされなければならないと私は

主張する。そのために、法律専門家は、「明日の法律家」になることを望むのならば、新しいスキルや学問を学ばなければならない。

　私はスコットランド法を学んだ者として本書を執筆しているが、本書で述べたことが日本にとっても有益であることを願っている。私の主眼は、突き詰めれば、実体法よりも、社会、政府、ビジネスにおける法の役割にある。

　未来について執筆する際に常に直面する課題の1つは、新しい技術やテクノロジーが目覚ましいスピードで出現していることである。それは、私の著作が常に時代遅れになることを意味する！

　この課題は、人工知能の飛躍的な進歩により、この2年間で特に顕著になった。特に「生成AI」の分野では、オープンAIによってChatGPTがリリースされた2022年後半以降、世界中で爆発的な成長と投資がもたらされている。これは私が本書の原稿を書き上げた後の出来事である。しかしながら、読者は、この動向やその他の発展が、本書を通じて私が予想する大まかな軌道と一致していることに同意されるであろう。

　AIは今後も急速に進歩し、その速度は上がっていくであろう。そのため、ある段階で本書の改訂版が確実に必要となるであろう。しかし、まだそのときではない。それまでの間、私は日本の読者に心からのエールを送るとともに、我々が直接会って対話できる日を心待ちにしている。

リチャード・サスキンド

2024年10月21日

イギリス、ロンドンにて

第 3 版への序文

　パンデミックの期間中、私は何人もの人から祝電のメールをもらい当惑した。それらは、COVID により法律家がテクノロジーの重要なユーザーとなったことを指摘して、「リチャード、君が描く未来がやって来たよ。」と述べていた。それは、私が仕事をやり遂げたと暗示しているようでもあった。

　しかし、私はいずれの意見にも賛成しない。

　多くの法律家がいまや自宅で仕事をすることが日常的になったというだけで、法律家が最終目的地に到達したとは私は考えていない。ビデオ通話をマスターしてリモート・ワークをすることは、本書で描いている変革された法律の世界への初期のステップにすぎない。そして、私の仕事が終わったとも思っていない。このことを報告できて心が軽くなっている。第 3 版の出版を勧めてくれた世界中の法律家や法学教授に心から感謝の意を表する。

　しかし、明日の法律家が今日の法律家となり、本書の改訂の必要性がなくなる日は来るのであろうか。このような質問自体、我々が生を営んでいる時代を誤解していることに等しい。パンデミックと戦争の脅威がもたらした変化のスピード以上に、テクノロジーは猛烈なペースで進歩しており、今後しばらくの間、我々は絶え間ない変化の時代に、法律の世界で働き続けることになると予想しなければならない。我々のシステムの性能がますます向上するにつれて、現在の法律業務のいくつかが衰退し、新しい業務が確実に生まれるであろうが、これらの多くもやがて機械に代替されるであろう。これから先、法律家は、常にニーズに柔軟に

対応し、時代に適合した存在とならなければならない。

　変化の速度は、とても予測しにくい。10年前に本書の初版を書き上げた私は、法的機関や法律家は、過去200年の間に生じた変化よりも大きな変化を今後20年の間に経験するであろうと予想したが、それに従えば、我々は、まだまだ道半ばである。私は、この予想がそれほど極端な考えだとは思っていなかった。なぜなら、実際に、法律の世界では過去200年間、少なくともイングランドにおいては1870年代の改革以来、大きな変化は見られなかったからである。いずれにしても、私が立てた予測を修正する必要はないと考えている。本書全体を通じて論じているように、全体的なリーガル・エコシステムを見渡せば、すでに重大な変化が見て取れるし、変化のペースは——これが非常に重要であるのだが——加速し続けている。この主張のささやかな証拠とするために、私は、本書の今回の改訂には、これまで以上に精力を注いだ。本書初版から10年を経た現在においては、初版刊行から5年経たころ以上に多くの変化が生じてきた。

　そうは言っても、世界の名だたる法律事務所は、まだまだ緩やかなペースで発展しているところである。そのリーダーたちの多くが、この2、3年の間に彼らのビジネスが実質的に変化したと言っている。しかし、これらの（特に、大きな成功を収めている）事務所で我々が目にするものは、末端の運営についての変更や巧みなマーケティングであり、全体的な変革ではない。それでも、今や、変化の芽は目に見えるものとなっており、2020年代には、これらの大事務所の基礎を支えているビジネス・モデルの大きな転換を目撃するであろう。

1　棒剛「19世紀イギリスにおける司法制度の改革」一橋研究12巻1号（1987年）99頁以下参照。

私は、法律の世界における変化の軌跡は指数関数的なカーブを描くと予想している。過去10年間は、小幅で安定した変化しか見えなかったが、今や、爆発的な変容の兆しが見えている。我々は、変化の分岐点にいるのである。

　長期的に見た場合、法律事務所における根本的な変化や変革と私が考えるものは何か。この問いに答えるために、あるテストを提案したい。それに従えば、人間の弁護士の従来の業務時間に対する請求が収入の半分以下となったときに、法律事務所が抜本的に変化したことになる。法律分野（およびその他の専門的職業）における基本的な革命は、一対一のコンサルタント型アドバイザリー・サービスから一対多のオンラインまたはシステムを通じたサービスへと移行したときに生じる。収入は、人間の時間を売ることからではなく、コンテンツをライセンスすることから生まれる。世界中で、私のこのテストに合格しそうな法律事務所は今のところ存在しない。このレベルまでに変化を遂げる法律事務所はないのかもしれない。しかし、法律事務所が変化しなければ、他のオルタナティブ・リーガル・プロバイダー[2]が代わりにチャンスをつかみ、コミュニティによりよく奉仕し、本書で述べるように、文字通り、眠っている間に利益を上げるであろう。

2　オルタナティブ（alternative）とは本書で頻出する用語である。これは「代替的」と訳されることもあるが、従来の弁護士または法律事務所によるものではないという意味である。オルタナティブ・ビジネス・ストラクチャー（Alternative Business Structure または ABS）は弁護士のみから構成される従来の法律事務所ではない、弁護士以外の資本参加を認める法律事務所である。また、オルタナティブ・リーガル・プロバイダー（alternative legal provider）は、弁護士や法律事務所以外のリーガル・サービス・プロバイダーのことで、リーガルテック会社などがこれに含まれる。オルタナティブ・リーガル・サービス・プロバイダー（Alternative Legal Service Provider または ALSP）と言われることもある。

最後に、私自身の考えは、本書の第2版が出版された2017年から進歩していることを述べておきたい。その後、私は『オンライン裁判と司法の未来（Online Courts and the Future of Justice）』（2019年版および2021年版）という新作を書くとともに、ダニエル・サスキンドと共著で、『プロフェッショナルの未来（The Future of the Professions）』の改訂版（2022年）を出版した。これらの本のアイデアや発見のいくつかは、本書に生かされている。

私は、本書を簡潔でインパクトのあるものにしようと試みたが、各版においてこの方針から外れてしまっている。しかし、長さはともかく、本書は入門書であり、明日の法律家の世界を駆け足で俯瞰しているものであることを強調したい。多くの人々が、それに肉付けするという大変な仕事を現在行っている。私の目標は、常に、議論を促し、その後の行動を奨励することである。

リチャード・サスキンド
2022年8月
イングランド　ラドレット村にて

第 2 版への序文

　2013年に出版された本書初版の中心的な主張の１つは、法律の世界は、過去200年間以上に、次の20年で変化するであろうというものであった。３年経って、我々はその過程にあると確信している。その間に、法律の世界では多くのことが発生した。例を挙げてみよう。

・多くの大規模法律事務所が定型的な法律業務を処理するために低コストのサービス・センターを設置した。

・ビッグ４の会計事務所がグローバルな法律問題の処理能力を急激に向上させた。

・全世界で1,000を優に超えるリーガルテックのスタートアップ企業が急増した。

・法律業における人工知能（AI）のアイデアが、専門職の枠を超えたイノベーターの興味関心を捉え、マーケットをリードする事務所から法学生や開発者まで広がった。

・イングランド＆ウェールズでは、自由化された法制度の下、無数の「オルタナティブ・ビジネス・ストラクチャー」が生み出された（現在では500を超えている）。

・カナダ法曹協会のような職業団体が、リーガル・サービスの未来についての研究を行った。

・英国政府が、イングランド＆ウェールズの裁判制度の近代化およびデジタル化に10億ポンド以上の投資をすることを決定した。

・無数のインハウス法務部門が（特に米国において）、彼らの業務

を見直し管理するチーフ・オペレイティング・オフィサーを任命した。

・そして、読者各位に許されるならば、中国の法律家が英国の法律家よりも多く本書を購入したことも挙げさせていただきたい。

このように、この3年という短期間に、多くの変化が生じた。同時に、多くの評論家が、変化のペースが加速していることを認めている。そして、法曹界の多くのリーダーたちが、法律の世界が変革の時代に突入したことを公に認めている。

実際のところ、我々は、まだ準備段階にある。

私自身の考えも、進化している。その一端はいつものように私のクライアントである法律事務所から学んだものであり、彼らはそれぞれ、代替的な労働モデルと新たなテクノロジーを取り入れながら力強く前進している。一方で、私はまた、この数年間、オンライン紛争解決にも注力している。私は、民事司法評議会（Civil Justice Council）アドバイザリー・グループの議長を務め、オンライン裁判というアイデアを考案し、これが採用されて現在イングランド＆ウェールズの司法および政府の政策となっている。何よりも、私は、オックスフォード大学ベリオール・カレッジの経済学フェローであり、私の息子であるダニエル・サスキンドとともに『プロフェッションの未来（The Future of the Professions）』を執筆するという特別な栄誉を与えられた。[1]この本は、2015年に出版された。法律家以外の他の専門職も対象としたことと、エコノミストと協働したことで、私は、過去の分析のいくつかを見直した。

これらすべてが、本書初版が今や時代遅れとなったと語ってい

1　『プロフェッションの未来——AI、IoT時代に専門家が生き残る方法』（小林啓倫訳、朝日新聞出版、2017年）。

る。そこで、この第2版は、リーガル・マーケットの最近の進展を考慮しながら、私自身の考えと経験の進展を反映させることを目的としている。本書でも再度、私は、自分の考えを簡略にまとめている。なぜなら私の関心は、広大なトレンドとその帰結という大きな全体像だからである。読者には、法律システムを改善するという目的をもって、先入観なく議論をしてもらいたい。本書は当初、若手の法律家を対象としていたが、ベテランの法律家も短くて低廉な本を好み、本書を読んでいることが判明した。私はこのことがとても嬉しい。今日引退しない限り、すべての法律家が明日の法律家である。

リチャード・サスキンド

2016年10月

イングランド　ラドレット村にて

初版への序文

　私は、明日の法律家や法学教育者に対し、法曹界や司法システムが現在直面している喫緊の課題について分かりやすく解説するために、本書を執筆した。我々が法律の世界の根本的変化の瀬戸際に立っていることに疑いはなく、私の主たる目的は、その原因と予想されるインパクトについて幅広い議論を引き起こすことである。

　当初は次世代の法律家の将来についてのガイドブックを想定していたが、本書が経験豊富な実務家に読まれることも期待している。分厚い本を読む時間がない忙しい専門家に対して、本書が、私の以前の著作と比べても、私の考えについてより刺激的にまとめられていると感じてもらえることを願っている。本書はリーガル・マーケットのトレンドについての私の見解の実質的な改訂版である。

　もとより、読者が私の述べることのすべてに同意することは期待していない。ただし、本書が法律と法律家の未来についてより真剣な考察と議論を生み出すならば、私の仕事は達成されたことになろう。しかし、我々は急激な変化の時代に生きているので、その仕事が完了することはないであろう。ここで新しいリーガル・ビジネスが生まれたとか、あそこでオンライン・システムができたといった法曹界のイノベーションについての新しいニュースや、これまでと異なる手段で顧客の要請に応える創造的なアイデアの出現などを、私は、毎日のように耳にしている。しかしながら、これらのイノベーションについて述べるにはどこかに線を

引かなければならず、私は、2012年5月末までの進展しか言及できなかった。本書が刊行されるまでに、重要な新しいリーガル・サービスが生まれたとしても、私は驚かない。

私が感謝する人たちが何人かいる。まず最初に、オックスフォード大学出版社（OUP）のチームである。本書は、OUPが出版に同意してくれた私の著作の5作目にあたる。これまでと同様に、この非常に尊敬されている出版社と協働できる名誉を与えられた。イングランド＆ウェールズのルース・アンダーソンとソフィー・バーハムおよび米国のニネル・シルバーバーグの支援とアドバイスには特に感謝している。また、匿名で私の本を評価し、多くの重要な点の改善につながる幅広い提案をしてくれた事前審査員の方々にも謝意を表したい。

次は、パトリシア・ケイトである。彼女は、私の無数の原稿作成を手伝い、私の早口のグラスゴー訛りをどの言語認識システムよりもよく理解してくれている。

また、本書の初期稿を読んでくれた友人や同僚たちの助言、激励および批判も非常にありがたかった。ネビル・アイゼンバーク、ヘイゼル・ジェン、ダニエル・ハリス、ローレンス・ミルズ、デビッド・モーリー、アラン・パターソンおよびトニー・ウィリアムズである。彼らに対しても、深い感謝の意を表する。

2人の書評家には特別に言及しなければなるまい。私の息子のダニエルとジェミーである。彼らの愛と激励がなければ本書は書けなかっただろう。向上心のある法律家向けの本のアイデアを提案したとき、彼らは感激してくれた。他の仕事が忙しくて筆が進まないときには、私を奮い立たせてくれた。そして、初期稿に対していろいろなコメントをくれた。私は、彼らの思考の広さと明晰さに驚いている。

最後から2人目の感謝すべき人は、私の娘であり友人のアリである。彼女の兄たちとともに、本書を彼女に捧げる。私は、彼女と一緒に過ごした多くの楽しい時間のすべてを慈しんでいる。彼女以上に素晴らしい娘はいないだろう。

そして最後に、いつもと変わらず、愛する妻ミッシェルに心から感謝する。30年以上経った今でも、彼女は、私の取り憑かれたような著作活動を寛大に見守ってくれている。それは容易なことではない。私の仕事に対する彼女の無限の支援と私のアイデアに対する彼女の信頼は、私にとってかけがえのないものである。

リチャード・サスキンド

2012年6月

イングランド　ラドレット村にて

1つのドアが閉まるとき、別のドアが開かれる。しかし、我々は、多くの場合、閉ざされたドアばかりを残念そうに長く見つめて、我々に開かれたドアを見ない。

アレクサンダー・グラハム・ベル

組織は、自分たちが解決しなければならない問題を存続させようとする。

クレイ・シャーキー

どこに向かっているか分からなければ、そこにはたどり着かないだろう。

ヨギ・ベラ

目　次

日本版への序文・i

第3版への序文・iii

第2版への序文・vii

初版への序文・x

序　論・1

第1部　リーガル・マーケットの劇的な変化・9

第1章　変化の3つの推進要因・10

第2章　パンデミックの影響・29

第3章　成功への戦略・35

第4章　法律業務のコモディティ化・44

第5章　これまでと異なる業務のやり方・52

第6章　破壊的リーガル・テクノロジー・64

第7章　グリッド・81

第2部　新しい構図・93

第8章　法律事務所の未来・94

第9章　インハウス弁護士の役割のシフト・107

第10章　リーガルテック・スタートアップ・122

第11章　変化のタイミング・132

第12章　司法アクセスとオンライン・リーガル・サービス・140

第13章　裁判官、裁判所およびテクノロジー・149

目次　xv

第14章　オンライン裁判とオンライン紛争解決・163

第15章　『法の未来』再考・180

第3部　若手の法律家の展望・189

第16章　法律家の新しい仕事・190

第17章　誰が明日の法律家を雇用するのか・209

第18章　何を目的として法律家を教育するのか・223

第19章　古い研修基盤の刷新・234

第20章　雇用主に尋ねるべき質問・242

第21章　イノベーション・252

第22章　人工知能と長期的展望・260

参考文献・275

訳者あとがき・281

索　引・302

凡　例

1．本書は、Richard Susskind 氏による *Tomorrows' Lawyers：An Introduction to your Future 3rd edition*（Oxford：Oxford University Press, 2023）の全訳である。著者による「日本語版への序文」を付した。

1．原書には著者による脚注（原注）は付されていない。本書の脚注はすべて訳者注である。

1．本文中の固有名詞は原書における表示のままであり、その後の変更（たとえば、Facebook → Meta、Twitter → X）は反映されていない。

1．索引項目は原書のものをベースに、訳者が日本語版用に編成した。

序　論

　本書は意欲的な若手の法律家の将来を簡潔に素描するものである。本書で予測し解説する明日の法律の世界は、過去の世界とはほとんど類似性がない。法的機関と法律家には、今後20年もしないうちに、過去200年間で経験してきた以上の革命的な変化が起きるであろうという2013年の本書初版の主張を、私は変更しようとは思わない。

　もしあなたが若手の法律家であるなら、私が革命と呼ぶ現象を目撃することになるであろう。ここで言う「若手」とは、広い意味で解され、法律の分野での仕事を考えている学生から、自己のキャリアをどのように作り上げていこうかと考えている法律事務所の新人パートナーまでが含まれる。また、リーガル・マーケットの再編を試みているリーガルテック・スタートアップやオルタナティブ・リーガル・プロバイダーのような、新しい法律事業に関心がある人たちも本書の読者として想定している。

　本書を2、3行読んだだけで読む気が失せるような旧来の法律事務所のベテランの経営者に対しては、警告を発したい。将来のこと、その中でも特にテクノロジーに関する論点は、主に次世代の関心事のように見えるかもしれないが、ここで論じている変革のいくつかは、今はまだ起きていなくても、数年内に生じる。本書で述べられていることは、引退が差し迫っていない限り、ベテランの法律家にも直接に影響するであろう。それ以上に、法曹界のリーダーたちは、年金が出るまで仕事にしがみつくだけでなく、長期にわたり後輩に残すべきものについても関心を持つべきである。

2　序　論

　「私の呼びかけは、年齢ではなく、心が若い人に向けてのもので
ある。」と、かつてジョン・F・ケネディは言ったが、私も、
今、この言葉を引用したいと思う。私は主に、若い精神の持ち主、
情熱的な人、意欲的な人——法律および司法システムを現代化
（私は、これを「アップグレード」と呼びたい）することができ、し
なければならないという認識を私と分かち合える人たちに向けて、
本書を書いている。

法曹の非連続性

　本書は、一連のきわめて重要な問題について、法律の世界で盛
んに議論されている時期に出版されることとなった。たとえば、
「司法アクセス」を後退させかねない公的法律扶助の削減につい
ては、強い関心が寄せられている。高額な学費で、就職の機会を
超える人数の学生を募集しているようなロー・スクールに対する
懸念がある。そして、裁判所での訴訟に関する不相応な費用につ
いて不安視されている。

　私は、これらの問題や他の多くの弊害に対する対策を提案して
いるが、それは、多くのキャリア・アドバイザー、親、教授およ
び法律実務家のものとは異なる。たとえば、多くの法律家が法律
扶助のわずかな削減について議論しているのに対し、私は、別の
方法によるリーガル・ガイダンス[1]の提供、特に、オンライン・
リーガル・サービスを通じた提供を検討し実行すべきであると主

1　本書においては、リーガル・ガイダンスとリーガル・アドバイスという
　2種類の概念が用いられている。この両者には、大きな違いがあり、ア
　ドバイスは特定の問題に焦点をおいた、具体的な回答を提供するもので
　あるが、ガイダンスはもっと一般的な助言を意味する。

張している。また、評論家がロー・スクールの過剰募集を取り上げているのに対し、私は明日の法律家たちに、魅力ある新しい仕事の全体像を提示している（ただし、我々がまだ、学生や若手の実務家にこれらの仕事を提供する準備ができていないのが悩ましいところであるが）。そして、裁判官や訴訟当事者が訴訟費用をコントロールしようとするのに対し、私は、バーチャル審理、オンライン裁判、オンライン紛争解決の利用を増やすべきであると考える。

今日の法律の世界の住人の多くは、法曹の連続性を前提として、過去から解決方法を導こうとする。これに対し、私は、時間の経過とともに非連続性が生じ、現在の法律業界の権威者たちがまったく経験したことがないリーガル・インダストリーが出現することを予測している。リーガル・サービスの未来は、グリシャム[2]でもなければ、ラムポール[3]でもない。また、ウィッグ[4]でも、板張りの法廷でも、革装の判例集でも、難解な法律の専門用語でもない。それは、アドバイスを行う側が指名した弁護士による、一対一の、コンサルタント型専門家サービスという支配的なローヤリング・モデルですらない。クライアントの要請に応えるため、我々は、現在の家内制手工業のような手法で行われていることの多くを放棄し、リーガル・サービスの提供方法を再発明する必要がある。他の分野の専門職が巨大な地殻変動を経験しているように、法律の分野でも同様なことが起こらなければならないし、実際に、それはすでに起こっているのである。クライアントのため

---

2 ジョン・グリシャム。米国の作家、元弁護士。主な作品に、『評決のとき』、『法律事務所』、『ペリカン文書』、『依頼人』等があり、多くの作品が映画化されている。
3 英国のテレビ・ドラマ・シリーズ『Rumpole of the Bailey』の主人公バリスターのこと。
4 英国のバリスターが法廷でかぶる鬘（かつら）のこと。

4　序　論

の解決手段を手作りするオーダーメイドの専門家は、より低額な労働コスト、マス・カスタマイゼーション、リーガル・ナレッジ[5]の再利用、先進的テクノロジーの普及的利用その他を特徴とする、新しい業務方法の挑戦を受けるであろう。

　私がロー・スクールにいた1970年代後半から1980年代前半には、法曹の将来がどのようなものかを考える学生はほとんどいなかった。当時の我々は、これから約25年間の法律家の仕事は、その当時の法律家のそれとほとんど変わらないものだと当然のように考えていたし、何も変わらないと予想することは間違っていないと皆思っていた。それに対し、今後の25年を見渡すならば、法律家や裁判所が、今までと同様に業務を行うと予想することは現実的でない。変化をもたらすいくつかの要因の中で、たとえば、テクノロジーの性能が留まることなく向上し普及していることだけを取り上げてみても、我々は、明らかに、小さな調整を超える大きな変化を予想せざるをえないだろう。

なぜ、私の主張に耳を傾ける必要があるのか？

　あなたは、法曹界の大勢の先輩たちが、現在、法律家や法律システムに関する長期的未来について、深く検討していると思っているかもしれない。しかし、指導的立場にあるとあなたが期待する人たち——政治家、法律事務所のシニア・パートナー、政策立案者、法学教授、ベテラン裁判官、専門職団体のリーダーたち——

5　本訳出では、legal knowledge を原則として「法的知識」と訳さず、「リーガル・ナレッジ」としている。ここでの「リーガル・ナレッジ」は、法律の条文、法解釈、法的原則、法手続などに関する知識に加えて、実際の法律業務の処理を通じて得た経験、理解、洞察、知見なども含む広い概念である。

——のほとんどは、実際には、数年先までしか見ていない。この困難な時代には、今現在のことを考えるだけでも、十分頭痛の種なのである。

　実際、リーガル・コミュニティにおいて長期的な理論や計画にキャリアのすべてを捧げている法律家や研究者は、全世界でわずか200〜300人程度である（彼らの著作のいくつかは、本書の「参考文献」で参照されている）。私はその中の1人であり、未来について、大抵の人よりも長い間、論文を書いたり、講演をしたり、アドバイスをしたりしてきた。私は、この分野の研究を、グラスゴー大学の法学部3年生であった1981年から始めた。その後、オックスフォード大学で法とコンピュータについての博士論文を書き、「ビッグ4」会計事務所の1つで数年働いた。それから90年代のほとんどを国際法律事務所で過ごしたが、そのうち3年間は経営会議のメンバーだった。私は、法学教授を30年以上務めており、国際法律事務所、国の政府機関、インハウス法務部門、および世界中の司法機関に対する独立アドバイザーを25年間務めている。また、1998年から、イングランド＆ウェールズ首席判事のテクノロジー・アドバイザーを務めている。

　私の見解に対する最も批判的な評論家たちでさえ、過去35年以上にわたる私の数多くの書籍や新聞記事に記された未来予測については、間違いよりも正しいことのほうが多かったと認めるであろう。そこで、こう言いたい。もし、本書で予測したような根本的に変革された法律の世界が現実となる可能性が50％以上の確率であるならば、それが一体何であるかを数時間かけて熟考する価値があるだろう。もし、私の予測が依然として正しければ——未来予測に対する私の確信は1990年代よりも現在のほうが大きい——、本書は読む価値があるだろう。そして、読者には、自

衛的に反応する（「どうすればこの現象を止められるか」）のではなく、本書の各ページに刺激的な新しい選択肢やチャンスを見出してくれる（「私は、パイオニアの1人になりたい」）ことを、私は期待している。

本書はどう構成されているか？

　本書は、3部に分かれている。第1部は、私がこれまで出版した4冊の著書（『法の未来（The Future of Law）』（1996年）、『法の変革（Transforming the Law）』（2000年）、『法律家の終焉？（The End of Lawyers?)』（2008年）、『プロフェッショナルの未来（The Future of the Professions)』（2015年、ダニエル・サスキンドとの共著、2022年に改訂）で提示した、リーガル・サービスの未来に対する私の見解をアップデートして簡略化したものである。本書では、これらの著書の主要テーマを抽出し強調している。私は、リーガル・マーケットにおける変化の主たる推進要因を紹介し、これらが、なぜ、どのようにして、弁護士をこれまでと異なる業務のやり方に導き、リーガル・サービスに対し斬新なアプローチをする新しいサービス・プロバイダーをマーケットに参入するよう促しているかを説明している。その中で、法律の世界に対するパンデミックの影響を検討し、弁護士の伝統的な業務のやり方を破壊する可能性のあるテクノロジーを幅広く概観している。これらのシステムの理解の助けとなるように、リーガル・テクノロジーのインパクトを構造的に考えるフレームワークを提供している。本書全体を通じてかなりの部分は、ビジネス法律事務所が手掛ける民事案件に焦点を当てているが、決してそれに限定されてはいない。他の著作で私の考えをすでに知っている読者も、第1部を飛ばさず

に読んでほしい。なぜなら、それらを執筆した後、私の考えやマーケットに大きな進展があるからである。

次の第2部では、私が予想する新しい法律の世界の構図を描いている。法律事務所の未来、インハウス弁護士が直面する問題、急激に台頭しつつあるリーガルテック・スタートアップ産業の興隆について議論するとともに、簡潔な形で、私が予想する変化のタイミングを示唆している。また、各種のオンライン・リーガル・サービスを通じた「司法アクセス」の問題の克服方法をいくつか紹介している。裁判官や裁判所の業務およびビデオ審理、オンライン裁判、オンライン紛争解決の将来についての予測も提示しているが、ここでは、私の最新の著作である『オンライン裁判と司法の未来（Online Court and the Future of Justice）』を参考にしている。この本は、当初2019年後半に出版されたが、パンデミックにより修正され、2021年に改訂された。さらに、法律の世界の今後20年間を予言した拙著『法の未来（Future of Law）』(1996年) において私が発見したものについても再考している。

最後の第3部では、特に、若手の法律家の将来に焦点を当てている。どのような新しい仕事や雇用主が現れ、何を目的としてどのように次世代の法律家を教育するかを問うている。私は、これらの問題に対するポジティブで勇気づけるような答えを示すとともに、現在および将来の雇用主に対する洞察に富んだ質問を若手の弁護士に授けている。続いて、多くの法律家やマーケティング・アドバイザーが口にする話題である「イノベーション」についての私の考えを示し、最後に、長期的な視野から、特に人工知能（AI）に注目し、あらゆる場所にいる（心が）若手の法律家に課題を投げかけて本書を締めくくっている。

おそらく全時代を通じて最も優秀なアイス・ホッケー選手であ

るウェイン・グレツキーは、「パックのあるところでなく、パックが行くところに滑って行け」とアドバイスしたことで有名である。同様に、法律家は、法律事務所かロー・スクールかを問わず、その将来について考えるときには、過去ではなく、未来のリーガル・マーケットに向けて計画を立てるべきである。アイス・ホッケーに喩えると、多くの弁護士が、現在、パックがかつてあったところに向かって滑っているのではないかと私は危惧している。私の目的は、パックが行きつく可能性が最も高いところを示すことである。

第1部

リーガル・マーケットの劇的な変化

第1章
変化の3つの推進要因

　リーガル・マーケットは、現在著しく流動的な状況にある。リーガル・サービスの新しい提供方法が現れ、新しいサービス・プロバイダーがマーケットで確固たる地位を築き、裁判所の業務が変革されてきている。それらに適応しなければ、従来のリーガル・ビジネスの多くは破綻してしまうであろう。一方で、この流動期に、まったく新しい成功のチャンスが、起業家精神が旺盛で創造的な若手の法律家の前に現れるであろう。

　私は、この変化には3つの主たる推進要因があると考える。すなわち、「より多くのものをより安く」という課題、自由化、そしてテクノロジーである。私以外の多くの評論家は、ダイバーシティとインクルージョン、人口動態の変化、気候変動、メンタルヘルス、戦争の脅威、グローバリゼーションといった異なる要素を指摘するかもしれない。それらの要素が非常に重要であることは否定しないが、ここでは、リーガル・サービスの提供方法に生じる変化に特に注目している。私が手掛けてきたすべての研究やアドバイザリー業務と、これまで他の専門職で観察してきたことを背景として、私は、法律業務に関して、この3つの推進要因こそが注目すべきものであると確信している。それぞれ順番に紹介しよう。

「より多くのものをより安く」という課題

　弁護士のクライアントは多様化してきている。大きな組織で働き、大きな紛争の解決や大きな取引の締結に力を発揮してリーガル・アドバイスを行うインハウス弁護士がいる（10億ドルを超える年間予算も珍しくない）一方、賃借する資産、雇用する従業員、順守しなければならない各種の社内規程などに頭を悩ます中小企業のマネジャーもいる。さらに、転居、債務請求、人身損害賠償などについて、法律による支援を必要としている個々の市民もいる。このようにクライアントは多彩であるが、彼らは現在、大きな課題を共有している。それは、彼らは皆、従来の方式でリーガル・サービスの提供を受ける財産的な余裕がないということである。

　インハウス法務部門を管理するジェネラル・カウンセルは3つの問題に直面していると一様に言う。まず第1に、困難な経済状況により、チーム内の弁護士の人数を削減する圧力にさらされている。第2に、最高経営陣、財務部長、取締役会などから、外部法律事務所に対する支出を削減するよう要求されている。しかし同時に第3として、これまで以上に、リーガルおよびコンプライアンス業務が増加し、かつその業務がよりリスクの高いものとなっている。多くのジェネラル・カウンセルは、全体の法務予算を30〜50％削減するよう要求されていると言う。一見したところ、これでは法務部門は持続不可能である。大企業や金融機関などのクライアントは、業務量は増加するが、リーガル・リソースは削減されるという見通しに直面している。ここには何らかの変革が確実に必要である。私は、この問題を「より多くのものをより安く」という課題と呼んでいる。どのようにして、クライアン

トは、外部のリーガル・プロバイダーと協力しながら、より多くのリーガル・サービスをより低廉な費用で利用できるのか？　たとえ有力な法律事務所のパートナーが否定したとしても、クライアントが切迫した状況にあるということは明らかである。

　もとより、「より多くのものをより安く」という課題は、インハウス弁護士だけが抱えている問題ではなく、中小企業も同様のジレンマに直面している。これらの企業は、専門家であるインハウス弁護士を持たず、真剣に法律による支援を必要とする場合には、現在は外部の法律事務所に頼らざるを得ない。しかし、費用に対する厳しい要求があるいま、弁護士に依頼する余裕はなく、リーガル・ガイダンスなしにビジネスを遂行するというリスクを取らなければならないと、多くのビジネスパーソンが告白する。一般市民について言えば、我々の生活のあらゆる面で法律が中心にあるにもかかわらず、公的法律扶助の劇的な削減により、今では、非常に裕福な人か非常に貧しい人しか弁護士のサービスを利用できないという結果になっている。市民も、「より多くのものをより安く」という課題に直面しているのである。

　「より多くのものをより安く」という課題は、次の10年のリーガル・サービスの基調となると考えられる。この課題は、弁護士の業務のやり方を不可逆的に変えるだろうと私は予想している。明確にしておきたいのだが、合理的に考えれば、予見可能な将来に法律による支援の必要性が減ることはないであろう。反対に、より規制が進み複雑化する世界で、法律による支援の需要は増加している。大きな問題は、この増大する需要はどのようにして満たされるかということである。それは、従来型の弁護士や法律事務所によってであろうか。それとも、オルタナティブ・プロバイダーによってであろうか？

自由化

　変化の2番目の主たる推進要因は、自由化である。ここで少し背景を述べておくことは、その理解に役立つと思われる。ほとんどの国で、歴史的にかつ一般的に、資格を有する弁護士だけが、クライアントにリーガル・サービスを提供することを認められ、しかも、その場合でも、それは特定のタイプの組織（典型的にはパートナーシップ）からのみ認められるものであった。法律や規則は、誰が弁護士や法律専門家になることができるか、誰が法律事業を行えるか、そして、どのようなサービスを提供できるかについて規定しており、国によって、その線引きは異なっている。イングランド＆ウェールズにおいては、鍵となる概念は、「留保された法律活動」("reserved legal activities")[1]であり、それは、資格を有する法律専門家のみが行える業務である。米国では、中心的な概念は、「無許可法律業務」("unauthorized practice of law")[2]であり、弁護士以外の者を排除することにより、より多くのサービスが弁護士の独占領域として形成されている。各国のルールがどうであれ、弁護士の独占性の基礎となる原則は、ほとんどの国で類似しており、その主たる正当化理由は、法律のアドバイスを行う者は適切に訓練され経験を有していることが、クライアントの利益に資するというものである。我々は、素性不明の者に脳の手術をしてほしくないのと同じように、素性不明の者に、裁判所で

1　Legal Services Act 2007（https://www.legislation.gov.uk/ukpga/2007/29/contents）の Part 3 Reserved Legal Activity 参照。

2　これについては、Unauthorized Practice of Law Matrix（https://bwjp.org/2019-12-10-upl-matrix.pdf）が参考になる。

14　第1部　リーガル・マーケットの劇的な変化

代理をしてほしくないのである。

　しかし、ここでの1つの大きな問題は、法律専門家の閉ざされたコミュニティが、一般市民に対して十分な選択肢を提供しているとは思えないことである。数十年にわたり、評論家や改革論者は、法曹は不当な独占集団であり、その業務は制限的・反競争的であると批判してきた。その結果、多くの人たちが、誰がリーガル・サービスを提供できるかについて、そしてどのタイプの組織がそれを提供できるかについて、それらを定める法律や規則の緩和を求めてきた。これが自由化と呼ばれるものである（自由化は、規制撤廃とは異なるものであることに注意してほしい。多くの自由化運動は、依然として、弁護士が法律で規制されることを望んでおり、実際に、彼らは新しいカテゴリーのリーガル・サービス・プロバイダーも法律で同様に規制されることを求めている）。

　イングランド＆ウェールズでは、この要望に応える形で、2004年に、クレメンティ・レポート[3]の名で有名な独立調査報告書が発表された。デヴィッド・クレメンティ卿（会計士であり、弁護士でない）が、大法官[4]から、リーガル・サービスの規制枠組みを調査するよう任命された。リーガル・マーケットにおける制限的慣行に対する不信感に対応して、彼は相当な自由化を提案した。これが、2007年リーガル・サービス法（the Legal Service Act 2007）へと直接に導かれた。その法律の中で、「オルタナティブ・ビジネス・ストラクチャー」（ABSs）[5]と呼ばれる新しいタイプの法律事業者の設立が認められ、それにより、弁護士でない者

3　http://www.avocatsparis.org/Presence_Internationale/Droit_homme/PDF/
　Rapport_Clementi.pdf
4　大法官は、現在は、英国の内閣における司法省を所管する閣僚である。
5　Legal Services Act 2007（13頁注1参照）の Part 5 Alternative business structure
　参照。

が法律事業を所有し運営することができるようになった。それは、外部投資家がプライベート・エクイティやベンチャー・キャピタルのような外部資本として法律事業に参入することを認め、弁護士でない者が法律事務所の所有者となることを認めるものである。2007年法はまた、法律事務所が個人所有から株式公開に移行することを認めている（世界で最初に公開された法律事務所は、2007年のオーストラリアの Slater & Gordon である）。

　この自由化の物語は、イングランド＆ウェールズでは継続して展開されている。新しい所有規則が2011年10月に施行され、ABSsのライセンスが2012年3月に開始され、それ以来、1,500を超えるライセンスが付与された。ビッグ4巨大会計事務所（KPMG、PwC、Deloitte、EY）がその中に含まれ、リーガル・マーケットに対する関心の高まりを示す多くの兆候の1つとなっている（第17章参照）。長い歴史のある複数の法律事務所（たとえば、Reed Smith、Irwin Mitchell、Weightmans）が ABSs として認められ、同様に無数の小規模事務所、オルタナティブ・リーガル・プロバイダー（第17章参照）、スタートアップ（第10章参照）も認可を受けた。また、いくつかの法律事務所は上場した（たとえば、DWF、Knights、Keystone Law）。

　これらの進展は、相互に関連しながら重要度を深め、従来のリーガル・サービスから大きく飛躍しようとしている。これらの動きのすべてがリーガル・サービス法により直接引き起こされたというわけではないが、この法律——個々の取組みでなく、この法律自体が重要なポイントである——が英国のリーガル・マーケットに旺盛な起業家精神を生み出している。自由化が正式に認められていない国でも、リーガル・サービスの提供についての制約された狭い考え方を解放する動きが見える。リーガル・マーケット

には新しい競争相手——新しいサービス・プロバイダー——が生まれている。自由化が最終的に我々をどこに導くのかは誰にも分からないが、それがマーケットというものである。確かなことは、大きな変化が我々を取り巻いているということであり、プライベート・エクイティ、ベンチャー・キャピタル、アントレプレナー、他の専門職サービス・プロバイダーは皆、英国の370億ポンド規模のリーガル・マーケットが、効率的とはとてもいえない状態にあり、新しい、より低廉で、よりクライアント・フレンドリーでビジネスライクな方法でリーガル・サービスを提供することに大きなチャンスがあると認識している。

　ここが要点である。この分野の新規参入者は従来の業務のやり方にとらわれない。たとえば、彼らは、法律業務が、都市の中心部にある高価なビルで働く費用の高い弁護士により処理されるべきであるとも、また、法律業務が、従来型の弁護士の多くが現在も維持しているようなタイムチャージ・ベースで引き受けられることがベストであるとも考えていない。彼らは、古い業務のやり方に縛られず、変化を求め、往々にして、営利事業の実際の運営について訓練をほとんど受けていない多くの弁護士よりも優秀なビジネス・マネジャーである。経験豊富な外部投資家の支援、優秀な小売業者やテクノロジー会社による経営、取締役会の管理手法の導入といった影響を受け、法律の世界は、大分違ったものとなるであろう。

　マーケット勢力が英国の法曹界を席巻しつつあり、それが、従来の法律事務所に対する激しい競争圧力と、リーガル・ガイダンスを必要とする組織や個人に対する幅広い選択肢をもたらすであろう。法律事務所に対する自由化のインパクトがどこまで及ぶかについては、現在、かなり議論されている。たとえば、一部の大

規模事務所は、このすべてが大量の利益率の低い業務（つまり、価格を抑えた大量の法律業務）を行っている地域密着型の法律事務所に対してのみ脅威となるにすぎないという考えを変えていない。彼らは、外部資本導入の必要はないと言うが、自由化により、ビック4会計事務所のすべてが、競争力と資本力を備えて英国のリーガル・マーケットに戻ってきたという事実は念頭に置くべきである。また、大規模事務所は、これまでと同様に業務を続けるのに追加の資金は必要ないと考えるかもしれないが、テクノロジー・プラットフォームの開発（第6章参照）、本格的な人工知能（AI）システム（第22章参照）、大規模クライアント向けの共同サービス・センターの設立（第3章参照）のような新しいサービス・チャンスをものにする十分な資金的余裕が彼らにあるかは明らかではない。

　まだ自由化されていない国（多くの国がそうであるが）の弁護士は、以上とは違う理由で、自由化現象を否定し、これを少数の方向性を誤った国の特異な例とみなしている。しかし、私は、自由化により、増大する「より多くのものをより安く」というクライアントの課題に適合する法律事業者やリーガル・サービスが生み出されることになれば、その波紋は世界中に広がると予測している。自由化された体制における新しい形態のサービスの恩恵を受けたグローバル企業のジェネラル・カウンセルは、同様のサービスを自分自身の国で要求しないはずがない。従来のマーケットで業務を行っていた法律事務所は、たとえば、大規模な新規事業の資金を調達できず、競争上不利な立場に立たされていることに気づくことになるかもしれない。

　もちろん、他の国が、自由化の可能性にそもそも対応するか、また、対応するとしてもどのように対応するかについては、今後

の展開を待たなければならない。オーストラリアは、最初に自由化に踏み切った。イングランド＆ウェールズでは、強い信念で改革が行われた。これらの国だけでない。たとえば、ニュージーランド、アイルランド、スコットランドのリーガル・マーケットもある程度自由化された。米国では、多くの関連する問題が、各州の弁護士会で詳細に検討されており、そのうちの多くは変化に対し非常に前向きであるように私には見える。米国法曹協会では、倫理20／20委員会（Ethics 20/20 Commission）が2012年報告[6]で保守的な意見を、未来のリーガル・サービスに関する委員会（Commission on the Future of Legal Services）が2016年報告[7]でより柔軟な意見を表明したが、その後、重大な進展が見られた。2020年8月、ユタ州が（2年間の試行ではあるが）最初にABSsを認めた。翌月、アリゾナ州最高裁判所は、ABSsが恒久的に認められると宣言した。一方、同年初めに、カリフォルニア州弁護士会のタスクフォースも同様の方向性の前向きな意見を表明した。

　私の見解では、米国では、ダムが決壊し始めている。2020年代を通じて、激しい苦悩とさまざまな方向転換の後、西側のほとんどの主要国（米国の大部分の州を含む）と多くの新興国も、イングランドのように自由化が進むと私は予測する。そして、たとえそうならなかったとしても、一部の国における自由化の進展は、他の多くの国でリーガル・マーケットの解放をもたらすであろう。

　私は、自由化に抵抗する国に対してはかなり批判的である。クライアントを守るという名目で抵抗する人たちは、あまりにも不

6　INFORMATIONAL REPORT TO THE HOUSE OF DELEGATES（https:// www.americanbar.org/content/dam/aba/administrative/ethics_2020/20111212_ethics_20_20_alf_white_paper_final_hod_informational_report.pdf）

7　REPORT ON THE FUTURE OF LEGAL SERVICES（https://www.americanbar. org/content/dam/aba/images/abanews/2016FLSReport_FNL_WEB.pdf）

誠実ではないかと思う。弁護士が生き残り、繁栄することができるのは、他者にはできない価値を社会にもたらすからであり、自分たちの領域から他者を排除するような規制が行われているからではない。

テクノロジー

40年にわたる私の仕事の多くは、法律家と裁判所に対するテクノロジー（情報テクノロジーまたはデジタル・テクノロジーを意味している）の影響について考察し、書き表わすことに費やされてきたし、この問題について、数えきれないほどの法律事務所、インハウス法務部門および政府機関にアドバイスを行ってきた。法曹界は、一般的に、新しいシステムをすぐに取り入れることはしないが、テクノロジーの大波を避けることはますます不可能になっている。

テクノロジーは、いまや世界中に普及している。携帯電話やデバイスの利用者数（50億人以上）、インターネット利用者数（同じく50億人以上）、e-メール利用者数（約40億人）およびFacebook利用者数（30億人に迫る）を考えてみてほしい。

データについて考えよう。2010年に、当時のGoogleの会長だったエリック・シュミットは、「我々は、文明の夜明けから2003年までに創造された情報と同じ量の情報を、2日ごとに創造している」と述べた。シュミットのこの言葉は10年以上前のものであるから、この見解の2日ごととは、訂正が必要である。現在では、我々は約1時間ごとに、5クインテリオン（5×10^{18}）・バイト以上の情報を創造している。

デジタル・テクノロジーは、一時的な流行ではない。逆に、ク

ラウド・コンピュータの出現により、データ保存や処理能力が、水や電気のように公共サービスとしてますます利用されるようになっている。それでもなお、多くの法律家は、テクノロジーは過大評価されていると、素人目で私に語りかけてくる。少数だが、ドットコム・バブルの崩壊を指摘し、——何に基づくのか分からないが——テクノロジーの影響は鈍化しており、法曹界でAIについて最近語られていることは、中身がないものだと証明されるだろうと力説する人さえいる。これは、酷くトレンドを見誤っている。ムーアの法則（Moore's Law）を聞いたことがある法律家はほとんどいない。それは、土地（moor）についての法律ではなく、インテルの共同設立者であるゴードン・ムーアにより1965年になされた予測である。彼はその当時、（要約すると）約2年ごとに、コンピュータの処理能力が2倍になるが、そのコストは半分になると予測した。懐疑論者たちは当時、この傾向は数年続くだけで、その後は続かないだろうと批判した。しかしながら、この傾向はさらに強まり、物質科学、量子コンピュータ、電子チップの設計技術等の進化により、今後しばらくの間、衰えることなく続くであろう。

　先見の明があったレイ・カーツワイル[8]は、非常に優れた著作である『シンギュラリティは近い』[9]の中で、ムーアの法則がこのまま続く場合の未来の具体例を示している。カーツワイルによれば、2050年までに、平均的なデスクトップ・コンピュータは、全人類の能力を合わせた以上の処理能力を有する。私を過激であると評してもかまわないが、平均的なデスクトップ・コンピュー

8　米国の発明家、実業家、未来学者。人工知能研究の世界的権威である。

9　レイ・カーツワイル著『シンギュラリティは近い〔エッセンス版〕——人類が生命を超越するとき』（NHK出版、2016年）。

タが全人類の能力を合わせた以上の処理能力を有する日を目にすることがあれば、そのときは、法律家が業務のやり方を少なくとも一部は考え直す時となるだろう。テクノロジーが、我々の経済と社会を隅々に至るまで根本的に変えてしまうにもかかわらず、法律業務だけが何とかその変化から免れられるだろうとは、到底考えられない。

この文字通り指数関数的な処理能力の進歩は、テクノロジーの多くの他の側面（チップ上のトランジスタ数から、ハード・ディスク容量、コンピュータ・メモリー、帯域幅その他まで）に反映されていることに留意してほしい。最も注目すべきこととして、カーツワイルは最近、『アフター・ショック（After Shock）』という論文集の寄稿文の中で、ニューラルネット（現在のAIの基礎となる支配的技術）のパフォーマンスが2年ごとではなく3.5か月ごとに倍増し、「6年間で30万倍に増加する」と主張した。

テクノロジーの本質と役割も変化している。もしもあなたが1997年のウェブ・ユーザーであったら（当時のユーザーは、約4,000〜5,000万人だった）、あなたは、ウェブサイト・プロバイダーがあなたに向けて公開または送信する情報の消極的受け手にすぎなかったであろう。その10年後、我々は新しい時代に突入した。コンピュータ専門家でない普通の人間がウェブに直接、投稿または参加できるようになった。ユーザーがプロバイダーに、読者が著者に、受け手が参加者になったのである。ユーザーが投稿できるようになり、我々は、ブロガーであるか、ソーシャル・ネットワークのユーザーであるか、WikipediaやYouTubeのような共有されるオンライン・リソースへの投稿者であるかを問わず、情報を提供し互いにコラボする革新的に新しい方法を発見した。物語の次章は間違いなく、Web3（ブロックチェーンに基づく分散

型バージョン——詳細は気にせずともよい）と、ユーザーがオンラインの世界に完全に没入するバーチャル・リアリティとメタバースになるであろう。

テクノロジーに終着点がないと考えると、興奮すると同時に戸惑いも感じる。我々のマシーンとシステムは、ますます性能を向上させている。基礎となるテクノロジーが継続的で革新的な変化を遂げていることに加えて、数えきれないほどの新たなアプリケーションが日ごとに現れている。数年のうちに、我々のオンライン生活は、現在の我々がほとんど聞いたこともなく、また実際にまだ発明されていないシステムに支配されるかもしれないと考えると不思議な気分になる。ビデオ・ホスティング・サービスである TikTok を例に考えてみよう。TikTok は2016年に公開され、今では、10億人以上がユーザーとなっているが、この規模のユーザー数になっても、法律家はそれが未だ軌道に乗るのを待っているかのように私には感じられる。新たなシステムの出現に抵抗したり否定したりする際に我々がしばしば目にするものは、私が「不合理な拒絶主義」と呼ぶ現象、つまり、直接経験したことがないテクノロジーに対する、懐疑論者による独断的かつ本能的な拒絶である。その例の１つが、「オンライン裁判」（第14章参照）である。嘆かわしいほど多くの法律家が、実際に何が関係しているのかをじっくり考えたり、それが実際に機能している様子を見たりする前に、そう考えること自体を拒絶している。

繰り返しになるが、我々のマシーンはますます性能が向上している。時間の経過とともに、人間のみが行えると長い間考えられてきた作業や活動の多くは、高性能なシステムが自律的に、または熟練度が低い人々がこれらのシステムの支援を受けて行うことになるであろう。

例をいくつか挙げると、理解しやすいであろう。私の長年のお気に入りは、2011年に米国のテレビの一般知識クイズ番組 Jeopardy！で生放送された IBM のコンピュータ・システムである Watson である。Watson は、その番組史上最も優秀な 2 人の人間の出場者に勝利した。これは、AI、高度な自然言語理解、情報検索、知識処理、音声合成その他の技術を統合した、驚異的な技術的偉業である。誰もが注目する Google が関連情報の検索を我々にしてくれる一方で、Watson は、AI をベースとしたシステムが、今後数年のうちに、どのように我々と実際に会話をし、問題を解決していくかを示している。

Watson 以上とまではいわなくても、それと同様に注目されるものに、機械学習の分野での進歩がある。私がよく取り上げる例は、Google DeepMind[10] がボードゲームの碁として設計した AlphaGo[11] である。碁には、宇宙に存在している原子の数以上の可能な動きがあり、AI 専門家は長い間、いかなるシステムも、たとえ中期的に見ても、強い棋士には勝てないと考えていた。しかし、2016年初頭に、AlphaGo は世界一の碁の棋士を 4 対 1 で負かした。そのシステムは、「深層ニューラルネットワーク」[12]を用いて、「教師あり学習」（人間の専門家による過去のゲームに基づく）と、「強化学習」（システムが自分自身で何百万回も対戦し、その単独のゲームの結果による改善に基づく）の両者を組み合わせて訓練した。AlphaGo のある一手（第 2 ゲームの第37手）は、人間の

10　2010年に DeepMind Technologies として起業され、2014年に Google によって買収された英国の人工知能企業。

11　https://deepmind.com/research/case-studies/alphago-the-story-so-far

12　ここで言及されている技術概念については、Charu C. Aggarwal 著、竹村彰通＝今泉允聡監訳『ニューラルネットワークとディープラーニング』（学術図書出版社、2022年）などの専門書を参照。

チャンピオンから「美しい」と評された。不安に感じる人もいるかもしれないが、ここには人間の世界で「創造的」とか「革新的」といわれる特徴を示すシステムが存在している。AlphaGo が行った多くのゲームとその指し手は、このシステムの開発者の想定をはるかに超えるものであった。この話にはさらに驚異的な続編がある。2017年、このシステムの次のバージョンである AlphaGo Zero は、旧システムに100対 0 で勝った。この新しいバージョンは、人間のゲームの過去データで学習したのではなく、ゲームのルールを教えられた後に、3 日間自分自身と対戦しただけで旧システムに勝ったのである。

ここで、ディープ・ラーニング技術も利用する言語モデルである GPT-3（Generative Pre-trained Transformer 3）について考えてみよう。OpenAI が開発し、2020年にリリースされたこの自然言語処理システムは、人間がつくるのと相違のないテキストを生成する。2,000億語のテキストで学習し、あらゆるテーマについて幅広い形式で読み書きできる。GPT-3は、我々が人間だけに残された分野だと思っていた作業を行うことができる。文書の作成と要約を行い、質問に回答し、流暢に会話に参加することができる。物語を書き、詩を創作し、脚本を考案する。自分自身についての学術論文さえ書くことができる。それも、圧倒的に高いレベルで。たとえば、初期の研究論文では、人間が、GPT-3の書いた記事だと識別できたのはわずか52％でしかないと報告されており、それは偶然の確率と変わらない。

マシーンの性能が向上している例の最後に、感情に関するコンピューティングについて触れなければならない。それは、人間の感情を検出し表現できるシステムの開発に焦点を当てている。たとえば、人間の笑顔をスキャンし、人間よりも正確に、それが偽

物か本物かを判断するシステムである。これらのシステムは、他のあらゆるシステムと同様に、進化する一方であることを忘れないでほしい。また、ほとんどの弁護士は、Watson、AlphaGo、GPT-3や感情コンピューティングについて聞いたことがないということも忘れないでほしい。

リーガルテック

　経済や社会の営みがテクノロジーにより変革されつつある。この時代に、人類がかつて目撃したこともないほど巨大で急速な技術進歩の中で我々が生きているということは、法律の世界においてどのような意味を持つのであろうか。マシーンはますます高性能になっていくわけであり、法律実務や司法行政がテクノロジーの進歩の影響を受けないと考えるのは誤りである。最も情報集約的、あるいは文書集約的な産業の1つである法律業界でも、根本的で広範かつ不可逆的な変化を目撃することになるであろう。

　公平に言うが、多くの弁護士は現在、テクノロジーの影響を受け入れている。しかし、彼らはその主たるインパクトが、現在すでに行っていることの自動化にあると考え、テクノロジーを現在の仕事の合理化、最適化、そして時には飛躍的な向上のためのツールであるとみなしている。確かに、リーガルテックは、最初の65年間は、ほぼ完全に自動化、つまりテクノロジーを従来型の弁護士業務に接ぎ木することに集中していた。テクノロジーは、従来の法律業務を変えるものではなく、それを支援し強化するものとして何十年にもわたって使われてきた。あまりにも多くの弁護士が見逃しているのは、イノベーションの可能性と確率である。私は、イノベーションという言葉を、以前は不可能だった（また

は想像もできなかった）作業をテクノロジーを通じて我々が実行できるようにする手段という特定の意味で用いているが、ここではマインドセットの転換が必要である。テクノロジーについて考えるとき、弁護士にとっての課題は、非効率的な現在の業務方法を単純に自動化するだけではない。それでは、多くの場合「より低いコストで混乱を招く」だけになりかねない。そうではなく、2020年代以降の課題は、革新、すなわち、過去にはできなかった方法で法律を実践し、司法アクセスを提供し、裁判所を運営することにほかならない。

しかしながら、これらの革新的なテクノロジーの多くは破壊的（第6章参照）な結果をもたらすものであることを我々は認識しなければならない。それらは、従来の業務方法と平和的に共存し永続するものではなく、従来の慣習に根本から抗い、変化させていくであろう。このユビキタスで指数関数的に進化する革新的テクノロジーは、法律の世界を転覆させることになるであろう。パンデミックに触発されたこれらの変化は、間違いなくクライアントへのサービス提供の方法を変化させ、ガラス張りの建物や古びた住宅街のオフィスでの対面のミーティングから、情報量が豊かで、臨場感のあるオンラインでのコミュニケーションへと大きく移行させるであろう。それらは、コンサルタント型のリーガル・アドバイザリー・サービスから、オンライン・プロダクツやアドバイスおよび法令順守や法令履践の業務過程への組み込みなどへの移行を促進するであろう。それらは、オンライン裁判の開発と実用化の基盤となり、弁護士に委託する余裕のない人たち（多くの人たちがこれに当たる）向けの自動システムを実現するであろう。これらは、本書でこれから述べられる内容の一部である。

まず、前提として注目すべき点は、我々はまだ法律分野におけ

る技術的変化の入口にいるにすぎないということである。リーガルテックへの世界的な支出は100億ドルから200億ドルの間である。かなり多額に聞こえるかもしれないが、世界のリーガル・マーケット自体は1兆ドル規模になりつつある。他と比較すると、金融サービスやヘルスケアの分野では、もっと多くの金額がテクノロジーに投資されている。同様に重要でありながらあまり広く議論されていないことは、私の推定によると、世界のリーガルテックへの支出の90％以上が法律事務所によるものであり、インハウス弁護士による自社システムへの支出はほんの一部であり、弁護士でないユーザーが直接使用するシステム（市民向けのセルフヘルプ・サービスなど）への支出は、さらにごく一部であるということである。

　さらに深く掘り下げると、法律事務所にアドバイスしてきた私の経験では、リーガルテック支出の90％以上がバックオフィス・システム（ラップトップ、サーバー、データ・センター、ソフトウェア・ライセンスその他）に費やされている。地味で平凡であるが、現在のリーガルテックのほとんど（言わせてもらうと、90％中90％）は法律事務所のエンジン・ルームに備え付けられている。対照的に、リーガルテックに関する話題のほとんどは、クライアントへのサービスを向上させ、変化させるためのテクノロジーの利用に関するものである。議論から行動に移す時代が来ている。

　テクノロジーが、特に、ソーシャル・ネットワーキングがもたらした変化の多くは、デジタル世代（私の定義では、インターネット以前の世界を思い出すことができない人たちのことである）の完全な一員である法曹界の若手メンバーにとってはなじみ深いものであるはずである。しかし、興味深いことに、ほとんどの若手の弁

護士が、社会生活におけるテクノロジーの活用を弁護士としての業務への導入や利用にまだ結びつけてはいない。未だに、若手の弁護士の大部分は、AIや機械学習に取り組んでいない。

　最後に、この冒頭の章を要約すると次のようになる。「より多くのものをより安く」という課題、自由化、そしてテクノロジーが相まって、弁護士の業務のやり方への計り知れない不可逆的な変化を推進するであろう。ここでは、パーフェクト・ストームが吹き荒れている。自由化とテクノロジーは、それだけでも、変革を生み出すことができるであろうが、要求の厳しいマーケット環境によって生じた「より多くのものをより安く」という課題は、2020年代のリーガル・ビジネスにインパクトを及ぼす支配的な力となろう。

第2章
パンデミックの影響

　本書の序論と第2版・第3版の序文の中で、私は本書が最初に出版されたときに行った予測——法律の世界は今後20年で過去2世紀に生じた変化よりも大きく変化するだろう——について述べた。それは大まかに言えば、2012年から2032年までの期間を指していた。

　今、COVIDの影響で、少なくとも紛争解決の世界や弁護士の業務慣行においては、この程度の変化はすでに目にしていると言おうとすると、弁護士も予言者も同様に不安に感じるかもしれない。しかしながら、これは事実である。COVIDによりもたらされた私の予測の正確さを主張することに、何となく後味が悪いものがあることは認める。そして、予期しなかった出来事を自分の手柄とするべきでないことも認める。しかし一方で、COVIDがもたらした変化の多くは、確かに私が予想していたものであり、私が長年にわたって著作の中で議論してきた多くの技術的進歩を実際に加速させた。

　ここで話を終えてしまえば、議論を矮小化するものと言わざるをえない。法律の世界におけるリモート・ワークについて断定的な結論を出すのは時期尚早である。今までのところ、COVIDの影響に関する十分なデータの収集や分析が行われたとはいえない。COVIDにより、リーガル・テクノロジーの導入が加速されたとともに、減速されたことを示す証拠もあるのだ。

初期対応

　法曹界における一部のテクノロジー懐疑論者でさえ、ウィルスがテクノロジーの導入を促した結果、旧来のやり方に戻ることは決してないだろうと述べている。弁護士はビデオで定期的にクライアントとミーティングを行い、法学生はオンラインで授業を受け、多くの裁判審理はリモートで行われているが、これらは、もしも2020年初頭に提案されていたら、馬鹿げていると思われたであろうほどの広い範囲で実際に使われている。法曹界は不可逆的かつ広範にテクノロジーを受け入れたのであろうか。たしかに進歩は著しいが、その進歩は誇張されすぎているきらいがある。

　急ごしらえでつなぎ合わせた一時的なシステム——たとえば弁護士、学生、裁判官を Zoom に参加させること——を、これらの初期の取組みが本格的に産業化されたものと誤解すべきでない。安全で堅牢なシステムを大規模に導入するには、さらに莫大な追加投資が必要である。法律事務所、ロー・スクール、裁判所を問わず、持続可能で長期的なリモート・ワークへ移行するには、新しい管理のあり方、健全性と安全性へのコンプライアンスに対するより一層の配慮、優れた接続性、そしてこの10年の間に日常的に自宅勤務を行うよう配置される可能性のある何百万もの人たちに向けたより適切な設備などが必要となるであろう。もちろん、一部の人には、自宅の環境が恒久的または半恒久的な拠点として適していないかもしれず、この移行がすべての人に対しうまくいくとは限らない。

　一方で、他の世界と同様に法律の世界でも、古い慣行はなかなかなくならない。これを公に述べるのは時代に反するかもしれな

いが、一部の反動的な弁護士、法学教授、裁判官は、昔の働き方を懐かしみながら、ひっそりと身をかがめてウィルスの嵐が過ぎ去るのを待っている。

予定外の実験

　ある意味、我々は大規模な予定外の試行、すなわち、法律業務および裁判業務を運用させるさまざまなテクノロジーを活用した実験を経験してきている。ただ、多くの場合、これは概念の証明にすぎなかった。COVID は緊迫感をもたらし、多くの人の心を開き、変化させた。COVID は実用的で実行可能な解決策を生み出し、その過程で、最良の方法が良い方法の敵となることがあることも確認した。これまで、弁護士や裁判所のシステムは、過剰なまでに仕様が盛り込まれ、過剰に設計され、実装に時間がかかりすぎていた。

　同時に、我々は対面でのやり取りを最高の基準とみなしてきた。しかし、現実には、すべての場合に、最高であるとされる対面サービスを行う余裕があるわけではなかった。パンデミックは、十分に良いものはたいてい十分に良いものであり、何もないよりは確実によいことを我々に認識させた。

　しかし、これらはきわめて初期における暫定的な結論にすぎない。パンデミックへの対応を実験とみなす場合、科学者が治療法やワクチンを探求するのと同じくらい厳密にかつ体系的にその結果を分析するべきである。数量、タイミング、使用技術、適用例、ユーザー、および実験結果に関するデータを収集しなければならず、データの評価と将来の実験のための新しい手法が求められる。医療介入の評価と比較に対する最良技術とみなされているランダ

32　第1部　リーガル・マーケットの劇的な変化

ム化比較試験[13]に相当するものが、法律の世界にも必要である。

　実際のところ、組織の運営を維持しなければならないという慌ただしさの中で、テクノロジーの影響に関するデータの収集は断片的なものに留まっている。法律事務所も裁判所も、リモート・オフィスやリモート裁判について、何がうまく機能し、何がうまく機能しなかったかについての十分な知識を持ちあわせていない。成功と失敗に関する十分なデータを収集できれば、我々は、これを、個人的な経験や憶測としてではなく、COVIDの収束後に何を残し、いつ従来の手法に戻すべきかについて、情報に基づく意思決定の基礎として利用できる。ひいては、裁判所における抜本的改革についての政策立案と法律事務所における戦略策定は、真に証拠に基づいたものとなるであろう。

　収集されたデータは、法律や司法の分野での革新的な思考の基礎となるべきである。そして、確かに我々には、新しい創造的なアイデアが必要である。ウィルスが出現するずっと前から、我々の司法制度は軋みが生じていて、費用がかかりすぎて、時代遅れで、弁護士でない人たちには一律に理解不能なものであった。パンデミックは、我々の課題をより鮮明に浮き彫りにした。

　データについて述べたすべてのことを踏まえて、現状——法曹界と裁判所の現在の運営方法——は、我々が意識的に選んだ証拠に基づく選択肢ではないことも忘れてはならない。それは単に、我々がこうなってしまっただけのものなのである。

13　研究の対象者を2つ以上のグループに無作為（ランダム）に分け、治療法などの効果を検証すること。

中断された破壊

しかし、キッチン・テーブルで仕事をすることが、長い間求められてきた弁護士のビジネス・モデルの破壊を意味するものではないことは明確にしておきたい。異論の余地なく、我々は、いくつかのテクノロジーの加速度的な展開を目撃したが、そのほとんどは本質的には、対面でのやり取りを通じて、法的知識を適用し提供するという従来の方法を支えるものである。

私の見解では、以上の事柄は、我々を待ち受けている大変革ではない。それは、弁護士の活動と彼らが提供するサービスの多くが、より高性能なシステムにより、自律的に、または専門家でないユーザーをサポートして行われるときに生じる。多くの点で本書の焦点となるこの変革は、COVID により確実に減速させられている。たとえば、ほとんどの法曹にとって、人工知能の活用はパンデミックの期間中は保留とされ、物理的に会えない場合のコミュニケーションやコラボレーションが緊急的に導入された。より野心的で変革的なテクノロジーについては、ほとんどの法律組織が後回しにした。第1章の言葉を使って要約すれば、パンデミックは、法律の世界においては、自動化を加速させたが、イノベーションを減速させたのである。

パンデミックが収束した今、現在の法律業務と裁判所業務の多くの欠点を克服するためには（第1部と第2部で議論される）、テクノロジーを従来の業務のやり方に接ぎ木する以上の段階に移行することが課題である。我々は、従来の働き方を自動化するのではなく、それに代替するシステムの開発に再び取り組むことになるであろう。

34　第1部　リーガル・マーケットの劇的な変化

　全体として、リーガル・マーケットにおける大きな変革の流れの中で、パンデミックはそれ自体が変化の推進要因ではないと私は見ている。確かに、それは加速器（および減速器）として、私の3つの基本的な推進要因の1つであるテクノロジーの進化のペースに影響を与えたが、テクノロジーが進化するにあたっての全体的な方向性には影響していない。パンデミックのインパクトは衝撃的であり広範囲に及んだが、第1章で述べた全体的な方向性を変えることはなかったと歴史が確認するときが来るであろう。

第3章
成功への戦略

　第1章で紹介した変化の3つの推進要因により、世界中の法律事務所のリーダーは、リーガル・マーケットがこれまで直面することがなかったチャンスと脅威について熟考させられている。コスト・プレッシャーにさらされているクライアントと急激に変化するビジネス環境により、世界中の賢明な法律事務所は、新しいマーケットが求める魅力的な対策を打ち出そうとしている。言い換えれば、法律事務所は、数年後、あるいはそれ以降の戦略を練ることに、多くの時間と努力を費やしているのである。

報酬の低額化

　「より多くのものをより安く」という課題に応えるための最良の方法は、法律事務所が単純に報酬をディスカウントして請求することであると考えられるかもしれない。2007年までの20年間とその後の景気回復後の10年以上の間、ほぼ途切れることなく毎年利益と売上を伸ばしてきた法律事務所のビジネスにとって、報酬をディスカウントして請求するという提言が手放しで歓迎されることは通常ない。それにもかかわらず、法律事務所はその意思を示し、その多くが、クライアントに、「オルタナティブ・フィー・アレンジメント」（時には、AFAs と呼ばれる）を提案している。弁護士の頭にある「オルタナティブ（代替的）」とは、

1970年中ごろからリーガル・サービスに対する報酬の決め方として支配的となった「タイム・チャージ」に代替するものである。実際のところ、タイム・チャージは、リーガル・サービスに対する単なる報酬計算方法であるだけではなく、弁護士としての考え方と生き方そのものなのである。すなわち、弁護士は、時間に対し——成果ではなく、投入した労力に対し——報酬を請求するものである。そして、少し前まで、ほとんどのクライアントは、このアプローチに満足しているようであった。

　私の娘についての古い逸話は、タイム・チャージの欠点をよく表現している。彼女が12歳のとき、夏休みのアルバイトがないか頼んできた。私は、ある事務的な作業をする必要があり、彼女にそれをしてもらうことにした。彼女は私にいくらもらえるかと尋ね、私は、よく考えずに、時間ごとに一定の金額を払うと答えた。彼女は、ちょっと考えた後、笑ってこう言った。「いいわよ。それじゃあゆっくりやるわ。」もし、12歳の子供にタイム・チャージの欠点が分かるとしたら、巨大なグローバル企業がそこに潜む問題に気づかないわけがない。タイム・チャージは、効率化を妨げる制度である。それは、効率よく仕事をする同僚よりも時間をかけて仕事をする弁護士に報いるものであって、むしろ素早く、効率的に仕事を行おうとする弁護士を罰するものである。法律事務所が使った時間数が、もたらされた価値とほとんど関連性がないことがあまりにも多く見受けられる。若手の弁護士が50時間かけてした仕事が、自分の経験を駆使して行ったベテランの弁護士の30分の仕事に及ばないことも時々ある。

　しかし、多くの主なビジネス事務所における支配的な文化は、今でも、できるだけ多く請求できる時間を捻出することであり、そのベースにあるのは、数十年にわたり支配的であった専門職事

務所のビジネス・モデルである。理論的・実務的の双方の意味において理想的なのは、法律事務所のトップにエクイティ・パートナー（オーナー）が存在し、その下に、給与よりもはるかに多くの収入を事務所にもたらす若手の弁護士がいるというピラミッド構造である。このモデルでは、ピラミッドの底辺が広ければ広いほど、事務所の利益も上がる。したがって、たとえば、主たる米国の事務所では、多くのアソシエイトは年間約2,500時間もの請求時間を働くことが期待されている。これは、法律事務所には大きな利益をもたらすが、クライアントはますます失望する仕組みである。

　せっかくなので、レートと収入について少し付言しよう。パートナーの時間当たりのレートが、たとえば約1,000ポンドを超え、彼らのアソシエイトのレートがこの約半分である大規模ビジネス事務所では、非常に大きな利益がパートナーにもたらされている。多くのパートナーが年間100万ポンド超を稼いでいる事務所は世界中で100以上あり、そのうちのいくつかでは、パートナーの取り分は、その数倍である。これらのパートナーの多くは、法律の世界に入った時にはそのような収入を得るとは夢にも思っておらず、十分に儲かるという理由で法律家としてのキャリアを選んだのではないと言う。これに対し、今日、多くの優秀なロー・スクールの卒業生は、まさに相当の収入が約束されているために法律の世界に入ってくる。彼らは失望するかもしれない。一握りのグローバル業務は、今後も非常に大きな収入を生み続けるだろうが、多くの法律事務所にとって黄金時代は過ぎ去ったのである。時が経つにつれて、「より多くのものをより安く」という課題が収益性を押し下げていくであろう。

　メディアや大衆が、今述べた収入の大きさから、弁護士を

「太った猫」と評することは理解できる。しかし、世界中の弁護士の圧倒的多数の収入は、はるかに控えめである。ほとんどの国で、法律事務所の約30〜40％は１人の弁護士が経営しており、75％は４人以下のパートナーしかいない。これらの事務所では、収益はかなり低く、民間の銀行職員ではなく公共機関の上級職員並みである。

オルタナティブ・フィー・アレンジメント

　クライアントへの請求という悩ましい問題に戻ろう。すでに述べた通り、多くの法律事務所は近年、時間をベースにしない請求方法を提案して、クライアントが求めるところのより低い報酬をという要請に応えようとしている。固定費ベースやキャップ・ベース（報酬の上限を合意するもの）で仕事を引き受ける提案が急増しているほか、さらに進んで、いろいろな形態で、費やされた時間でなく引き受けた仕事の価値に対して請求したり、その派生形である、費やされた時間でなく節約できた時間と費用で請求したりすることを含む「価値基準請求（value billing）」というより斬新なアプローチを採るところもある。

　これらの提案は、通常、コスト・プレッシャーの下で、報酬について「新しい」または「革新的な」提案をするよう法律事務所に正式に求めるインハウス弁護士により促進されている。これらの要請は、多くの場合、「パネル」と呼ばれる法律事務所の広範な選定プロセスの一部として行われている。パネルとは、本質的には、優先される法律事務所の集合体である。選定プロセスは、非常に形式的で、提案依頼書（RFP）や入札招請書（ITT）といった複雑な書類を通じて行われる。さらに、インハウス弁護士は、

外部サプライヤーの費用を下げる経験の豊富なプロの調達専門家とともに活動したり、そのような専門家がインハウス弁護士に代替したりすることも多くなっている。

これらのパネルや調達専門家については、賛否両論があるが、現在認識すべき重要な点は、この競争入札プロセスがクライアントが求めるような節約効果をもたらしていないようであるということである。オルタナティブ・フィー・アレンジメント（AFAs）は、次の２つの理由から、クライアントの大幅なコスト節約に成功していない。第１に、ほとんどのAFAsがタイム・チャージという考え方の派生物にほかならないことである。たとえば、固定報酬を計算する際に、多くの法律事務所は、慣習的なタイム・チャージ基準で請求できるであろう金額を出発点とする。したがって、固定報酬は、タイム・チャージのささやかな変形にすぎないことが多い。第２に、さらに重要なことであるが、多くの事務所は、AFAsで提案する際に、利益率を下げるつもりでは提案していないことである。したがって、彼らが業務のやり方の変更を提案しなければ（そのような提案は滅多に行われない）、オルタナティブ・フィーの提案は、多くの場合、従来の高すぎる報酬の焼き直しにすぎない結果となる。私が見聞する意見や行った調査結果からは、競争入札とオルタナティブ・フィー・アレンジメントは、クライアントに対し、全体で約10％のリーガル・サービス・コストの削減効果しかもたらしていない。大企業か一般市民かにかかわらず、リーガル・コストを半減させる必要があるクライアントにとって厳しい現実は、これまでと異なる報酬の決め方では、「より多くのものをより安く」という課題に十分に対応できないということである。そこで、我々は、これまでと異なる報酬の決め方から、これまでと異なる業務のやり方へ移行する必要

がある。

2つの勝利への戦略

　私の意見では、法律業界が「より多くのものをより安く」という課題に対処するために実行可能な戦略は2つしかない。私は、これらを、効率化戦略とコラボレーション戦略と呼ぶ。簡単に言うと、効率化戦略は、リーガル・サービスのコスト削減方法を見つけるもので、コラボレーション戦略は、複数のクライアントが協力して、特定のタイプのリーガル・サービスをシェアするものである。効率化戦略は、数年で主流になるであろうが、コラボレーション戦略は、支配的になるまでには長い時間がかかるであろう。

　多くの法律事務所のリーダーは、私の効率化戦略を聞くと、リーガル・コストを削減する必要性についてはすぐに同意し、続いて、どのようにして、間接経費を調整するかの問題に議論を移し、しばしば、テクノロジー、マーケティング、ヒューマン・リソースのようなバックオフィス機能への支出削減へと思考を進める。ただ、そのような措置は、無駄を省いた効率的な運営には適切かもしれないが、私が効率化戦略を提唱する際に言及しているコスト削減策ではない。そうではなく、私の主張は、弁護士の費用それ自体が高くなりすぎているということである。ほとんどのクライアントは、経験豊富な弁護士に高いレートを払っても気にしないが、たとえば、比較的若手の弁護士がする定型的で反復的な仕事に対し高いレートを払うことには、怒りを募らせながら反対する。これが問題の核心である。

　私が訪問し助言を行うあらゆる法律事業者では、大量の事務的

または手続的な仕事が、若手の弁護士により処理されている。その仕事は、判断というよりプロセスであり、戦略や創造ではなく手続である。訴訟における書類調査、デュー・デリジェンス、基本的な契約書ドラフティング、初歩的な法律調査などがその例である。ここに変革の大きなチャンスがある。それは、低スキルで低コストの人間またはコンピュータにより効率的に処理できる定型的な業務を特定することである。ここから、法律業務の「コモディティ化」（第4章参照）や、法律業務の「分解」および「マルチ・ソーシング」（第5章参照）と私が定義づけしたものへ自然に導かれていく。これらは空想的な論理的概念ではない。これらは、私が現在出会うインハウス弁護士や多くの法律事務所のリーダーたちの主な関心事である。

コラボレーション戦略はより急進的であり、多くの弁護士には、一見すると、信じがたいものに感じられるかもしれない。そのアイデアを再言すると、「より多くのものをより安く」という課題に応えるために、クライアントが協力して、特定のタイプのリーガル・サービスをシェアすることである。この戦略は、効率化戦略の実行と並行的に、または代替的に追求されるものである。最も過激なコラボレーション戦略の例は、私がここ数年、大手銀行向けに提唱しているものである。それはコンプライアンス規制の業務に適用される。大銀行は、毎年、何億ポンドもコンプライアンスに費やしている。これらの金融機関の多くは100を優に超える国々に展開しているが、各国ごとに異なる法律および規則があり、それぞれが規制を順守するだけでなく、規制当局への定期的な文書や書式の提出を要求している。新しい規則や古い規則の改正の最新情報を知ること、何万人もの職員に規制について教育すること、各地のプラクティスや規制当局の意向を理解すること、

文書の作成および提出のための標準プロセスを導入すること——これらは、コンプライアンスの専門家が直面する仕事である。

　ここ数年の私のシンプルな提言は、複数の銀行が協力して、共通する多くのコンプライアンス業務の処理コストをシェアするというものである。デリケートで、機密性が高く、競争的な業務にはもちろん適さないかもしれないが、多くのコンプライアンス業務は事務的であり競争的なものではなく、銀行業界全体で各行が同じように労力を割いており、膨大で不必要なコストがかかっている。それゆえ、複数の銀行が資金を出し合い、たとえば、共同サービス・センターを設立して、大幅に削減された費用でコンプライアンス業務の処理を行うというのが私の提言である。これは、すでに時折行われているシンジケートについてのリーガル・アドバイスをより一歩進めたものである。コンプライアンスについて個々の銀行に順番にアドバイスすることにより利益を上げている法律事務所にとって、「コンプライアンス・プロセスのアウトソーシング」（私はそう呼んでいる）は、深刻な事態と受け止められかねない展開であり、もはや多くの仕事を複数のクライアント間で使い回すことはできなくなる。それに代わり、クライアントは、少数の支援法律事務所を使ってコラボレーションする。銀行グループのコラボレーション支援に直接関与する場合、ほんの１、２の法律事務所しか大きなビジネス上の成功を享受できないことになろう。

　クライアントは、システムの開発についてもコラボレーションできる。初期のケース・スタディとして、世界的な法律事務所Allen & Overy が開発したオンライン・リーガル・リスク・マネジメント・ツールである Rulefinder を取り上げよう。このサービスは、国際的な株式保有状況の開示に関する規則と実務に関する

サポートを提供するものである。この分野は、規制が複雑で頻繁に変更され、すべての主要金融機関に影響する。このシステムが最初に開発されたとき、革新的なことに、6行の主要銀行が参加し、Allen & Overy とコラボレーションし、システム開発費用を分担した。

しかし、コラボレーション戦略は、大規模金融機関だけのものではない。たとえば、イングランドでは数年前に、複数の地方当局のインハウス法務部門が参加し、同様の方法で、共通する法律業務のコストを分担した。この考え方は、中小企業や個人事業主にも等しく適用できる。個人や組織単独ではなく、法律ユーザーのコミュニティ向けにサービスを提供する新しい法律事業者が確実に発生するであろう。

私は、2008年にコラボレーション戦略というアイデアを拙著『弁護士の終焉？（The End of Lawyers?）』で最初に打ち出した。この提案は、インハウス弁護士にはとりあえず認められたが、主要な法律事務所の反応は懐疑的なものであった。私は最近、北米やヨーロッパ大陸を（しばしば、ビデオで）訪問した際に、ジェネラル・カウンセルが、特定の目的のために開発されたオンライン・プラットフォームを使う可能性について、関心を深めて語っているのを聞いた。コラボレーションへの動きは、静かながらも確実に勢いを増しているのである。

第4章
法律業務のコモディティ化

　前章で紹介した効率化戦略とコラボレーション戦略、ならびにこれまでと異なる業務のやり方という基本的な考え方の中心には、「コモディティ化」という、嫌悪感を抱かせかねないがきわめて重要な用語がある。これは、法律の世界ではかなり使い古された概念となったが、しばしば正確性を欠いて用いられている言葉である。多くの弁護士がコモディティ化について語るとき、悲観的で拒絶的な言葉として使う傾向にある。コモディティ化された法律業務とは、もはや利益を生むことができない業務であると、大変残念そうに語られる。ここでのポイントは、かつて職人技であった業務が、いまや定型化され、弁護士の援助をほとんど必要とせずに速やかに処理できるようになったということである。反対に、クライアントの観点からは、こういった定型化への移行は、法務経費を大いに削減できるので、良いことである。

誤った二分法

　いわゆるコモディティ化された法律業務と呼ばれているものは、私が言うところの「オーダーメイド」の法律業務とよく区別される。私は「オーダーメイド」という言葉を何年も使っているが、イングランド以外では説明が必要な場合があることが分かった。洋服を例に考えてもらいたい。オーダーメイドのスーツは、所有

者の正確な体の輪郭や体形に合わせてカスタマイズされ、採寸し仕立てられた特別な服である。それは、特定の個人向けに手作りで作られている。これと同様に、多くの弁護士は、法律業務を高度にオーダーメイドなものとみなしている。クライアントの事情は個性的で、それぞれが、個々の論点に対応するために特別に練られた手作りの解決方法を要求する。これが、多くのロー・スクールで法学生に強調されてきた法的問題解決の考え方である。そこでは、目の前のすべての問題は、最高裁判所の判断を求めることができるほど特殊なものであると考えられる。それはまた、小説や映画館で見るリーガル・サービスのモデルでもあり、そこでは、弁護士は、懸命に決定的な証拠や抜け穴を見つけようとしている。

　私は、法律業務を本来的にオーダーメイド的なものだとみなすのは、ロマンティックだが、生産性のないフィクションであると考えている。実際の法律問題のいくつかが、鋭いリーガル・マインドや職人技による手作りの解決方法を要することは認める。しかし、オーダーメイドの対応を要求される法律業務は、多くの弁護士がクライアントに信じさせようとしているほど多くはないと私は考える。さらに言えば、大量生産とマス・カスタマイゼーションの技術が低廉で優良なサービスの提供を可能にしている現在においては、多くの事案にオーダーメイドの技術を用いることは、家内制手工業の手法を取り入れることに等しい。

　この問題をさらに混乱させる原因は、業務をオーダーメイド的なものか、漠然とした意味でのコモディティ化されたものかに二分する、過度に単純化された考え方である。この二分法により、多くの弁護士が、利益の上がらないコモディティ化された業務を避けるためには、オーダーメイドに注力しなければならないと考

46　第1部　リーガル・マーケットの劇的な変化

えている。彼らは、この2つの選択肢しかないと考えている。

リーガル・サービスの進化

　私は、オーダーメイドの法律業務とコモディティ化された法律業務というこの二元的な分類は、誤った二分法であり、リーガル・サービスは、実際には、私が図4.1で図式化する、オーダーメイド、標準化、システム化および外部化と呼ぶ4段階の異なるステージを通じて進化するものであると考える（本書初版の読者は、私がそこで提示した5段階モデルと違うことに気づくであろう。改訂されたモデルは、我々がリーガルテックで現実に目撃している進展をよりよく反映しており、コモディティ化の概念をより分かりやす

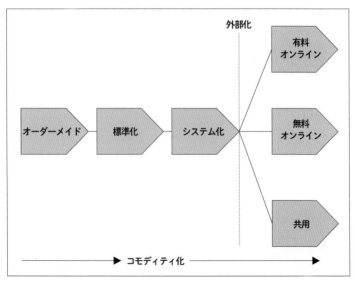

図4.1　リーガル・サービスの進化

く説明していると私は期待している）。

　実際には、優秀な実務家の業務の多くは、オーダーメイドの手法で処理されているわけではない。ここで再度強調するが、オーダーメイドを要求するような難しい問題も確かにあるが、それ以上に、弁護士は、過去に経験した事案との類似性が高い事案を依頼されることのほうが多い。実際、クライアントが他の弁護士や法律事務所の中から特定の弁護士や法律事務所を選択する理由の１つは、まさに、その弁護士や法律事務所が、過去に同様の事案を経験しているという点にある。ほとんどのクライアントは、特にタイム・チャージで請求される場合は、法律事務所に依頼した仕事が、白紙の状態で、ゼロから着手されると考えるとゾッとするであろう。そうではなく、クライアントは一定の標準化を期待しているのだ。

　例として、雇用契約を取り上げてみよう。オーダーメイドのアプローチを採用すれば、各契約は、白紙の状態から新しく起案されることになる。しかし、雇用条件に特別な取決めがない限り、経験があるクライアントは、２つの意味において標準化を期待するであろう。１つは、何らかの形の標準プロセス——たとえば、チェックリスト、指図書、手順マニュアル——が使用されることであり、もう１つは、弁護士が、出発点として、標準化されたテンプレートや過去の先例を使用することである。多くの有名法律事務所で、リーガル・サービスのプロセスと内容の両者について、この種の標準化は幅広く取り入れられている。クライアントは、車輪を再発明することに対価を払いたがらない。

　しかし、リーガル・サービスの進化は、標準化に留まらない。テクノロジーの登場により、さらに一歩進むことが可能となった。それがシステム化である。これは、チェックリストや手続マニュ

アルをコンピュータ化し、いわゆるワークフロー・システムへと発展させることにまで及ぶ。これは保険業界で一般的に行われているもので、そこでは、大量（少量の場合もあるが）の業務や作業が自動化されている。多くの業務、作業や関係者が関与しているが、そのプロセスを標準手続化できる場合は、自動化されたワークフローは法律業務の効率性を大幅に向上させることができる。しかし、システム化は、実際の文書ドラフティングにまで及ぶ。たとえば、再び雇用契約書を取り上げるが、自動文書生成は、ユーザーがスクリーン上の一連の質問（たとえば、従業員の氏名、雇用開始日、給与等）に回答し、オンラインでのフォーム入力が完了すると、比較的洗練された最初のドラフトが現れる技術である。このシステムの基礎となる中心的テクノロジーは、1980年代初頭から存在していた。それは、ルールベースのディシジョン・ツリーの一種であり、特定の質問へ回答すると、段落、文、単語が、ケースに応じて挿入されたり削除されたりするものである。自動文書生成には、質問に回答するユーザーが法律専門家や弁護士でなくてもよいという利点がある。

　私が旧知のある事務所は、10年前から文書ドラフティングを内部でシステム化しており、この新しい効率性こそが、マーケットにおける彼らの重要な差別化要因であると主張している。しかし、ある賢いクライアントが鋭くこう質問してきた。もしも雇用契約書のドラフティングが、少なくとも大多数の従業員にとってオンラインでのフォーム入力にすぎないのであれば、どうしてクライアント組織内の人事部門が直接それを行えないのか？　この考え方は、リーガル・サービスの「外部化」へと自然に導く。これは、弁護士が、自らの経験を事前にパッケージ化して、顧客にオンラインで利用可能にさせるときに生じる。それは、弁護士の

専門的知見を活用するためのまったく新しい方法を提供するものだといえる。外部化に際しては、さまざまな所有形態や請求モデルが用いられる。サービスは、有償（ビジネス法律事務所が好む選択肢）の場合もあれば、時には無償（政府機関や慈善団体が好むアプローチ）の場合もあり、最近増加している共用形態（Wikipediaやオープン・ソース運動の精神に基づく）の場合もある。

　私はオーダーメイドから外部化へのこの移行全体をリーガル・サービスの「コモディティ化」と定義づけることが有益だと考えている。時折、私が「標準化」と呼ぶものを「コモディティ化」であるという弁護士がいたり、コモディティ化を無償の外部化と同視する弁護士がいたりする。しかし、法律事務所や他のサービス・プロバイダーがオンライン・サービスへのアクセスを有償化するときでさえ、それは、クライアントにとっては、今までよりも劇的に低廉なサービス価格となり、一方で、法律事務所にとっても、眠っている間に利益を上げるチャンスをもたらす。これは、タイム・チャージ・モデルからの根本的な離脱である。なぜなら、弁護士の専門的知見を、彼らの時間を直接消費することなく利用できるからである。

　私は、何年も Deloitte の税制部門にアドバイスしてきており、ここにコモディティ化の初期のケース・スタディを見ることができる。2000年ごろから、彼らは、税務コンプライアンス業務（クライアントが法人申告書を作成して提出することをサポートする業務）について、本章で紹介したものと類似の進化の過程を辿ってきた。最初はこの業務は手作業であったが、彼らは私が示唆する方向に着実に進化し、英国では、約250人の税務専門家の専門的知見を、クライアントが直接利用できるシステムにまとめ上げた。彼らは税務知識をこのように外部化して販売するにあたり、ビジ

ネス・モデルを根本的に変更した。彼らは、クライアントの費用を削減する目的でサービスを開発した。なぜなら、彼らは、従来のオーダーメイド業務の提供よりも多くの利益を Deloitte にもたらす、多くのユーザーを有していたからである。興味深いことに、Deloitte は、そのサービスを2009年に Thomson Reuters に売却した。

クライアントの観点からは、左から右へ移行する進化過程を支持する私の主張は、説得力がある。なぜなら、左から右へ進むにつれて、リーガル・サービスのコストは低下し、価格は一定となり、業務完了までにかかる時間が短縮され、そして一部の人にとっては驚くべきことに、サービスの品質が向上する（多くの専門家の集合的知見は、1人の最も優秀なオーダーメイド業務を常に上回る）からである。

多くの弁護士は、オンラインで提供するリーガル・サービスの外部化に対して否定的である。彼らは、自分たちの知識をパッケージ化して外部化するためにロー・スクールに行ったわけではなく、自分たちは出版社でもなければ、もちろんソフトウェア・エンジニアでもないと言う。私は、まったく異なる視点で世界を見ている。もし、我々が、新しく、より低廉で、より便利で、よりハードルの低いリーガル・サービスの提供方法を見つけることができるのであれば、我々は業務のやり方をそれに適応させ、これらの新しい技術を取り入れるべきであると考える。時代遅れの非効率な業務慣習に頑なに固執するよりも、「より多くのものをより安く」という厳しい課題にクライアントが対応することをサポートすることに注力すべきである。

しかし、弁護士には不吉な報せではあるが、私のモデルは、一部のリーガル・リソースが、おそらくは誰でも参加して利用でき

る共有リソースとして、インターネット上で無償で提供される可能性をはらんでいることを否定しない。弁護士は、この種のリーガル・サービスのコモディティ化からはビジネス上の利益を得られないであろうが、この外部化モデルが、現在リーガル・サービスを受ける金銭的余裕のない人たちへの司法アクセスを劇的に促進させる基本となるであろうことは強調しておきたい。

第5章
これまでと異なる業務のやり方

　前章でのリーガル・サービスの進化について、1つ明確にしておきたい。私が言いたいのは、たとえば、取引や紛争解決などの法律業務において、その法的問題は6つのボックスの中のどれに該当するのかというようなことではない。私は、もっと繊細に分析する。取引や紛争解決は、その大小に関係なく、それを一連の構成タスクに「分解」することが可能である。そして、委任された業務全体でなく、これらの各構成タスクについて、次のように質問することが可能となる。「これを最も効率的に処理する方法は何か？　そのタスクは6つのボックスのどれに該当するのか？」

　本書が取り上げる最初の主要論点が、リーガル・マーケットは「より多くのものをより安く」という課題に直面しているということであったとすると、2番目の論点は、法律業務は分解され、これまでと異なる方法で提供されるということである。

分　解

　取引や紛争解決といった法律業務は、そのすべてが単一の方法で処理され提供されるべき一枚岩で不可分の専門的業務であると

14　一定の法律業務を分解し分析した結果明らかになった当該法律業務を構成する各業務・作業を、著者は「task」という用語で表現している。訳者は、その意図を明確にするため、あえて「タスク」と訳した。

いうわけではない。むしろ我々はその業務をさまざまなタスクに分解(「解体」または「分離」という人もいる)することができ、私が提案するように、その各々のタスクをできるだけ効率的な方法で処理すべきである。私の提案は品質を犠牲にするものでもない。そうではなく、私の考えは、個々の法的タスクについて、従来のリーガル・サービスと同程度の(時にはそれより高度な)品質で、より低コストで提供できる方法があるということである。

　講演の中で法律業務の分解について触れると、しばしば、私の意見に賛成であり、法律の世界は本当に相当の改善を必要としていると、きわめて好意的に話しかけてくる弁護士に出会うことがある。その弁護士はさらに進んで、私がコモディティ化と分解について述べることについては、法律実務のあらゆる分野に適用されることを認めるが、1つだけ例外があると言う。そして、私がこれまでと異なる業務のやり方について述べたことが、何ゆえに自分自身の法律業務には適用されないかを説明する。特に、訴訟弁護士は、すべての訴訟が個性的なものであり、分解などの余地はないと強調する。このことは、著名な訴訟事務所(Masons、現在の Pinsent Masons)で数年間働いていた私の1990年代の経験を反映している。確かにその当時は、紛争業務は分解されておらず、我々が専門としていた大規模な建築紛争やテクノロジー紛争では、業務のほぼすべてが、事務所に全体として委託されるのが普通であった。しかし、その後、当時、私の事務所や他の事務所が受任していたタスクのすべてが、法律事務所に任せるのに最適であるというわけではないということが分かってきた。このことに疑問を持つ人たちのために、実例として、訴訟行為は、表5.1で示す10のタスクに分解されることを示す。これが訴訟の分解の唯一の方法であるとは言わないが、私のアプローチを理解してもらえ

表5.1　訴訟業務の分解

文書レビュー
法律調査
プロジェクト・マネジメント
訴訟サポート
（電子）ディスクロージャー
戦略
戦術
予測
交渉
弁護

ると思う。

　長年にわたり、私は、公式または非公式に、世界中の最も優秀な法律事務所の訴訟弁護士にこう質問してきた。「これら10のタスクのうち、あなたが独自の資格で行っているものはどれですか？」　英国では、この質問に対する回答は、決まって「２つ」のタスク（戦略と戦術）であり、米国では答えは「３つ」（戦略と戦術と弁護[15]）が多い。これら２つまたは３つのタスクについては、クライアントは熟練した弁護士による直接のアドバイスとガイダンスを継続して求めるだろう。しかし、残りのタスクは、オルタナティブ・プロバイダーが従来の法律事務所よりも低いコストと高い品質で提供することができると言うジェネラル・カウンセルが増えてきている。

15　本書で弁護士という場合は、英国のソリシターを指している場合が多い。法廷での弁護活動は、英国ではソリシターの業務ではなく、バリスターの業務である。本書で弁護という言葉を用いる場合は、法廷弁護が含まれるか否か注意を要する。

第5章　これまでと異なる業務のやり方　55

　その例として、文書レビューを取り上げよう。従来は、単純に目録を作成するために、あるいは非常に基本的な法的分類をするために、法律事務所は、非常に高いレートの若手弁護士を使って、大量の（時には何百万もの）文書を精査させていた。このタスクのテクノロジーによる解決方法はひとまず脇に置くとして、人間が行う文書レビューは、インドのような低コスト国の第三者の専門プロバイダーにアウトソーシングし、約7分の1のコストで質の高い仕事をしてもらうことができる。

　次の例として、プロジェクト・マネジメントを検討しよう。多くの訴訟弁護士が、自分はもはや弁護士ではなく、プロジェクト・マネジャーであると私に告白する。そこで、時々彼らに、プロジェクト・マネジメントの研修をどの程度受けたか質問すると、しばしば真顔で、2年前に2日間のトレーニング・コースを受講したと答えてくる人がいる。私はそれに対して、「もし、プロジェクト・マネジャーが弁護士に向かって、3日間の法律の研修を受けたので自分は今や弁護士であると言ったら、そのプロジェクト・マネジャーは大きな勘違いをしていると一蹴されるでしょう。」と冗談めかして答えることがある。プロジェクト・マネジメントは、独立した重要な専門分野であり、独自の技術、手法、体系および学位コースを有している。主要な会計事務所やコンサルティング会社、建設会社の内部を見ると、経験豊富なプロジェクト・マネジャーが存在している。一方で、法律事務所では、プロジェクト・マネジメントと言えば、新しいレバー式のアーチ・ファイルを購入したり、黄色い付箋のパックを開けたりする程度の仕事でしかないように見える。週末だけで隣接する専門分野を習得できると考えるのは、弁護士としての集団的傲慢さに他ならない。我々にはそのような能力はない。そして、クライアントは

今や、最良のプロジェクト・マネジャーは、法律事務所ではなく、他のプロバイダーの中にいると認識している。プロジェクト・マネジメントは、将来、大規模な紛争解決（および取引）を成功裏に遂行するための中心的要素になると私は強く信じている。弁護士がこの専門分野のトレーニングを十分に積まなければ、他の専門職や他分野の競合者がこの業務を弁護士に代わって引き受けることになるだろう。

　私は、法律事務所がもはや独自の資格をもたない訴訟以外の各タスクについても同様の分析をしている。これらのタスクの多くは、定型的、反復的で、大部分が事務的であり、これまでと異なるリソースがある。私は、取引業務についても、同様に、**表5.2**で類似したタスク・リストに分解している（これも、確定的なものとして提案しているのではなく、単に私の考えを理解してもらうために示したものである）。

表5.2　取引業務の分解

デュー・デリジェンス
法律調査
トランザクション・マネジメント
テンプレート選択
交渉
オーダーメイド・ドラフティング
文書マネジメント
予測
リーガル・アドバイス
リスク評価

代替的リソースとマルチ・リソース

　これまでと異なる報酬の決め方では十分とはいえず、これまで
と異なる業務のやり方に移行しなければならないと私が述べる場
合、法律業務の1つまたは複数の代替的リソースを念頭に置いて
いる。昔は、法的問題が生じたときは、クライアントは、内部で
処理するか、外部の法律事務所に依頼するか（あるいは、それの
混合）を単純に選択するしかなかった。今や、法律の世界は変化
し、リーガル・サービスの新しい代替的リソースも利用できるよ
うになった。私は、**表5.3**で示すように、法律業務のリソースを
16種類に分類しているが、本書では、そのそれぞれについてほ

表5.3　リーガル・サービスのリソース

内部ソーシング（in-sourcing）
脱弁護士化（de-lawyering）
リロケーティング（relocating）
オフショアリング（off-shoring）
アウトソーシング（outsourcing）
下請（subcontracting）
共同ソーシング（co-sourcing）
隣接ショアリング（near-shoring）
リーシング（leasing）
ホームソーシング（home-sourcing）
オープンソーシング（open-sourcing）
クラウドソーシング（crowd-sourcing）
コンピュータ化（computing）
単独ソーシング（solo-sourcing）
KMソーシング（KM-sourcing）
ノーソーシング（no-sourcing）

んのわずかなヒントしか紹介できない。

内部ソーシングとは、弁護士が法律業務を引き受けるときに、自己の内部リソースを利用することである。たとえば、インハウス法務部門が、外部のアドバイスやサポートを受けることなく、交渉やドラフティングのすべてを内部で行うと決めた場合がこれに該当する。

脱弁護士化とは、法的タスクを弁護士でない者に依頼するプロセスに対して私が用いる洗練されていない用語である。多くのタスクは資格を有する弁護士の専門的知見とコストを必要とせず、法律部門で働いている、経験と知識が豊かな他の者が引き受けることができる。

リロケーティングとは、組織が、法律業務の一部を主たる事業が存在する国内のコストのかからない地域に移転する再編のことである。初期のこの例は、米国を基盤とする国際法律事務所Orrick が国際オペレーション・センターをウェスト・バージニア州ウィーリングに置いたことである。

オフショアリングとは、法律業務を人件費や不動産コストが低い国に移転することである。多くの大手銀行は、コール・センターや財務部門などの他の部門がすでに移転されている、たとえばインドやマレーシアのような国に、一部の法律業務をオフショア化している。このモデルでは、オフショアリングされた法律業務のリソースはまだ銀行の一部門として残っている。

これに対し、アウトソーシングとは、第三者であるプロバイダーに法律業務を委託することであり、しばしば、「リーガル・プロセス・アウトソーシング」または「LPO」と呼ばれる。文書レビューのような定型的な法的タスクは、通常、低コスト地域に存在する専門のサポート会社に委託される。

下請は、法律事務所に開かれた選択肢である。このアプローチでは、法律業務は、より少ない経費で運営されている他の（通常はより小さい）法律事務所に再委託される。このようにして、ロンドンに基盤を置く一部の大規模法律事務所は、南アフリカやニュージーランドで働くイングランドの資格を有する弁護士に業務を下請させている。一方で、それ以外の法律事務所は、英国内の低コスト地域にある事務所と契約している。下請に出すことにより、一定の法的タスクのコストを半減できる。

　共同ソーシングとは、複数の組織が一部の法律業務の提供に関してコラボレーションするものであり、共同で利用するサービス施設を通じて行われることが多い。この代表的な例は、第3章で述べたイングランドの地方政府のインハウス法務部門の協力や、複数の銀行によるコンプライアンス業務遂行のための共同施設の利用計画である。

　隣接ショアリングとは、オフショアリングに似ているが、その業務は、法的タスクを依頼する法律事務所やインハウス弁護士との時差が少ない、隣接する低コスト国で行われる。著名な国際法律事務所である Allen & Overy や Herbert Smith Freehills はともに、定型的な法律業務を処理するために、北アイルランドのベルファストに施設を立ち上げて、隣接ショアリングをしている。

　リーシングとは、期間限定、多くはプロジェクト単位で弁護士を雇うことである。これらの弁護士は、従来の法律事務所には所属してはいない。代わりに、彼らは、弁護士の派遣を行うエージェンシーを通じて利用される。Axiom は、そのようなエージェンシーの先駆的な例である。2000年に設立されたこの会社の当初の目的は、主に企業クライアントに弁護士をリースすることであり、多くは業務需要のピーク時をサポートするものであった。

このアプローチは特に、規模を縮小するインハウス法務部門に有用であることが証明されている。なぜなら、彼らには定期的に業務量が増加する期間があるが、Axiom の弁護士は従来の法律事務所の弁護士の約半分の費用で済むからである。注目すべきは、イングランドの複数の法律事務所が、同様のリーシング部門を設立していることである——Bryan Cave Leighton Paisner は2008年にLawyers on Demand を、Pinsent Masons は2011年に Vario を、Allen & Overy は2013年に Peerpoint を設立している。

ホームソーシングとは、通常の職場で業務を行わず、自宅で働くことを選択した弁護士を、多くの場合パートタイムで活用するものである。パンデミックの期間中やその後、ホームソーシングは一般的なものとなった。進化を続けるコミュニケーションとコラボレーションのテクノロジーがこれを広範囲に可能にしたものであるが、大部分の時間を自宅で働く弁護士（雇用ベースかフリーランスかは問わない）は、ネットワークを利用して、労務提供先の法律事務所やインハウス法務部門に参加できる。ホームソーシングは、パンデミックの間、法曹が生き残ることを可能にしただけでなく、特に、働くことと一日の時間の大半を幼い子供たちと過ごすことを両立させたい親としての弁護士に対し、まったく新しいライフスタイルを提供した。

オープンソーシングは、あらゆる種類の法務資料（標準文書、ガイドライン、手続、オピニオン、事例研究、実務経験その他）を公衆がアクセス可能なウェブサイト上で無償で提供することである。これは、Wikipedia（どんなユーザーでも編集や追加できるオンライン・リソース）の形態で組織されれば最も効果的となるであろう。

クラウドソーシングとは、特定のカテゴリーの法的タスクの処理に自分の時間の一部を提供できる個人が参加する大きなグルー

プにおける集合的な能力を活用することである。たとえば、一例として、ある法律問題が、大規模な不特定グループのボランティアに向けて送信されたとする。そして、これらのボランティア——クラウド——が、法的解決策を回答する。法律事務所では、弁護士がドア越しに顔を出して、扱っている事件について同僚に「誰かこの問題を扱ったことがある人いる？」と尋ねることがある。将来的には、弁護士やクライアントが、同様の質問をウェブ・ユーザーの大規模なグループに聞くことができるようになるであろう。それは、人々がオンラインで質問し、弁護士や過去にアドバイスを受けたことがある者による回答が他のユーザーとシェアされる共通の場となろう。

　コンピュータ化は、時代遅れに聞こえ始めている用語だが、第4章で紹介したシステム化と外部化の2つを含む幅広いカテゴリーのリソースである。一般用語としては、コンピュータ化は、テクノロジーを活用して、ある法的タスク、プロセス、作業またはサービスをサポートしたり、人間に代替してこれらを行うことを指す。

　単独ソーシングは、法学教授や（イングランドでは一般的である）バリスターのような個人の専門家に依頼して、分解された特定の法律業務を行ってもらうことである。学者による調査や、キングス・カウンセル[16]の意見書がこの例である。

　KMソーシングとは、ナレッジ・マネジメントの分野のさまざまな手法を活用して、日々の業務で獲得され、将来の利用に備えて適切に保存されているコンテンツ、プロセス、ノウハウ、情報源、アイデア等を再利用することである。クライアントは、多く

16　英国において、特に優秀な弁護士（ソリシターの場合もある）としてこの称号を与えられた弁護士のこと。

の場合、弁護士が、過去に同様の状況で成功した資料を利用することを期待し、いつも希望している。

ノーソーシングとは、私が設定する最後のカテゴリーで、法的タスク自体には他の法的リソースを利用するほどの高いリスクはないと判断して、法的タスクを一切処理しないという選択をすることである。一例として、インハウス弁護士は、法律業務の一部について、検討の結果、必要な時間と費用をかけることがビジネス的に正当化されないと判断することがある。業務が分解されると、このノーソーシングを採用しやすくなる。

これらの16の手法の各々は、それぞれ単独で利用されれば法的タスクの強力な代替的リソースとなるが、それらが別個の選択肢であると考えるのは近視眼的である。将来、いかなる法律業務も、問題点を処理可能なタスクに分解し、タスクごとに最も効率的なリソースを特定し、複数の代替的アプローチを組み合わせて採用するということが一般的になると私は考える。これを「マルチ・ソーシング」と呼ぶ。このように、取引や紛争解決でも、少数でも複数のリソースを活用して最終的な成果物が生み出されることになるかもしれない。これを実現するためには、リーガル・サービスの提供に、生産ラインや製造の考え方や手法を導入することが有効であろう。たとえば、（テクノロジーに裏打ちされた）ジャスト・イン・タイム物流やグローバル・サプライ・チェーンの手法である。このモデルでは、一個の組織――法律事務所か、新しいスタイルの法律事業者――が、（建築プロジェクトで中心となる下請がそうするように）完成したマルチ・ソーシング・サービスの提供に対して全責任を負うであろう。

マルチ・ソーシングが簡単だというつもりはない。経験上、法律事務所や法務部門が、業務を分解してオルタナティブ・プロバ

第5章　これまでと異なる業務のやり方　63

イダーに外注するのは実務的に難しい。しかし、これを行う弁護士は、改善された手法から恩恵を受けるであろう。また、すべてのマルチ・ソーシングに複数のサプライヤーが必要だとも言っていない。一部のクライアントは、関係者が多すぎることに不安を感じているが、個々のプロバイダーが組織内でマルチ・ソーシングを行うというアイデアについては好意的である。このアプローチでは、法律事務所やオルタナティブ・プロバイダーは、業務は分解するが、他者とコラボレーションするのではなく、内部でマルチ・ソーシングすることになるであろう。

　いずれにしても、私は、リーガル・サービスに対するある種の大量生産モデルを強力に提唱しているわけではない。クライアントの置かれている状況が決して同一ではないことは認める。しかし、たとえ最終成果物がカスタマイズされたものであるとしても、法律プロジェクトの遂行過程のすべての段階で人間の法律家が必要であるとは考えない。そうではなく、マルチ・ソーシングとテクノロジーの活用により、マス・カスタマイゼーション——クライアントの特定の要求に応じつつ、大量生産と同レベルの効率性を保つ標準化されたプロセスやシステムの利用——が実現されると見ている。良い例が第4章で述べた自動文書生成である。私が述べた種類のドラフティング・システムは、単に、1つの標準的な文書をプリントアウトするだけではない。ユーザーの固有の状況についての特定の質問に対するユーザーの回答に基づいて作成される文書は、無数の（時には、何百万もの）可能性がある組合わせの1つであろう。最終的な到達点は、人間の手作業ではなく、高度なシステムにより提供されるカスタマイズされた解決である。これがリーガル・サービスの未来である。

第6章
破壊的リーガル・テクノロジー

　クレイトン・クリステンセンの影響力のある著書『イノベーションのジレンマ（The Innovator's Dilemma）[17]』を参考に、経営学では、持続的テクノロジーと破壊的テクノロジーが一般的に区別されている。広い意味では、持続的テクノロジーは企業やマーケットの現在の運営方法を支援し向上させるものである。これに対し、破壊的テクノロジーは企業や業界の機能に根本的な挑戦を突きつけ、変革をもたらすものである。前者の例は、コンピュータ化された会計システムで、紙の帳簿で苦労していた人たちの業務を維持したままこれを改善した。後者の例は、デジタル・カメラのテクノロジーで、旧世代のテクノロジー（化学印刷）を基盤としていたコダックのビジネスを破壊し、その最終的な没落の一因となったことで有名である。

　破壊的テクノロジー理論の2つの側面は注目に値する。第1に、コダックの例が示すように、破壊的テクノロジーは、マーケット・リーダーに対してすらその地位を奪い、消滅させることがある。第2に、破壊的テクノロジーの初期段階では、マーケット・リーダーのみならずその顧客も、新しいシステムを見かけ倒しで成功しないであろうとみなすことが多い。しかし、後にそれが受

17　クレイトン・クリステンセン著、玉田俊平太監訳・伊豆原弓訳『イノベーションのジレンマ——技術革新が巨大企業を滅ぼすとき〔増補改訂版〕』（翔泳社、2001年）。

け入れられるにつれて、顧客には新しいテクノロジーを使った
サービスに速やかに乗り換えるものが多くなり、一方で、プロバ
イダーには、早期にこれを導入したもの以外は、その真の潜在力
に気づくのが遅すぎて、かつての地位を取り戻せなくなるものが
出てくる。

　専門職に関しては、ダニエル・サスキンドと私が『プロフェッ
ショナルの未来（The Future of the Professions）』で述べたように、
「破壊」という言葉に注意が必要である。専門職が、実際に、本
章で述べるタイプの変化により破滅させられると感じることは理
解できるが、我々は、リーガル・サービスの受け手であるクライ
アントのことを決して忘れてはならない。本書で予想する変化の
多くは、クライアントにとって、より優れた、より低廉で、より
便利なサービスを生み出すはずである。これらの受益者は、それ
が破壊的であると感じることは少しもないであろう。反対に、彼
らは、力付けられたとか解放されたとさえ感じるかもしれない。
リーガル・サービスの利用者にとって、この破壊は、実際には、
良いニュースであることが多い。一方の破壊は、他方の救済とな
りうるのである。

　ここに破壊という問題を超えた弁護士のための教訓がある。そ
れは、常に、サービスの受け手のことを考えることである。何ら
かのイノベーションを検討する際には、支援すべき人たちの立場
に立って考えるのである。それは彼らにとってどのような意味を
持つのだろうかと。

　そうは言っても、本書は主にリーガル・サービスのプロバイ
ダーに向けられているため、破壊という言葉にこだわることには
意味がある。私の目的の1つは、まさに、リーガル・マーケット
の供給側に挑戦すること、すなわち、テクノロジーが法律事務所

や他のリーガル・サービス・プロバイダーの間で引き起こす可能性のある大混乱について考察することである。

　より具体的に言えば、法律の世界には最低でも15種類の破壊的テクノロジーが存在する（**表6.1参照**）。すでに存在する、あるいは今後開発されるであろうこれらのシステムは、個別的にはそれぞれが、ある種のリーガル・サービスの提供方法に挑戦し、これを変化させていくであろう。しかし、これらが集結することにより、法律の世界の構図全体が変革されるであろう。以下では、これらの破壊的リーガル・テクノロジーのそれぞれについて簡単に説明する（これらのカテゴリーのいくつかは重複していることに注意してほしい）。

表6.1　破壊的リーガル・テクノロジー

自動文書生成
常時接続性
電子リーガル・マーケット
e-ラーニング
オンライン・リーガル・ガイダンス
リーガル・オープンソーシング
クローズド・リーガル・コミュニティ
ワークフローとプロジェクト・マネジメント
組み込まれたリーガル・ナレッジ
ブロックチェーン
オンライン紛争解決
文書分析
機械予測
自然言語処理
リーガル・プラットフォーム

自動文書生成

　第4章で述べた通り、自動文書生成システムは、ユーザーに対して行った質問に応じて、比較的洗練され、カスタマイズされたバージョンの文書を生成する。1980年代には、この分野の初期の研究の多くは、遺言を作成するシステムに向けられていた。それ以来、同じテクノロジーが、大規模な銀行取引用のローン関係書類の作成など、はるかに壮大な文脈で適用されてきた。それゆえ、自動文書生成が組織の内部で使用されたり、オンラインで利用されたりすると、タイム・チャージで請求している弁護士にとっては破壊的となる。なぜなら、弁護士は、これまで文書作成に多くの時間を費やしてきたが、自動文書生成システムはこれを一瞬で生成することができるからである。

　本格的な自動文書生成システムほど高度ではないが、ユーザーに基本的な文書のテンプレートを提供するオンライン・サービスもある。これは、米国に拠点を置く会社である LegalZoom の当初の事業であった。同社は、法律問題について弁護士に依頼する資金的余裕がないか、費用をできるだけかけたくない（ここに破壊がある）市民や事業者が利用できる法律文書を作成する。LegalZoom とその主な競合企業である Rocket Lawyer は、今や、何百万もの顧客にサービスを提供し、彼らのブランドは、米国では、たいていの法律事務所よりもよく知られている。彼らのサービスは、テクノロジーによりますます発展しているが、彼らの初期の成功は、テンプレートでさえも、オンラインでガイダンス付きで利用可能とすれば、有用なものとなり、かつては弁護士だけが独占していたサービスを構築することができることを確認するものであった。

常時接続性

　常時接続性とは、弁護士がクライアントや職場から完全に切り離されることを不可能にするシステムのことである。このテクノロジーには、携帯デバイス、タブレット、ワイヤレス・ブロードバンド・アクセス、高解像度ビデオ会議、インスタント・メッセージ、ソーシャル・メディア、e-メールが含まれ、これらはすべて、処理能力の向上とストレージ容量の増加により強化されている。これらのテクノロジーが組み合わされ、どのような種類のマシーンでも電源が入れられると——現在では常時そうなっているようであるが——弁護士の「存在」が、連絡先のネットワーク上で、ますます可視化されていく。その結果、クライアントや同僚が、弁護士に即時にアクセスできるようになり、またそう期待するようになる。これは、弁護士の仕事や社会生活にとって破壊的となる。我々は、接続性が減少せず増加するだけの運命にあり、常時接続性による破壊は、減ることなくむしろ激化すると考えると気が滅入ってしまう。

　COVID の間、Zoom のようなサービスは恩恵であるとともに負担でもあることが証明された。電話よりもはるかに有用な即時対応を提供することができたので、法曹界は何とか持ちこたえていた。しかし、弁護士はこれほど「オンコール」（常に待機状態であること）を感じたことはなかった。いずれにせよ、この形態のコミュニケーションは（必然的に多くの機能が付加されるだろうが）、今後、クライアント体験の基本となることは明らかである。移動時間を請求することで利益を得ていた弁護士にとっては、ここに破壊がある。

電子リーガル・マーケット

　この用語には、次のようなシステムが含まれる。すなわち、ホテルやレストランの顧客が行っているように、弁護士のサービスのパフォーマンスやサービス・レベルについてのクライアントの意見をオンラインでシェアすることができるオンライン評価システム、シンプルなウェブサイト上でさまざまな弁護士や法律事務所の報酬やレートを表示する報酬比較システム、eBay のような仕組みの、定型的で反復的な法律業務のパッケージに最適なオンライン・リーガル・オークションなどである。他の選択肢を知らなかったクライアントから利益を得ていた弁護士にとって、これらのテクノロジーは、単独でも、他のシステムと組み合わされても、非常に破壊的である。今日では、これらのシステム——ある種のソーシャル・ネットワーク——は、まだ初期の段階であるが、何年もしないうちに、これらは、過去25年余りにわたって、弁護士と法律事務所のランク付けを行っていた影響力のある弁護士名鑑と同じくらいにまで普及するであろう。

e-ラーニング

　法律学習および研修をサポートするオンライン・システムの開発には、目覚ましい進歩がある。第18章で論じるように、これらは、ほとんどの従来型の講義スタイルに挑戦し、代替し、より広い視点でみれば、ロー・スクールの従来の教育方法を全面的に刷新するであろう。これに関連する技術は、オンライン講義やウェビナーをはるかに超えて、模擬法律実務やバーチャル法律学

習環境にまで及ぶ。ここでも、パンデミックは、疑いなくこの方面での発展を加速させた。

公式な教育過程のほかにも、e-ラーニングは、法律事務所が研修やノウハウの機能を提供し統合する方法も変革するであろう。我々は、「何かあった時のため」の教室での研修（研修目的は、後に実務で必要となるかもしれない知識の獲得である）から、「時機に適った」研修（問題が発生した時点で、集中的にカスタマイズした研修を提供する対話型マルチメディア・ツール）への移行を目撃することになるであろう。

オンライン・リーガル・ガイダンス

これらは、オンライン・ベースで、リーガル・インフォメーション、リーガル・ガイダンス、さらにはリーガル・アドバイスまで提供するシステムである。それらは、サブスクリプション制の場合もあれば、そうでない場合もある。そのうちの一部は、運転手の駐車違反の罰金に対する異議申立てをサポートするために学生が開発したシステム（これは、DoNotPay に進化した）のような、低価格だが件数の多い分野の業務で利用されている。また、ウガンダの Barefoot Law のように、ほとんどの人たちが弁護士にアクセスできない国で利用されているものもある。さらには、650社以上の登録者から毎年2,200万ポンド以上の売上を上げている Allen & Overy のオンライン・リーガル・サービスのように複雑なビジネス業務システムもある。

ここでは、従来型の弁護士への脅威と破壊は明白である。もしクライアントがオンライン・ベースでリーガル・ガイダンスや法律文書を利用することが可能となれば、従来のコンサル型で対面

型のアドバイザリー・サービスを営む弁護士に対する低コストの競合者となりうる。そして、第4章で述べたように、安定した信頼性のある法律による支援がコモディティ化され、無償でユーザーに提供されることになれば、少なくとも一定のケースでは、クライアントが今までのように人間の弁護士に高額を支払おうとはしなくなるであろう。

リーガル・オープンソーシング

　一般的なオープンソーシングへの流れと同じように、法律の分野でも、持続的なオンライン・マス・コラボレーション——標準文書、チェックリスト、フローチャートのようなコミュニティに向けに公開される大量の法律資料の構築への動き——が予想される。これは、コモディティ化の一形態であり（第4章参照）、ここでもまた、かつては弁護士の有償業務の一部であった法的コンテンツが無償で利用可能となることから、弁護士にとっては破壊的である。長期間続いている例としては、コーネル大学ロー・スクールの Legal Information Institute があり、そこでは、1992年以来、オンライン上で法律情報を無料で公開し、人々の法的問題の理解の手助けとなる資料を作成している。この組織は、公開法律情報の無償（law-not-com）[18] プロバイダーのリーダーと称されることもある。ヘルスケア業界では、85万人を超えるユーザーを抱えるウェブサイト＜ https://www.patientslikeme.com ＞が、専門家サービスの受益者たちが有益に意見や経験を共有できるコラボレーションの強力な例である。同様に、＜ https://www.

18　「.com」をもじって「not-com」としており、商業的なインターネット事業でない法律情報を意味している。

legalclientslikeme.com ＞のようなドメイン名を持つサイトがまもなく現れることを期待している（誰もまだこのドメイン名を所有していないようであるが）。

クローズド・リーガル・コミュニティ

このアイデアは、共通の関心を持ち、同じ考え方を持つ弁護士たちが集まり、オンライン上でプライベートなソーシャル・ネットワークとしてコラボレーションするものである。LinkedIn と Wikipedia を融合したようなものだが、弁護士グループだけが利用するもので、そのユーザーは、一連の集合的な知識と経験を集積することができる。同様のコンセプトが、医療業界でも、大きな成功を収めている。医師向け（患者や製薬会社は認められない）のオンライン・コミュニティである Sermo は、約150か国からの130万人を超えるユーザー（「認証され資格を有する医師」）を抱えている。法律業界におけるこの現象の最たる例は、当初インハウス弁護士向けのコラボレーション・システムであると説明されていた Legal OnRamp である。外部の弁護士やサード・パーティ・サービス・プロバイダーも参加していた。サービス開始後すぐに、40か国以上の弁護士が、一般のオンライン・コミュニティと、プライベートに設立可能なサブ・コミュニティの両方で活動し始めた。最初のバージョンでは、Sermo のようには成功しなかった。私の意見では、このサービスは早すぎたのであったが、この分野も注目に値する。

第3章で述べたコラボレーション戦略の探索に際し、インハウス弁護士は、ある法律業務の費用を分担しうるプラットフォームとして、また、彼らが依頼する法律事務所間のより密接なコラボ

レーションを促進し可能にするツールとして、これらのクローズド・コミュニティに強い関心を示している。個別にクライアントにサービスを提供するという考えに固執している事務所にとっては、かなりの脅威となるだろう。

ワークフローとプロジェクト・マネジメント

　大量の反復的な法律業務にとって、ワークフロー・システムは、最初から最後まで標準化されたプロセスを推進する自動化されたチェックリストのようなものである。一方、プロジェクト・マネジメント・システムは、より複雑であるとともに構造化されてはいないが、多くの法律事務所やインハウス法務部門で見られるような、場当たり的な処理ではなく、規律ある処理になじみやすい法律業務や作業に適したものであるといえる。タイム・チャージで請求し、非効率的なケース・マネジメントと不適切なトランザクション・マネジメントで利益を得てきた法律事務所にとって、ワークフローとプロジェクト・マネジメント・システムは、新しい効率化をもたらし、その結果、報酬の減額を予想させるものである。

組み込まれたリーガル・ナレッジ

　数年内に、我々の社会生活や仕事のさまざまな場面において、法律のルールがシステムやプロセスに深く組み込まれるようになるであろう。これを「コード化されたルール」という人もいる。内蔵された酒気呼気検査装置が合格と判定するまでエンジンがかからないことにより運転者や同乗者に警告する車を考えてほしい。

このシステムでは、自動車の運転者は、法律の正確な内容を知り、法律が適用されるか否かについて判断する必要はない。それに代わり、血中に過度のアルコールが含まれた状態では運転してはならないという法律が車自身に組み込まれているのである。もう1つの例は、健康と安全に関する規則が定めた基準に従い、温度やその他の環境条件を監視する「インテリジェント」な建物である。規定された限界値を超えた場合、アラームが鳴り、緊急の場合は、コンピュータの画面が使えなくなることもある。繰り返しになるが、このシステムでも、人間は、法律を理解し、それが遵守されているかを監視する必要がない。ルールが建物自体に組み込まれているのである。いわば、建物自身が安全基準を知っており、それに従って意思決定をしているようなものである。ここでの破壊は、ルールが組み込まれているために、クライアントの法的問題の対応に弁護士が必要とされないことである。同様に、ブロックチェーン・テクノロジーによって実現可能となるであろう自己履行契約（self-executing contracts）[19]は、弁護士の直接の関与なしに、アクションを開始し、プロセスや規定を実行できるようになるであろう。

ブロックチェーン

　人工知能以上に、ブロックチェーン・テクノロジーは大きな議論を引き起こす。インターネットそのものよりも基本的な技術だと考える人もいるが、一方で、そのインパクトは、誇張されすぎていると信じている人もいる。常識的には、その中間のどこかが

19　スマート・コントラクトのこと。

真実であろうが、多くの弁護士は、ブロックチェーンが何かについての明確な説明を聞くと当惑する。ほとんどの人は、ブロックチェーンが「分散型台帳」の一種であり、「暗号学的に連結された一連のブロックで構成され、各ブロックに暗号化されたハッシュが含まれている」と聞いても、ほとんど理解できない。言葉遊びともいえるが、ブロックチェーン自体が、暗号化された言葉である。これは最悪の技術用語であり、カルト的に不明瞭な定義を好むこの傾向は、弁護士に対し、次のような重要な現実を隠蔽している。すなわち、ブロックチェーン・テクノロジーは、ラフに言えば、データや文書を、まず、変更や改竄がほとんど不可能な方法で保存し、次に、単一の個人や権限者に支配されることなくユーザー間で共有することを可能とするものである。法律業務にとって、これは非常に重要である。なぜなら、このテクノロジーにより、ユーザーは効率的かつ確実に、契約の保存や共有、財産や資産の所有権の記録、取引の自動決済、支払の完了、人手を介さない契約条項の履行（いわゆるスマート・コントラクト）など多くのことが可能となるからである。

　ここでの主要なポイントは、ブロックチェーンが中間者を排除する技術であり、それは、ビジネス・プロセスとサプライ・チェーンから人間を排除することを意味するということである。この人間が弁護士である場合（その可能性はますます高まっているが）、ブロックチェーンは明らかに破壊的なリーガル・テクノロジーとなる。

オンライン紛争解決 (ODR)

　法的紛争を実際に解決するプロセス、特に、解決案の策定のす

べてまたは大部分がインターネットを通じて行われるとき、我々は何らかの形態のオンライン紛争解決（法律業界ではODRと呼ばれている――詳細な説明といくつかの例示は、第14章参照）を手にしたことになる。従来の物理的な裁判所をベースにした訴訟プロセスを前提として業務を行っている訴訟弁護士にとって、ODRは――たとえば、オンライン裁判、e-交渉、e-仲裁のいずれであっても――彼らの核心的業務に対する脅威となる。

文書分析

　弁護士は、とりわけ訴訟に当たる際には、書類を精査することに時間をかける。ここ数年で、適切に開発されたシステムは、大量の書類を調査して関連性のあるものを抽出するにあたり、正確性と記憶力の点で、パラリーガルや若手の弁護士よりも優れたパフォーマンスを示すようになった。

　さらに最近では、機械学習、ビッグ・データ、予測分析[20]などのさまざまな専門分野を参考に、一連の新技術が法律の分野で採用されている。機械学習の最も影響力のあるいくつかの側面は、まだほとんど、法律実務では採用されていない（たとえば、プログラムを書けるコンピュータ、深層ニューラルネットワーク[21]、強化学習アルゴリズム[22]など）が、これらの新しいシステムには、文書の分析であれ、契約書の重要な条項の要約・抽出であれ、ますます注目が集まっていくことは明らかである。

　以上のような検索および機械学習能力は、単に、部屋いっぱい

20　データの中から、意味のあるパターンを見つけ出し、抽出すること。
21　23頁（注12）参照。
22　同上。

第6章　破壊的リーガル・テクノロジー　　77

の書類仕事（取引、紛争解決関連プロジェクト、契約書の調査のいずれかを問わない）を人間に行わせて利益を得てきた法律事務所だけでなく、現在、同様のサービスを提供しているアウトソーシング先業者にとっても破壊的である。人件費がいくら安くなろうとも、この種のシステムは、一度構築されれば、費用はそれより安くなるのが必定である。この分野で先駆的な新しいリーガル・カンパニーが法曹界を通じて大きな関心を集めることは間違いない。

機械予測

　機械学習技術のもう１つの重要な利用形態は、予測を行うことである。大量のデータの中から、一定のパターンと相関関係を見つけ出す、ますます洗練された手法が開発されている。法律の分野では、ダニエル・カッツ[23]の先駆的論文[24]が米国最高裁判所について示しているように、計算統計学（大雑把な言い方をすれば、大量のデータで稼働するアルゴリズム）は、従来の法律調査や推論を行ってきた弁護士よりも、裁判所の行動を正確に予測する場合がある。唯一無比な存在であるオリバー・ウェンデル・ホームズ[25]の「裁判所が実際に何をするかを予測することが、私が言う法律であり、それ以上の何物でもない。」[26]という言葉に留意してほしい。

　多くの法律業務は、判決を求めるか・和解が良いかとか、取引

23　アメリカの心理学者。ミシガン大学の心理学の名誉教授。1998年没。

24　本書の参考文献に記載の論文（A General Approach for Predicting the Behavior of the Supreme Court of the United States）参照。

25　米国の最高裁判事。在任期間は、1902〜1932年。

26　Oliver Wendell Holmes, Jr., The Path of the Law, 10 Harvard Law Review 460-61 (1897).

を中止すべきか・実行すべきかといった予測を含んでいる。法律事務所で保有されているデータは、一般に公開されているアクセス可能なデータとともに、こういった問題に関する将来予測の基礎を形成するものであることに疑いはない。さらに、データセットを集約すれば、特定のコミュニティにどういった法的問題や懸念があるかを判定できるようになるであろう。規制当局の業務を分析すれば、まったく新しい方法でコンプライアンス制度がどうなるかを予測できるようになるかもしれない。さらには、大量の商業契約とe-メールの履歴を収集すれば、特定の部門が直面する最大の法的リスクついての洞察を得られるかもしれない。ここでの破壊は、法律実務とリーガル・リスク・マネジメントにおける決定的な洞察が、これまで中心であった弁護士の関与を必要とせずに（彼らが、データ・サイエンティストとのコラボレーションを選択した場合は除く）、大量のデータを処理するアルゴリズムにより生み出されるかもしれないということである。

自然言語処理

　人間と機械は、大まかに言えば、それぞれ人間の言語とコードという異なる言語を話す。最近まで、機械は人間の言語を「理解」することができなかった。その理由の１つは、人間の言語は十分に構造化されておらず、曖昧さが残されていたからである。自然言語処理（NLP）に取り組む科学者は、特異性や非論理性を有する人間の言語をすべて処理できるシステムを開発しようとしている。弁護士にとって、ここには２つの重要なプロジェクトがある。１つは、人間がコードではなく人間の言語を通じてシステムと直接コミュニケーション（指示や対話）できるようにするこ

とであり、もう１つは、人間の自然な言語で書かれた文書を処理（要約、解釈、分析）できるシステムを設計することである。本章の前半部分で、法律文書の分析という後者の例を挙げた。

　前者の重要な例は「質疑応答（QA）」として知られており、これは、人間のユーザーの日常の自然言語を使った質問に自動的に答えるシステムを開発するコンピュータ・サイエンスの一分野である。QAの私のお気に入りの例は、ここでも、米国のテレビクイズ番組 Jeopardy！に挑戦するために作られたシステムである IBM の Watson である。2011年、その番組の生放送で、Watson は番組史上最高の２人の人間の競争相手を公衆の面前で打ち負かした（第１章参照）。法律の分野では、自然言語処理の一形態である法律 QA は、市民の日常的な法律へのアクセスを大いに向上させる。Watson の精神に則り、このシステムは、大量に蓄積された構造化されたものと構造化されていないものの両方の法律資料（一次資料、二次資料、法的分析）を内包し、自然言語で話された法律問題を理解し、これらの問題に内在する事実パターンを分析して分類し、結論を導き出してリーガル・アドバイスを提供し、このガイダンスをコンピュータがシミュレートした音声（おそらくユーザーが選んだ言葉）で表現するオンライン・サービスとなるであろう。この種のシステムは、実務家弁護士の世界だけでなく、法的プロセスに対する一般人の共通の理解も破壊するであろう。それはまだ数年先のことであろうが、指数関数的に進化する新しいテクノロジーは、懐疑論者たちの想像以上に早く、この形式の自然言語処理を日常的な法律の世界にもたらすであろう。

　自然言語処理と機械予測は、法律の分野における人工知能の利用の一般例である。私は、第22章でこの問題を再び取り上げる。

リーガル・プラットフォーム

　「リーガル・プラットフォーム」の概念は、リーガルテックの世界では比較的新しいものである。数年前まで、ほとんどのリーガル・テクノロジストは、マーケットで差別化する方法は、マーケットに先駆けてシステムやソリューションを開発することであると考えていた。しかし、ほとんどのシステムやソリューションは簡単に複製でき、リーガルテックにおける真の先行者が優位に立つことは比較的稀れであった。これに対し、リーガル・プラットフォームのプロバイダーは、特定のリーガル・サービス、プロダクツ、またはソリューションの支配的なプロバイダーとなり、競合プロバイダーを破滅的に排除できる潜在的な可能性がある。この支配力はソーシャル・メディアで見られる。たとえば、Facebook、LinkedIn、Twitter である。それはオンライン取引や小売業界でも見られる。それはたとえば、Amazon や eBay である。これらの企業はいずれもマーケットの唯一のプレーヤーではないが、それぞれが接続されたユーザーによる巨大なコミュニティを構築しており、ユーザーにとってみれば、他社に乗り換える理由はほとんどない。法律の分野も同様である。同様の支配的なプラットフォームは簡単に想像できる。おそらく、インハウス弁護士のためのオンライン・コミュニティ、業界標準の自動文書生成のプロバイダー、民間のオンライン紛争解決サービスなどであろう。そのようなリーガル・プラットフォームが支配的なデフォルトのリソースとなった場合、他のリーガル・プロバイダーは置き去りにされる可能性がある。

第7章
グリッド

　1990年代後半、ドットコム時代の最盛期に、実務家弁護士は会計システム、ワープロ、事務所内e-メール以外のテクノロジーに関心を持ち始めた。「このインターネットというもの」が法律の世界で流行するかもしれないと感じた法律事務所のリーダーたちは、突如としてリーガル・テクノロジーの可能性に興味を持ち、それが何を意味するのかを理解しようと躍起になった。ベテラン弁護士の意欲を掻き立て、彼らがこの分野を理解するのを手助けするために、私はそのころ、IT（当時はそう呼んでいた）が法律事務所に及ぼすインパクトの基本的形態の簡単なイメージを、迅速かつ平易に提供できるようなフレームワークを作成することを自らの課題とした。

　私が考案したフレームワークは、現在、世界中で20年以上にわたり使用されている。それは、2000年に出版された拙著『法の変革（Transforming the Law)』の冒頭の章に初めて登場した。このフレームワークは基本的にグリッド形式であり、法律事務所におけるテクノロジーを理解し議論するための概括的ではあるが実用的な考え方を提供する。ここ数年、私は、新しい技術やテクノロジーを考慮に入れて、このグリッドを改良してきた。本章の目的は、このグリッドを概略的に紹介することである。

基本グリッド

　私の出発点は、グリッドの汎用バージョンである。弁護士や法律事務所のことをしばらく忘れよう。あらゆる組織の基本グリッドは、図7.1で描写しているように、横軸は、「デジタル」という見出しの下で提供される幅広い機能を表しており、一方の端には基本的テクノロジー（基盤）が、もう一方の端にはナレッジ・システムがある。縦軸は、デジタル・システムの内部利用（線の下）と外部利用（線の上）を区別している。図が示すように、これにより、テクノロジーの内部利用、ナレッジの内部管理、テクノロジーの外部リンク、ナレッジへのアクセス提供という、あらゆる組織におけるテクノロジーの4つの基本的な利用形態が示される。それぞれの範囲は、本解説が展開するにつれてより明確になる。

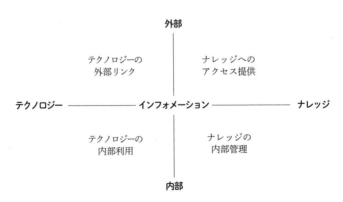

図7.1　汎用グリッド

上部のタイトルを「外部」から「クライアント」に変更すると、図7.2に示すような「法律事務所グリッド」が得られる。これは、あらゆる法律事務所やリーガル・サービス・プロバイダーの分析に利用できるツールである。これは、リーガルテックには実際には4つの基本的なカテゴリーがあることを実によく示している。まず、左下の象限（内部でテクノロジーに焦点を当てたもの）には、日常業務をサポートする基本的なバックオフィス・システムがある。第2に、右下の象限（内部でナレッジに焦点を当てたもの）には、事務所内でナレッジを共有するためのシステムがある。第3に、左上の象限（外部でテクノロジーに焦点を当てたもの）には、クライアントとのコミュニケーションとコラボレーションを可能にするシステムがある。最後に、右上の象限（外部でナレッジに焦点を当てたもの）には、知識、経験、専門的知見がクライアントによりオンラインで利用できる、またはクライアントのシステムやプロセスに組み込まれたシステムがある（組み込まれたシステムについては、第6章参照）。

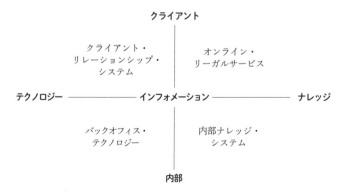

図7.2　法律事務所のグリッド

84　第1部　リーガル・マーケットの劇的な変化

　ベテラン弁護士たちにこのグリッドを紹介すると、時々「なるほど！」という瞬間を感じ取ることがある。もはやリーガルテックは、無形で曖昧な、理解不能で高価な機器の寄せ集めではなく、混乱を招くほど広範なシステムやアプリケーションでもない。そうではなく、4つの基本的なカテゴリーがあるだけである。このシンプルなモデルは、マネジャーが戦略を立て、優先順位を付け、計画を立て、予算編成する際に役立つ。さらに、それは共通の用語を提供することから、すぐに、弁護士は「我々は、右上に力を入れるべきだ」とか「我々の支出のほとんどは左下に集中している」などといった議論が始まることがある。

具体例

　いくつか例を挙げることで、法律事務所のグリッドが具体的にイメージできる。図7.3に見られるように、左下には、長年、法律事務所の運営に使用されてきた基本的なシステムがある。我々は、これを「オフィス・オートメーション」と呼んでいた。右下には、法律事務所が集合的ナレッジを収集し、体系化し、再利用できるようにするシステムがある。左上には、従来のリーガル・サービスの提供を、さまざまな通信技術の活用やデータ共有により支援するシステムがある。そして、右上には、法律事務所が、コンテンツ、資料、ドキュメント、ガイダンス、分析、アドバイスなどをデジタル・サービスとして利用させることができるようにするさまざまなシステムがある。私の推定では、驚くべきことに、ほとんどの法律事務所のテクノロジー支出の90％以上は、依然として左下に属している。

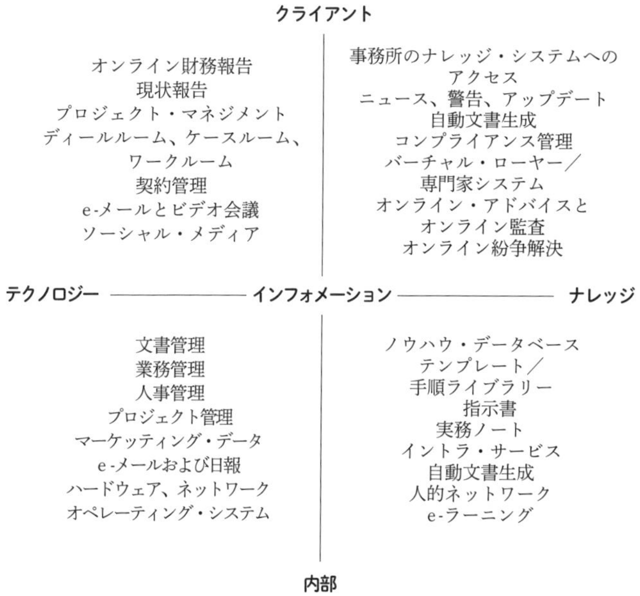

クライアント

テクノロジー側	ナレッジ側
オンライン財務報告 現状報告 プロジェクト・マネジメント ディールルーム、ケースルーム、 ワークルーム 契約管理 e-メールとビデオ会議 ソーシャル・メディア	事務所のナレッジ・システムへの アクセス ニュース、警告、アップデート 自動文書生成 コンプライアンス管理 バーチャル・ローヤー／ 専門家システム オンライン・アドバイスと オンライン監査 オンライン紛争解決

テクノロジー ———————— インフォメーション ———————— ナレッジ

文書管理 業務管理 人事管理 プロジェクト管理 マーケッティング・データ e-メールおよび日報 ハードウェア、ネットワーク オペレーティング・システム	ノウハウ・データベース テンプレート／ 手順ライブラリー 指示書 実務ノート イントラ・サービス 自動文書生成 人的ネットワーク e-ラーニング

内部

図7.3　具体例

　ここまで述べてきたことから、グリッド、ひいてはリーガル・テクノロジーのさらに簡単な要約を作成することがでる（**図7.4**参照）。リーガル・テクノロジーが提供するものは、次の４分野である。すなわち、ビジネスを推進するエンジン・ルーム（左下）、法律事務所のナレッジ共有を支援する一連のツール（右下）、法律事務所がクライアントにデジタルでサービスを提供するチャネル（左上）、オンライン・サービスまたはコンテンツへの組み込みを通じたプロダクツやソリューションの提供能力（右上）である。

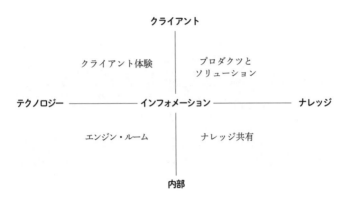

図7.4　要　約

インパクト

図7.5は、リーガルテックの4つのカテゴリーが法律事務所とリーガル・プロバイダーにこれまでとまったく異なるビジネス上の利益をもたらすことを示している。左下は、ビジネスの継続、

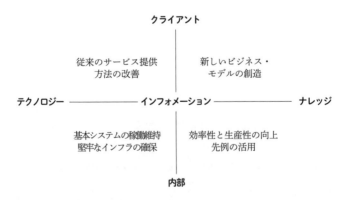

図7.5　ビジネス上の利益

システム障害のリスクの回避、堅牢なインフラの維持に関するものである。右下は、法律事務所の弁護士の集合的ナレッジを最大限に活用し、労力の重複を避け、最良の先例を再利用することに重点を置いている。左上は、従来のリーガル・サービスを向上させ、業務中や業務時間外でもクライアントと緊密な関係を持ち続けることを確実にする。右上は、リーガル・サービスの変革、タイム・チャージから法律事務所のナレッジのライセンスへの移行、そしてあなたが眠っている間に利益を上げることを表している。

クライアント自身はクライアント・グリッド全体を通じて何を期待するのだろうか？ 図7.6が示すように、彼らは、左下で堅牢なインフラ（システムとデータの信頼性と安全性）、右下で競争力のある専門的知見（ナレッジ・マネジメントやマネージド・サービス[27]を通じた、妥当なコストで得られる深いナレッジ）、左上で透明性と利便性（オンラインでの業務フォローとコラボレーション業務ツール）、右上でイノベーション（コモディティ化された法律）を

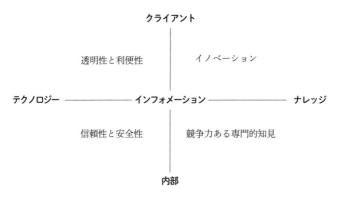

図7.6　クライアントの期待

27　外部のアウトソーシング会社により管理運営されているサービス。

それぞれ期待する。

ソーシャル・メディアや、会議、法律関連の報道では、図7.7で概略的に表した一部のテクノロジーが、現時点における最も刺激的な進展度合を示すものとして称賛されることがよくある。注目すべきは、これらの「ホット・テクノロジー」の大多数が横軸上またはその上に位置することである。それは、クライアントに直接影響を与えるシステムであることを意味している。これは、リーガルテックの世界の大きな変化を表しており、この分野の最初の5年間である約5〜10年前までは、話題にあがるテクノロジーの大部分は、クライアントが使用するのではなく法律事務所内で使用されていた。すでに述べた通り、リーガル・テクノロジーへの世界全体の支出のほとんどは、依然として左下に属する

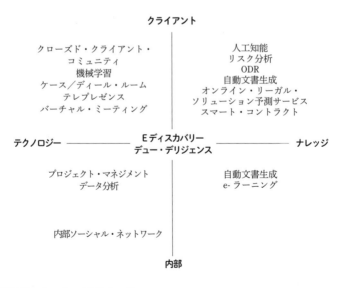

図7.7 ホット・テクノロジー

が、差別化は、横軸より上に位置するプロバイダーにより達成されるであろうと広く認識されている。

　別のインパクトも、このグリッドを用いて示すことができる。すなわち、COVID-19の影響である。パンデミックは法律事務所によるテクノロジーの導入を加速させたと一般的に言われているが、第2章で説明したように、それは単純化しすぎである。グリッドを使って考察すると、COVID-19は、実際には、法律事務所に、主に左上のシステムへの投資を促し、システムを導入させた。しかし、この危機は、右上にほとんど影響を与えていない。リモート・ワークと在宅勤務（ビデオ会議、e-メール、コラボレーション・システム）はすべて左上に属し、左下がサポートしている。これらは新しいテクノロジーではないが、2020年から2022年までの間、法律事務所や法律事業者の生き残りには必要であったことは証明された。しかしながら、重要なことは、これらのCOVIDに対応したシステムは、法律事務所のビジネス・モデルを変えることはなく、法律事務所はパンデミックの間も、古くからのアドバイザリー・サービスを提供し続けたということである。これは、第2章で私が述べていることに関連する。法律の世界では、パンデミック期間中、自動化は加速したものの、イノベーション（これは主に右上で期待される）は減速したのである。

クライアント・グリッド

　図7.8のように上部と下部のタイトルを変更すれば、類似のクライアント・グリッドを使って、インハウス法務部門によるテクノロジーの利用がどのようなものかを説明できる。ここでは、法務部門がプロバイダーとなり、企業自体はサービスの受け手とな

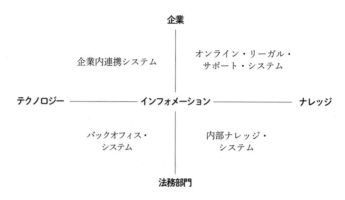

図7.8 クライアント・グリッド

る。左下と右下の象限には、法律事務所と同じタイプのシステムが存在するが、インハウス弁護士は通常、バックオフィスで使用されている企業全体のシステムは何であっても受け入れなければならず、ナレッジ・システムへの投資は法律事務所よりもはるかに少ない傾向にある。左上の象限は、インハウス弁護士がビジネス部門と意思疎通を図り、アドバイスするために使用する企業内連携システムである。右上の象限は、インハウス弁護士がビジネス部門に直接利用させるオンラインのリーガル・サポート・サービス（主に、セルフヘルプ・リーガル・ツール）である。クライアント・グリッドは、インハウス弁護士がテクノロジーの利用方法について考え、将来の計画を立てるのに役立つツールである。

　より一般的に言えば、リーガルテックの将来は、2つのグリッドのストーリーとなる。法律事務所とそのクライアントは、お互い孤立しているのではなく、テクノロジーによりつながっている。法律事務所がディール・ルームやオンライン・レポートなどのように、左上の象限でインフォメーションを利用できるようにする

と、クライアントは、このデータを自社のシステム、つまり左下の象限に取り込むことに関心を持つことになる。同様に、ナレッジ・サービスとオンライン・リーガル・サービスが法律事務所によって提供される場合（右上の象限）、先進的なクライアントは、これらをまとめて1か所でアクセスしたいと考える（右下の象限）。このようにして、法律事務所とクライアントのグリッドは、図7.9に示すように統合されていく。

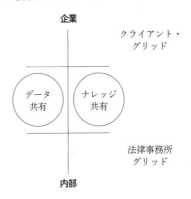

図7.9　グリッドの収束

　ここに法律事務所への教訓がある。ほとんどのクライアントは、やがてデータとナレッジのリソースにアクセスすることを望み、ひいてはその法律事務所と競合する別の法律事務所との間においても同じことを希望するに至るであろう。競争上の優位性は、競合者よりも優れたデータとナレッジのリソースを持つか、その法律事務所のデータとナレッジに他者よりも簡単にアクセスさせるテクノロジーを使用するかにより決まるのであり、ここにもプラットフォームのチャンスがあるかもしれない（第6章参照）。特定分野の法律事務所や総合的な法律事務所は、データとナレッジ

を共有する業界標準プラットフォームを提供し、その後マーケットを支配することができるかもしれないが、その最終形態は、法律事務所やリーガル・サービス・プロバイダーが、競合者よりも優れた方法で、インハウス弁護士とデータやナレッジを共有することではない。そうではなく、リーガル・ナレッジ・リソース（リーガル・ガイダンスやソリューション、自動文書生成、プロダクツなど）をエンド・ユーザーである企業に直接提供する者が出てくるかもしれない（**図7.10参照**）。多くの場合、それは日常のリーガル・サービスをコモディティ化することであり、それによりインハウス弁護士が専門分野に集中できるようになる。一見すると、インハウス法務機能が外部プロバイダーに迂回されているように見えるかもしれないが、ここには、外部の大手法律事業者がインハウス弁護士とコラボレーションしながら直接のアクセス・ツールを提供するという、より魅力的で戦略的なチャンスがある。

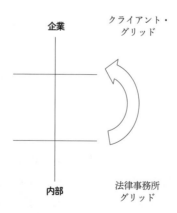

図7.10　1つの最終形態

第 2 部

新しい構図

第8章
法律事務所の未来

　本書第1部の中心的なテーマは、代替的な業務のやり方を利用することによって、弁護士の業務がどの程度、これまでと異なり、より速く、より安く、より効率的で、より高品質なサービスとなるかということであった。これは、今日の最重要問題である。第3章で述べたように、弁護士は、長年、定型的な業務を、必要以上の品質で行い、それに伴い、必要以上の対価を請求してきた。最盛期は売手市場のときで、成功している法律事務所で、新しい効率的な方法でサービスを提供するという課題に直面していたところはほとんどなかった。しかし、今日では、クライアントのコスト・プレッシャーは強まり続け、新しいサービス・プロバイダーが出現し、新しいテクノロジーも開発されているため、これまでと異なる業務のやり方を検討しない法律事務所は、賢明とはいえない。

　しかし、従来の法律事務所の多くは、イノベーションについての主張や論評（第21章参照）にもかかわらず、あまり変化しておらず、そのほとんどは、代替的な業務のやり方をまだ受け入れていない。これは、法律事務所がクライアントにサービスを提供し、自身の経済的な目標を達成することに忙殺されてしまい、内部の改善を行う時間がほとんどないという事務所の改革についての問題の一部であるといえる。走行中の車のタイヤを変えるのは容易なことではない。それはまた、構造的な問題でもある。ほとんど

の法律事務所は、第3章で述べた古い教科書通りの幅広い底辺を有するピラミッド構造を未だに変えようとしないが、代替的なサービス・リソースは、そのモデルに対し、否定とまではいかなくとも、再検討を求めている。そして正直に言えば、多くの法律事務所の中心的パートナーの中にも、変化が本当に必要だと信じようとしない者が今だに存在している。言い換えれば、リセッションやBrexitなどを経た後は堅実な景気回復がやがて訪れ、通常の経済状況に戻っていくであろうと期待しながら、従来の働き方にしがみついているのである。

法律事務所の展望

しかし、本書第1部における私の分析と予測が誤りでなければ、法律事務所は、今後10年、そしてそれ以降も、クライアントから絶え間ないコスト削減を強いられることになるだろう。これが、「より多くのものをより安く」という課題（第1章参照）の核心である。現在どれほど抵抗しても、ほとんどの法律事務所は、最終的には、代替的リソース戦略（第5章参照）を採用し、実行しなければならなくなるだろう。その結果、レバレッジの終焉を目にするだろう。少なくとも、パートナーたちがトップにいて経験の浅い弁護士たちが底辺に存在するというピラミッド構造が、広い底辺構造から狭い底辺構造に変化するだろう。もはや、法律事務所は、大勢の若手の弁護士たちを収益力の基盤として期待することはできない。セオドア・レビットの歴史的論文である「マーケティング近視眼」の中の忘れがたき名言を借りると、弁護士は、「生き残りをかけて、現在の糧をみずから陳腐化させなければならないのである[1]」。

96　第2部　新しい構図

　たとえば、やがて、一部の法律事務所は、若手の弁護士やトレイニー弁護士の採用を徐々に減らしたり、採用そのものを止めたりするであろう。その結果、その事務所は、強力なパートナーたちのチームで運営され、各パートナーは、1人のアソシエイトと優れたシステムによりサポートされる形になるかもしれない。そうなれば、定型的な業務は事務所の外にリソースを求めるであろう。また、一部の事務所は、内部のパラリーガルのチームや、自分たちのオフショアの施設の設立など、彼ら自身の代替的リソースを構築するかもしれない。さらに、一部の事務所は、これまで存在しなかったマーケットを創造したり、リーガル・サプライ・チェーンのこれまでと異なる地点への介入（たとえば、クライアントのビジネス取引サイクルのより早い段階に関与する）を行うことにより、新しいリーガル・サービス（第16章参照）のチャンスを見つけるかもしれない。

　これらの変化は、大小を問わず、すべての法律事務所に影響するであろうが、一部の大規模事務所は、「最高レベルの業務」は、コモディティ化、分解、マルチ・ソーシングなどの影響をほとんど受けることはないと確信めいたことを述べたりするかもしれない。しかし、よく検討してみると、この「最高レベルの業務」という概念は神話のようなもので、世界最大の取引や紛争においてさえも、定型化したり、外部のリソースを求めたりすることができる仕事がかなりあることが分かる。そして、オーダーメイド業務しか引き受けない——これは、最高レベルの業務しか行わないという主張とは異なるものである（オーダーメイド業務は、多くの場合、最高レベルの業務の小さな一部分にすぎない）——というポ

1　T・レビット著、有賀裕子＝DIAMONDハーバード・ビジネス・レビュー編集部訳『マーケティング論』（ダイヤモンド社、2007年）8頁。

リシーを有する大規模事務所は、自分たちが危機に瀕していると思い知ることになるかもしれない。たとえば、彼らは、大きな取引や紛争解決のプロジェクト・マネジメントを受託することとなった他の組織の下請に格下げされるかもしれない。同時に、オルタナティブ・プロバイダーが、これらの事務所から、以前は事務所の若手の弁護士に行わせていた仕事を取り上げるかもしれない。

グローバル・エリート？

　それにもかかわらず、現在、約20程度は存在するグローバル・エリートの法律事務所は、大きく変化していく必要はないと言うかもしれない。これらの事務所は、継続して大きなビジネス上の成功を収めていくであろう。事業の存続にかかわるような取引や紛争では、クライアントは、多かれ少なかれ、今まで通りのサービスを求めるものだと、彼らは強調してやまない。本当に大規模な案件において、役員会で承認されるのは一握りのブランド力のある事務所だけであり（「IBMを選んで解雇された者はいない」という原則）、どのような場合でも、組織の将来がかかっているときには（脅威にさらされている場合であろうと、素晴らしい新事業が期待されている場合であろうと）、法律業務は価格に影響されることはない（「広い枠組みの中では、100万ドル程度の違いは意味がない」という原則）などとこれらの事務所は主張する。もしもこれらエリート法律事務所のすべてがこのような言葉を信じて、これまでと同様の働き方を続けるのであれば、それはそれで正しいのかもしれない。億万長者のグループに、ビジネス・モデルが崩壊していると信じさせることは難しい。

しかしながら、彼らは、「産業の主要商品を脅かすような代替品はあるはずがない」[2]というレビットの言葉を過信してはならない。「ビッグ4」と呼ばれる会計事務所のような強力な新勢力が現れ、マーケットに新しい提案——たとえば、競合者の半分の価格を提示する信頼できるブランド——がなされれば、エリート法律事務所のみならず業界全体に、根本的かつ不可逆的な変化をもたらすであろう。報酬が高すぎて時には傲慢である大規模法律事務所に対し、従来のやり方に代替するサービスを求めているのだと、大手のクライアントが、これまでとは違い公言するようになってきたことのみに着目しても、エリート法律事務所のリーダーたちは、このシナリオに対して疑問を差し挟むべきではない。たとえば、一部のクライアントは、会社の業務を分解して、デュー・デリジェンスのような定型業務を、費用が低廉な地方の法律事務所やリーガル・プロセス・アウトソーサー、マネージド・サービス・プロバイダー[3]に委託し、難しい業務だけをエリート法律事務所に委託している。これは、若手の弁護士に定型業務を行わせる大規模事務所の収益モデルの核心を突くものである。

　エリート法律事務所は、自分たちの中からこれまでの秩序を破壊する事務所が生まれることにも注意を払うべきである。この例として、2016年にAllen & OveryがDeloitteと協力して開発した、銀行が世界的なデリバティブ市場の新規則が要求する文書作成を支援するオンライン・システムであるMarginMatrixがある。このシステムは、クライアントのこの規則上の義務をオーダーメイ

2　T・レビット前掲（注1）書11頁。
3　マネージド・サービス（p.87（注27）参照）を提供するプロバイダーのこと。

ド手法で支援できると期待していた多くのエリート法律事務所の足元をすくう結果となった。

一方、ロンドンを拠点とする他の「マジック・サークル」法律事務所（Clifford Chance, Linklaters, Freshfields, Slaughter and May）も、新しい労働モデルとクライアント向けのテクノロジーに投資している。米国でも、Cleary Gottlieb や Wilson Sonsini などの主要な法律事務所は、従来の業務範囲を拡張している。これらの法律事務所や他の主要法律事務所がさらに劇的に変化していくかどうかは、まだ明らかではない。

中規模の法律事務所が生き残って成長していくには、多くのケースで、合併や外部資本の導入を行い、現在のアプローチから新しい持続可能な長期のビジネス・モデルへと転換する必要があると予想される。ここにチャンスの扉がある。クライアントが一部の大手の法律事務所に対して抱いている不満は、信頼できる代替的選択肢として認められるこれまでにないチャンスであると認識すべきである。これを実現するためには、信用、ブランド、能力を構築する方法を見つけ出さなければならない。

実証可能な、ニッチな専門分野を持つ中小の法律事務所は、まだ何年もマーケットで生き残れるであろう。最大規模の組織のジェネラル・カウンセルでさえ、深い専門知識と独自のサービスがあれば、中小規模の法律事務所でも歓迎すると言っている。クライアントを惹きつけるのは、通常は、特定の事務所でなく、特定の弁護士の才能である。

ほんの数人のパートナーからなる、より小規模な法律事務所は、マーケットが進んで報酬を払うような本物の専門性や独特のサービスを提供できるところを除き、根本的に変化しなければ、長期的に生き残ることはできないであろう。脅威は、さまざまな方向

から押し寄せるが、その中でも特にオンライン・リーガル・サービス・プロバイダーが重要である。自由化された法制度の下では、目抜き通りの銀行や小売店が、不動産取引、遺言書の検認、個人の損害賠償のような日常的なリーガル・サービスの提供を、個人事務所や小規模事務所との間で争うことになるであろう。これらのオルタナティブ・ビジネス・ストラクチャーは、外部資本を受け入れ、経験あるビジネス・マネジャーに率いられ、リーガル・サービスを標準化、システム化および外部化し（第4章参照）、従来の小規模法律事務所では太刀打ちできないようなコスト削減を実施し、効率化に励み経験値を上げていくであろう。これは、家内制手工業の手法で業務を行っていた弁護士の業務を終焉へと導くことになるであろう。自由化された体制の下では、従来の小規模法律事務所の多くは、2020年代を通じて、あまり将来を見い出すことができない。

　本書初版で行った考察のうち、小規模法律事務所に対する私の悲観的観測は、大きな反感を持たれたが、私は、決して小規模法律事務所に反対しているのではない。ただ、これら街角の商店のような法律事務所が、（大規模店舗やオンライン・サービスの形態の）スーパーマーケットのような競合者が出現したときに、どうやって太刀打ちしていけばよいのかが分からないのである。

　別の視点で言うと、小規模法律事務所のパートナーが、自分自身にこう質問することである——2020年代に、小規模な法律事業者として、我々はどのような独自の価値を生み出すことができるか。これにはいくつかの合格点をもらえる答えがある。「我々のクライアントは、我々に変わってほしくないと明確に言っている。」「我々の地域社会は、広範なリーガル・サービスを要求し、我々の従来の業務に明確な競合者はいない。」「我々は、専門家と

して認識されており、小さいながらも、誰にも負けない専門知識を有している。」「我々は弁護士だが、クライアントは、全般的なビジネス・アドバイザーとして我々を求めている。」「我々は小規模だからこそ、他の法律事業者よりも著しく安い費用で高いサービスを提供できる。」「我々のクライアントは、きめ細やかな対面型サービスを求めて我々のところに来るのである。」。一部の小規模法律事務所は、本当にこういった回答ができると考えるかもしれないが、それは多くはないであろう。

訴訟弁護士とバリスター

経済情勢や自由化の流れ、テクノロジーの進化に影響されないと主張する法律専門家のもう1つの集団は、イングランドにおけるバリスターと世界中の法律事務所の訴訟弁護士である。

口頭弁論の多くが本質的に高度にオーダーメイドであることは間違いなく、どうすれば訴訟弁護士の能力や専門知識を標準化・コンピュータ化できるかについては、決して明確ではない。実際に、最高レベルの口頭弁論は、リーガル・サービスのオーダーメイドの典型であるということができよう。今後しばらくの間は、訴額が非常に高く、非常に複雑な法律問題が、従来の裁判所において伝統的な方法で審理され続けることに疑いはない。人生がかかった紛争において、クライアントは、彼らの代理人として最も優れた法律戦士を求め続けるであろう。しかしながら、訴額が小さく、あるいは複雑ではない紛争にバリスターや訴訟弁護士を使うことがビジネスとして正当化されるかは、それほど明らかでない。調停、建設的な弁護士間協議、その他の形態の訴訟外紛争解決手段（ADR）への移行が進んでいくことに加えて、新しい紛争

制御および紛争回避の手法（第12章参照）が、裁判所で最終的に
解決される事件数はもとより、裁判になる前に解決される事件数
すらも減少させるであろう。さらに、バーチャル審理が採用され
ることにより裁判所への出廷自体も減少するであろう。一方で、
オンライン裁判やオンライン紛争解決（ODR）が、多くの従来型
訴訟弁護士の役割を疑いなく減少させるであろう。例外的に真に
優秀なベテラン訴訟弁護士やバリスターの将来は、まだ当分の間
バラ色であろうが、それゆえに、若手の民事訴訟弁護士は、次の
10年も成功を望むのであれば、自分の将来を再考し、バーチャ
ル審理やオンライン裁判の通常業務への準備をする必要があるで
あろう。

　イングランドとスコットランドでは、バリスターや、業務の中
心が複雑な法律分野の意見書作成であるような弁護士は、他の多
くの法律実務分野ほど、本章で予測する変化の影響を受けること
はないであろう。なぜなら、この真にオーダーメイドな仕事には、
代替的リソースが存在しないからである。

新しいパートナーたちからの質問

　法律事務所内における大きな変化と混乱の中で、パートナーに
なったばかりの者たちは、現在、困惑し、不安を抱えている。私
は、これまで、ジュニア・パートナーたちを興味深い種族である
と感じていた。これら聡明な若手弁護士たちは、その多くが30
代半ばで、活力に満ち相当な経験を有しており、彼らが共有する
法律事務所が、これまでと同様に機能して将来にわたって多くの
利益をもたらしてくれるものと期待して働いてきた。彼らは自信
に満ちたグループであり、最近先輩たちからパートナー昇格を認

第8章　法律事務所の未来　　103

められたことで意気揚々となり、これまでの努力が正当に評価された
れたことに満足していた。たとえ、パートナーになることそれ自
体は新しい始まりにすぎず、別の階段の一番下段にいることに気
付いて不安になることがあったとしても。

　しかしながら、ここ数年、私は、ジュニア・パートナーたちが
その地位に自信を持てず、事務所の将来について深く憂慮してい
ることに気づいた。私が1996〜2006年の間に、新しいパート
ナー向けのガイダンス・コースを講義していた際には、彼らは一
見奇抜とも思える私のアイデアを軽視していた。ほとんどの者は、
講義中、当時の携帯デバイスであったブラック・ベリーを覗き見
するか、書類の作成に勤しんでいた。それが急激に変わった。今
日、ジュニア・パートナーたちは熱心に私に耳を傾け、いつも一
連の同じ内容の質問を投げかけ、私の考えを聞きたがる。以下に、
それらの質問と私がするいつもの回答を紹介しよう。

▶当事務所は生き残っていけますか？

　本書第1部で予測した変化は、すでに進行中である。法律事務
所は、特に代替的リソース戦略を取らなければ、長期的に見れば、
過半数が生き残っていくことはできないであろう。

▶ビジネス・モデルは崩壊するのですか？

　ここでいうビジネス・モデルが、パートナーが頂点に立ち、多
くの若手の弁護士が底辺で定型的業務を行うというピラミッド構
造を指すのであれば、長期的にみれば、このモデルは確実に崩壊
するであろう。レバレッジ型の従前のピラミッド構造は、代替的
リソースに置き換えられるであろう。

▶栄光の歳月は過ぎ去ったのですか？

多くの法律事務所にとって、最盛期は2006年であったと考えられる。これは、収益性と売上高といった単純な問題ではない。なぜなら多くの法律事務所はそれ以降も、それらを大きく改善しているからである。そうではなく、案件獲得の容易さ、クライアントから文句がつかない報酬のレベル、人間の労働力の量の問題である。一部のエリート法律事務所や起業家的な法律事務所はさらに成長していくであろうが、多くの法律事務所では、劇的に変化を遂げない限り、栄光の歳月は過去のものとなるであろう。

▶我々の固定費用は高すぎますか？

数年内に、法律事務所は資産戦略を見直す必要があるだろう。なぜなら、物価が高い都市の高額な賃料は、ビデオ会議の普及に伴いネットワーク化が進んだ世界においては、高価な贅沢とみなされるからである。そして、費用の低い地域や国の代替的リソースの活用により、多くの若手弁護士の労働コストは高すぎるものとなっていくであろう。

▶我々は何を引き継いでいるのですか？

多くのジュニア・パートナーたちは、まもなく役に立たなくなると予想される、時代遅れでローテクの事務所を引き継いでいる。このことは、その事務所内に優れた知性や才能が欠けているというわけではなく、その才能をマーケットに提供する方法が、もはや競争力を持たず、値がつかないことを意味している。

▶シニア・パートナーたちは、長期的に将来を考えていますか？

これは重要な質問である。残念ながら、私が会ったほとんどの法律事務所のリーダーたちは、残りのキャリアが数年しかなく、私が予測する多くの現象に飲み込まれる前に引退することを希望している。リーダーというよりも、マネジャーとして業務を遂行し、長期的な戦略的健全性よりも短期的な収益性に注力している。ジュニア・パートナーたちにとって、これは悲劇である。なぜなら、法律事務所の主要な改善や改革は、トップが推進すべきであるからである。ここに、大規模な会計事務所との大きなコントラストがあり、そこでは、シニア・パートナーたちはジュニア・パートナーたちの将来についてもっと関心を寄せている。彼らの哲学は、適正価格のうちに売り抜けることを考えているような短期的投資家ではなく、長期的で永続的な組織の一時的な受託者と自らをみなすことであり、これは、法律事務所の多くのエクイティ・パートナーたちにも有益なものとして受け入れられるべきであろう。言い変えると、シニア・パートナーたちは、どのようにしたら後継者たちにより大きなレガシーを残せるかを真剣に考える時なのである。

リーダーシップの時

法律事務所では、マネジャーとリーダーは異なる役割を担っている。マネジャーは、短期的な目標に焦点を当て、クライアントへのサービス提供、案件の獲得、数字の達成、チームのモチベーションの維持などを確実なものにする。これに対し、優れたリーダーは、短期的な目標を見据えながらも、同時に組織の長期的な戦略的健全性にも高い関心を持つ。彼らは、マーケットの変化に対する理解、長期的な関係の構築、ブランド力の向上、戦略の見

直しと組織の発展に集中すべきである。歴史的に言えば、1980年代からリセッションまでの間は、ほとんどの法律事務所はリーダーシップについて考える必要はなかった。ゲーム・プランは単純で、毎年、少しずつ仕事の量を増やし、経費を削減することが求められていた。これは、いわば晴天時のマネジメントであり、軽く舵を取れば良かった。しかしながら、大変動の時には、はるかに強い指導力が必要である。生き残って繁栄していくためには、確固たるリーダーシップが要求される。

　明日の法律事務所の最も優秀なリーダーたちは、先輩たちのようにコンセンサスを築く方法は採らないであろう。変化が急激で広範な時は、懐疑論者や臆病者を説得する時間はないのである。

　最終的には、ほとんどの弁護士は、議論でなく証拠により説得される。すべての議論に対し、聡明な弁護士であれば巧妙に反論できる。これに対し、クライアントがあるシステムやイノベーションに夢中になったというニュースのような証拠には反駁しがたい。そこで、リーダーたちは、単なるレトリックよりも変化を支持できるための証拠を提示する必要がある。ここでの問題は、もしもこういった証拠が外部から出てきたら、そのとき、法律事務所は必然的に追随者になってしまうということである。それゆえに、リーダーたちは、内部から、パイロット・プロジェクト、実験および理解あるクライアントの協力を得ながら、アイデアのテストなどを通じて証拠を生み出していく必要がある。法律事務所のリーダーたちは、継続的な研究開発を進めるために、過半数のパートナーの承認を必要としないある程度の裁量が必要である。それは、パートナーシップや協調精神に欠けるように聞こえるかもしれないが、ビジネスに即したものだと確実にいえよう。

第9章
インハウス弁護士の役割のシフト

　私が出会う最も精力的に活躍している弁護士の何人かは、イン
ハウス弁護士として働いている。これは、彼ら・彼女らが大規模
な組織の法務部門に属していることを意味する。これらの部門の
中には、たとえば大規模金融機関のように、2,000人もの弁護士
を擁する非常に大規模なものもある。インハウス弁護士としての
キャリアは、アドバイスする組織の中心で働きたいと望む弁護士
たちを惹きつける。法律事務所で働く場合、クライアントのビジ
ネスから一歩離れた立場にあるが、インハウスで働けば、自ら手
掛ける仕事はビジネスの一部となる。多くの法学生は、将来の
キャリアを考えるとき、法律事務所で働くことを想像しがちであ
る（ただし、米国では、多くの法学生は、政府機関の弁護士になるこ
とを望んでいる）。多くのロー・スクールでは、インハウス弁護士
の役割についての正式な議論がほとんどされないが、これは、ク
ライアントが法律ビジネスの将来に非常に大きな影響力を持つこ
とを考えると、異様なことである。

リーガル・リスク・マネジメント

　多くのジェネラル・カウンセル、つまりインハウス法務チーム
のリーダーたちは、仕事の中心はリスク・マネジメントであり、
「リーガル・リスク・マネジメント」はインハウス弁護士の中核

的能力であり、サービスであるという。彼らは、これを実際に行っている消火活動にたとえることがある。インハウス弁護士は、毎日、あらゆる部門から来る要請、課題や質問の集中砲火に直面している。そして、通常は、これらに親身に対応しなければならないと感じている。実際には、これらの質問の一部は真剣な法的対応に値するものであるが、そうでないものも確実に存在する。多くのジェネラル・カウンセルは、自分たちがもっと選択的に対応できるように組織のあり方を変え、過度に受動的である現在の姿を、積極的な姿勢に転じることを望んでいる。言い換えるなら、その仕事の内容は、問題が起きる前にこれを予測することでなければならない。紛争や問題を解決することよりも、それらを回避することに焦点が当てられる。

リーガル・リスクは、さまざまな方法で管理できるが、その重点は通常、弁護士でない社員が、意図せずに組織を何らかの責任（たとえば、規則違反や契約違反から生じる責任）にさらすことを防止するところにある。このリスクのコントロールは、たとえば、法的意識を高めたり、プロトコールや標準手続を導入したり、標準文書を活用したり、弁護士を直接業務に関与させたりすることで可能となる。リーガル・リスク・マネジメントには、組織の規則・コンプライアンスの管理プロセスや訴訟の準備状況を評価するための監査、リスク・レビュー、健全性チェックも含まれる。明日のインハウス弁護士は、リスク・マネジメントについてより体系的で厳格となり、業務をサポートする高度なシステムや技術（ここで最も魅力的なものは、リスク判断のための機械学習技術の活用である。）を必要とするだろう。驚くべきことに、ほとんどの法律事務所は、まだ、このビジネス・チャンスを認識するに至っていない。

もう１つのリスクに関連するトレンドは、インハウス弁護士と

法律事務所の間において、これまで以上にリスク共有の姿勢が強まっていることである。取引や紛争解決の結果が満足できるものでなかった場合、関与した法律事務所も、報酬を削減して損失を負担すべきだと考えるジェネラル・カウンセルも一部いる。法律事務所は、これに反論し、議論は双方向であるべきであり、法律プロジェクトが成功裏に終了した場合は、報酬を増額するべきであると言うが、それには一定の正当性がある。経済的なプレッシャーが強まるにつれて、この報酬とリスクの共有に関する議論が今後ますます激化していくことに、疑いの余地はない。法律事務所のインセンティブを高めるためのこれまでと異なるリスクの新しい分配方法が発展していくであろう。興味深い例として、法律事務所が訴訟を回避することに成功した場合に、インハウス弁護士が法律事務所にボーナスを払うケースがある。

ナレッジ・マネジメント

すでに述べた通り、標準文書の利用は、リーガル・リスクを軽減するための確立した手法である。弁護士でない者も弁護士も、よくある法律問題や落とし穴を予想して注意深く作成され、標準化された契約書を使用する（それも承認を得た上で、ときには監督の下で）ことを要求される。事業部門の人間は、弁護士の同意なくしては修正できない条項から成る契約書の使用を強制され、交渉が制約されることがある。

これらの標準文書の実際の準備は、リーガル・ナレッジ・マネジメントの世界に属する。それは、多くの弁護士の集合的ノウハウや専門知識を取り入れ、改善し、共有するプロセスであり、労力の重複を避け、どれほど優れた個人の記憶力も上回る組織的な

110 第2部 新しい構図

記憶を構築することを目的とする。ナレッジ・マネジメントは、特に英国の大規模法律事務所で働く重要な専門法律家グループであるプロフェッショナル・サポート・ローヤー[4]の中心的な仕事の1つである。

注目すべきことに、インハウス法務部門は、ナレッジ・マネジャーやプロフェッショナル・サポート・ローヤーをほとんど雇用していない。ここには矛盾がある。ナレッジ・マネジメントがもたらす効率性を確保することがインハウス弁護士の利益に資することは明らかである。これに対し、タイム・チャージの法律事務所に、知識の再利用を通じて効率性を高めるインセンティブがあるかは、それほど明確ではない。そうであるにもかかわらず、大規模な法律事務所が巨額の投資を行っている一方で、なぜ、インハウス弁護士はナレッジ・マネジャーの採用を控えるのであろうか。インハウス弁護士にとってみると、その理由は、プロフェッショナル・サポート・ローヤーを採用するための費用にあるようである。最高財務責任者に、日々の法律業務や紛争解決や取引に直接アドバイスしない弁護士を雇用するよう説得することは難しいとよく聞く。また、法律事務所についていえば、彼らはクライアント（米国やカナダではそれほどではなくとも、英国では）が外部のアドバイザーから大量のテンプレートや先例を与えてもらえることを期待していることを知っていて、ナレッジ・マネジャーがこの種のノウハウの維持を専門に行っている。要するに、多くのインハウス弁護士は、ナレッジ・マネジメントという考え方自体には好意的だが、その費用は法律事務所が負担することを望んでいるのである。

4　リーガル・サービスを提供する法律事務所や法務部門で働く弁護士をサポートすることを業務とする弁護士のこと。

この状況は変化していくと予想される。インハウス弁護士は、やがてプロフェッショナル・サポート・ローヤーがもたらす便益を認識して数値化できるようになり、テクノロジーが支えるリーガル・ナレッジやプロセスの共有（法務部門内部および複数部門間の両方）を通じてコスト削減を担う人材への投資が合理的である旨を、役員会に説得できるようになるであろう。

法律事務所へのさらなる期待

リスク・マネジメントとナレッジ・マネジメントから話題を変えて、クライアントが将来どのように法律事務所を選択するようになるかを考えてみよう。弁護士や法律事務所を差別化するものは実質的な専門知識であり、より多くの知識を持っている、またはより深い専門性を持っていると思われる弁護士にクライアントが集中すると、よく想定される。しかし、多くの優秀な弁護士や優れた法律事務所の間において選ぶべき違いはほとんどなく、適用される法律や実務に、皆見事に精通していると、クライアントはよく言う。特に、業務が真にオーダーメイド的なものであれば、往々にして法律事務所を差別化するものは、弁護士とアドバイスされる側との間の人間関係である（業務が定型的なものであれば、人間関係の側面は重要性が低くなる。）。

それゆえ、リーガル・ビジネスを将来にわたって成功させるためには、弁護士が優れたリーガル・マインドを有しているだけでは十分ではない。明日の弁護士が、新しいクライアントを獲得して、彼らを満足させ続けるには、さまざまなソフト・スキルを身につける必要がある。未来のインハウス弁護士は、コスト、インクルージョンとダイバーシティ、環境問題をより重視するととも

に、外部の法律事務所の弁護士との間で築く人間関係にもより配慮しなければならない。このことにより、法律事務所は、対面型の人的交流を最大限行いながら、一方で、ソーシャル・ネットワーク・サービスやビデオ会議を利用して定期的に連絡を取るよう迫られるであろう。

たとえば、クライアントはすでに、自分たちに対し継続的で、ときに情熱的でさえある法律事務所に対し、好意的な反応を示している。クライアントは、多額の報酬を支払うことになる法律事務所が、特定の案件でともに業務を行っていないときでも、常に気にかけてくれ、役に立とうと心に留めてくれていると感じていたいのである。クライアントは、自分たちのことや手掛けるビジネス、業界について、時間をかけて具体的に検討している法律事務所を明らかに高く評価する。たとえば、クライアントは、自社に関連しそうな過去の取引について聞くことを喜ぶし、自社に直接の影響があるような各種動向や進展についての定期的な報告に感謝している。この種の定期的な連絡の維持は、多くの弁護士が当然のものとして行っているものではなく、他のクライアントに請求できる仕事を優先させることがよく見られるのは、残念なことである。なぜなら、この種の定期的交流は、クライアントが現在重要視している長期的関係にとってますます不可欠となっているからである。

若手弁護士が敏感であるべき関連問題として、法律事務所がクライアントに対して共感することの重要性が挙げられる。ジェネラル・カウンセルは、外部の法律事務所がクライアントを理解しておらず、クライアントのビジネスについての日々のダイナミズムや運用についての洞察がほとんどないとよくこぼす。法律事務所は、たとえば、クライアントの年次報告書を読むことを怠って

いるわけではなく（一部の法律事務所はこれすらもしていないが）、また、クライアントの事業分野の基本を知らないわけでもない。それにもかかわらず、法律事務所は、クライアントの置かれた立場に立ち、そのビジネスが具体的にどのようなものであるかを知ることに、十分な時間をかけていないのではないかという懸念を広く持たれている。たとえば、ほとんどの法律事務所は、クライアントのリスクに対する耐性や嗜好、事務や管理作業の量、内部コミュニケーションの重要性や範囲や雰囲気、そしてきわめて重要なことであるが、彼らがアドバイスする取引や紛争についての広範な戦略的、ビジネス的文脈などを把握していないと指摘されている。

　端的に言えば、明日の弁護士は明日のクライアントにもっと同調する必要がある。これに対し今日、法律事務所の多くのパートナーは、クライアントとミーティングを持つ際に、サービスの相手が具体的に何を考えているかを聞くのではなく、一方的に意見を述べたり説教したりしていると言われている。言い換えると、多くの法律事務所は、共感性を欠いており、クライアントの立場に立ち、クライアントの視点でビジネスを見ることができていない。法律事務所は、話を聞こうとしないから、クライアントが迅速で大まかなガイダンスを望んでいるのか、詳細で徹底的な法的分析を求めているのかを区別できないとよく批判される。この共感性と傾聴力の欠如は、法律事務所とクライアントの間の将来にわたる長期間の関係に深い悪影響を及ぼす可能性がある。

「より多くのものをより安く」という課題

　リーガル・リスク・マネジメントとナレッジ・マネジメントは、

明日のインハウス弁護士にとって、中心的な戦略的論点であり、法律事務所との関係の質と程度は重要な業務上の関心事であるが、多くのジェネラル・カウンセルが現在頭を悩ませているのは、「より多くのものをより安く」という課題（第1章参照）に対応することである。今後しばらくの間、多くのジェネラル・カウンセルは、どうやってより多くのリーガル・サービスをより低いコストで提供させることができるのかを考えるにつけ、眠れない夜を過ごすことになるであろう。

　まず頭に浮かぶ対策は、外部の弁護士の費用を下げることである。しかし、クライアントと弁護士の目的はかなり異なるので、そこには、根本的かつ基本的な緊張関係が存在している。法律事務所に電話をかけてきたクライアントが業務上の問題があるようだとほのめかすとき、心の奥底でそれが大きな問題でないようにと望むのは、例外的な非常に高潔なパートナーだけである。どのような法律業務でも、クライアントは一様に、自社の法的要求が定型的なものであり、速やかに問題なく処理されるようにと願う一方で、法律事務所は大抵、それが複雑な仕事でチームが長時間かかりきりとなるような難しい案件であることを望んでいる。

　タイム・チャージという依然として支配的な慣行から生じる別の緊張関係もある。多くのクライアントは、専門家の時間を買うことを望んでおらず、結果、解決手段、成果や実践的なビジネス・ガイダンスを求めているのである。クライアントはまた、かかるコストが確実で予測可能性のあることを望んでおり、タイム・チャージにしばしば付随する、白地小切手のような上限のない請求を望んではいない。一般的に、タイム・チャージは、クライアントが実際に望むものを法律事務所が提供するインセンティブにはならない。その結果、次の10年間で、リスク・マネジメ

ントに関連して述べたように、我々は、法律事務所とクライアントのインセンティブを一致させるためのより高度な仕組みを目にすることになるであろう。

これらの仕組みは、タイム・チャージに対する安易で役に立たない代替手段ではないが、第3章で私は、なぜ、これらがクライアントを失望させることになるかを説明している。インハウス弁護士は、やがて第3章で述べたように、必要としているコスト削減は、これまでと異なる報酬の決め方によって単純に達成されるものではないという結論に達するであろう。求められているのは、これまでと異なる業務のやり方なのだ。この結論に達したインハウス弁護士は増加しており、リーガル・サービス・リソースのさまざまな代替手段とは何かを模索している。

ここで基本となる考え方は、反復性である。歴史的に、法律業務は、クライアント自身か外部の法律事務所によって処理されてきた。問題は、定型的または反復的な法律事務を法律事務所や法務部門内部で処理するには、コストがかかりすぎるということである。そして、だからこそ、そのような業務のリソースに対する異なるアプローチが受け入れられ始めている。低コスト国のサード・パーティ・プロバイダーへのアウトソーシング、コール・センターのような機能のすでに移転した地域への法律業務のオフショアリング、法律事務所による低コスト国の実務家に対する下請の奨励、従来の法律事務所の半額で仕事をする契約弁護士の活用等がその例である。これらはすべて、第3章で「効率化戦略」──法律業務の費用削減──と称したものの例である。2020年代には、テクノロジーに支えられた解決手段が、この戦略を追及する人たちにとって一般的なものとなるであろう。

さらに、別の可能性として、インハウス法務部門のグループが

協力して、共同サービス・センターを設立するなど、共通する法律業務の費用を負担する共同ソーシングがある。これは、第3章で概説した「コラボレーション戦略」の一例であり、そこでは銀行や地方政府がすでに協力している例を説明した。

インハウス・コミュニティが、以上のような、あるいはそれ以外の多くの新しい法律業務のリソースにますます関心を持つことは間違いないであろう。

コラボレーション精神

異なる形態の協力も生まれてきている。一部のインハウス弁護士は、外部の複数の法律事務所との間にコラボレーション精神を育むことに熱心であり、主要な法律事務所を「拡張された家族」と呼んでいる。その主旨は、法律事務所がお互いに競争するのでなく信頼し合い、彼らの集団的エネルギーを、次の仕事のポジション争いでなく、クライアントの支援に向けるということである。その結果、より生産的で、効率的で、洗練された弁護士のグループが形成される。この考え方では、組織の法律処理能力は、インハウス弁護士の機能と外部の法律事務所を結合したものとなる。法律事務所の弁護士は、家族として協力しながら業務を行うことを期待される。機能を十分に発揮せずに喧嘩ばかりしているのでなく、より大きな共通目標であるクライアントの利益を共有し、それに常に集中するのである。

外部法律事務所の管理に対するこのアプローチは、まだ一般的であるとはいえない。実際、一部のジェネラル・カウンセルは法律事務所間の協力に懐疑的である。多くの銀行は、この考え方に立っているようであり、主要な外部法律事務所がコラボレーショ

ンすることを期待するのは明らかに非現実的であると考えている。冷徹な弁護士はマーケットを求めているのであって、社交クラブや家族旅行を求めているのではない。それゆえ、インハウス弁護士の一部には、法律事務所同士が精力的に競争するよう積極的に仕向けている者もいる。こういったより戦闘的なアプローチにより、法律事務所は、互いに競い合い、自らの優越性——誰よりも優れていて、コストが低く、効率的で、革新的であるということ——を示すよう求められることが多くなる。

　正解はないが、金融サービス部門やそれ以外の部門で両方の考え方が実際に実行されているのを見てきた結果として、コラボレーションという考え方が最終的に勝利すると私は予想している。このアプローチは明らかに魅力的であり、労力の重複が避けられ、不均衡なサービス提供を排除することができ、エネルギーが効率的にクライアントに向けられ、業務関係がより友好的になる。たとえば、クライアントの視点から見れば、外部の法律事務所が協力して研修サービスを提供してくれるのは合理的である。特定の取引や紛争解決のために、さまざまな法律事務所から選りすぐられた最良の弁護士で構成される「ドリーム・チーム」が編成されるという興味深い機会ともなる。確執を克服した家族的アプローチの課題は、法律事務所が競争するのではなく協力することを真剣に望むようになるインセンティブを適切に設定することである。この問題を解決するにあたって重要なのは、クライアントが家族のメンバーである法律事務所に対し、ほぼ安定的に仕事を提供することである。このコラボレーション・アプローチでは、参加者がソーシャル・ネットワーク・テクノロジーを利用することが理に適っている。これにより、法律事務所が1つの仮想的な屋根の下に集められ、仮想的なグループとして働くことが可能となる。

これは、LinkedIn や Legal OnRamp のオリジナル版のような汎用サービスを利用して行われるであろう。法律実務の他の多くの分野と同様に、インハウス弁護士の未来もデジタルである。

ジェネラル・カウンセルの戦略

実務的に見ると、ジェネラル・カウンセルはどのようにして将来の課題に、特に、「より多くのものをより安く」という課題に、備えようとしているのであろうか。一概に回答することはできないが、私は、範囲と目的がそれぞれ異なる4つの大まかな戦略が実行されていることを発見した。第1は、ジェネラル・カウンセルが、外部法律事務所に大きく重点を置き、報酬を引き下げることである。これは、外部の法律事務所に多くの法律業務を委託するジェネラル・カウンセルが好む方法である。第2は、大規模なインハウス法務部門により適しているが、インハウス法務部門の再編成に重点を置くものである。第3は、内外の能力を同時に見直し、両方の合理化を図るものである。第4は、最も大胆である。現在のリソース（インハウスおよび外部）を忘れ、事業に対する包括的な法的ニーズの分析を白紙から始め、この分析が完了したら、すべての法的ニーズについての最適なリソースを冷徹に特定するものであり、これには、従来型の弁護士だけではなく、オルタナティブ・リーガル・プロバイダーも含まれる。最後の戦略は、私の見るところ、大企業に対して将来的に最も費用効率が良く、迅速かつ柔軟なリーガル・サービスを提供するものであり、やがて、すべての有能なインハウス部門が志向するアプローチとなるであろう。

過去10年の間に、関連する注目すべき進展が起きた。それは、

インハウス法務部門における最高執行責任者（COO）や業務部長の指名である。これらの役員は、大まかに言えば、部門をビジネスのように運営する任務を負わされている。多くの COO が、戦略、代替的リソース、より効率的な調達方法、テクノロジーなどに注力する一方で、ジェネラル・カウンセルは、将軍に対する参謀のように振る舞い、最も得意とすることを自由に行える。COO自身はコラボレーションも行っており、その最も輝かしい例は、2014年に設立された COO のコミュニティである the Corporate Legal Operations Consortium（CLOC）である。CLOC は、自身を、法律業界を再定義する専門家の世界的コミュニティであると説明している。2,000人以上が、2022年の主要イベントに参加した。その影響力（と全体の購買力）は強まっており、相当なレベルに達していることから、法律業界の新しい標準を設定する上で中心的な役割を果たしていくことに疑いの余地はない。

インハウス弁護士の権限と責任

　意外なことに、将来について考えると、自信を失うインハウス弁護士がよく見られる。彼らは、私に、法律事務所がバラ色の古き良き時代に戻ると思うか、いつパンデミックが完全に過去のものとなるかとよく聞いてくる。その質問に対しては、ほぼすべてクライアントであるあなたたち次第だと私はいつも答えている。インハウス弁護士が悪しき過去の慣習の復活を望まないのであれば、外部の弁護士に対しはっきりとそのメッセージを送る必要がある。最も成功しているエリート法律事務所ですらそのメッセージを無視できないことについて、大手クライアントは自信を持ってよい。

多くのインハウス弁護士は、原則として変化が必要であり、より厳格な管理を行い、サプライヤーとより厳しい交渉をすべきであるということは認めるが、効率化やコラボレーションによる対策を採用するには、時間やエネルギー、能力が不足していると反論する。さらに深く掘り下げると、多くのジェネラル・カウンセルは法律事務所が開発した既製の対策を好むことが分かる。しかし、これは悪循環のようなものであって、すでに述べたように、法律事務所には効率化戦略やコラボレーション戦略についてのインセンティブがほとんどない。クライアントが無関心で、競合者も報酬減額をしていないにもかかわらず、どうして法律事務所が、潜在的に破壊的なイノベーションを用いて、現在のビジネスを不安定にしたりするであろうか。

インハウス弁護士はまた、所属する組織内において、厳しく精査される可能性があることを自覚すべきである。法律事務所が変化を拒むことについて延々と不満を述べるだけでは通用しない。たとえば、これまでとは異なる法律業務のリソースが広く知れ渡ることになれば、最高経営責任者や最高財務責任者、役員会はジェネラル・カウンセルに対し、法務部門がこれらの新しい業務方法がもたらすチャンスに適応してそれを活用しているかと必ず訊ねるであろう。インハウス弁護士の意識をこの問題に集中させるために、「株主テスト」という観点から表現してみよう。

　　取引や紛争解決に対するコスト見積り提案を検討するに際して、法律業務を手掛ける代替的リソースが増えていることを熟知した、ビジネス感覚の鋭い株主は、検討されているその提案を費用対効果に見合ったものと考えるであろうか。

もし、インハウス弁護士が、法律事務所の古い時代の報酬慣行や業務慣行を認めるのであれば、明らかに株主テストに不合格である。ジェネラル・カウンセル（およびCOO）は、自社の法務部門とその業務のあり方を直ちに全体的に見直さざるを得なくなるであろう。「より多くのものをより安く」というプレッシャーはほぼ耐え難いレベルにまで達しており、社内の業務方法や外部のリーガル・サービス・リソースについて、再構築とまではいかなくても再調整しなければならなくなるであろう。

インハウス弁護士は、競合するリーガル・サービス・リソースでは提供できないような価値を生み出さなければ、キャリアアップすることはできないであろう。ビジネスに精通し、真に専門的で信用されるインハウス弁護士は、常に非常に重要なリソースであるべきだが、ジェネラル・カウンセルが、自社の法務部門内部および法律事務所や他のサービス・プロバイダー全体を通じて、効率化戦略とコラボレーション戦略を推進していくつもりがなければ、彼らの将来は不透明なものとなる。私は今、インハウス法務部門の基盤が揺らぎ始めていると感じている。今こそ、変革という課題に向き合うときである。

多くの者は十分に理解していないようであるが、インハウス弁護士は、非常に大きな購買力を持っているという事実を忘れるべきでない。私は、ジェネラル・カウンセルがなぜ、外部の法律事務所にもっと強い要求をしないのか、理解に苦しむ。世界のトップ100の法律事務所は、世界のトップ1,000の会社に広く支えられているのであり、もしジェネラル・カウンセルが劇的に要求を厳しくすれば、これらトップ層の法律事務所の再編成を促すこととなり、その結果、リーガル・マーケット全体を再定義することのできる力を持つことになるであろう。

第10章
リーガルテック・スタートアップ

　現在存在しているプロバイダーが、今後数年内に、法律の世界において根本的な変革を牽引していくという可能性は低い。主要な法律事務所が利益を上げている限り、彼らの好調なビジネスをストップさせたり方向転換させたりすることは、一般的に言ってビジネス上の利益にならない。実際、ダニエル・サスキンドと私が『プロフェッショナルの未来（The Future of the Professions）』の改訂版で報告しているように、我々はまだ、自らを大きく自己破壊した著名な法律事務所に出会っていない。テクノロジーに関しては、主要なプレーヤーはシステムに惜しみない投資をしているが、この投資の大部分は、一律に、現在のビジネス・モデルを強化し支援するためのものであり、それに代替するためのものではない。

　対照的に、巨大会計事務所やその他のオルタナティブ・リーガル・プロバイダー（第17章参照）は、法律事務所以上に、テクノロジーを使って大きな変化を引き起こそうとしている。彼らは破壊者であり、少なくとも一部のサービスをゼロから構築し、その大部分をデジタルを基盤に行っている。

　しかし、さらに劇的なのは、急成長しているリーガルテックのスタートアップ・コミュニティがもたらした破壊的なインパクトかもしれない。たとえば、小売、レジャー、交通、エンターテインメントなど、他の多くの分野では、変革は既存のプレーヤーで

はなく、現状の改革にあえて挑戦した、非常に意欲的な、小規模の、新しい企業によりもたらされた。同様に、法律の分野でも、一握りの卓越したスタートアップが、広範で根本的な変化を引き起こす主たる推進力になるであろうと期待を寄せている。

スタートアップの構図

　ここでは「スタートアップ」という言葉を緩やかな意味で使っている。大まかに言えば、「スタートアップ」とは、この10年ほどで設立されたり急成長したリーガルテック・ビジネスを指す。したがって、これには「スケールアップ」企業、「アーリーステージ」企業や、いくつかの成熟した企業が含まれる。

　ベンチャー・キャピタリストなどは、企業の種類や資金調達の時期、経営のスタイルや精神、製品の開発の段階や完成度といった要素に基づき、テクノロジー企業を分類するにあたって、はるかに豊富なボキャブラリーを有しているが、私の関心はこれとは異なる。私は今のところ、これらスタートアップのビジネス面には関心がない。私が注目しているのは、法律の世界に対する彼らのインパクトや斬新な考え方で、リーガル・マーケットに新しいアイデアを導入し実行している者たちである。私の想像を掻き立てるスタートアップは、従来のサプライヤー（法律事務所、裁判所、法律出版社、リーガル・データベース・プロバイダーや基本的なバックオフィス・テクノロジー・ベンダー）とはほとんど関係のない企業である。多くの、あるいはほとんどのリーガルテック・スタートアップは生き残ることができないだろう。しかし、成功した少数の企業は、リーガル・エコシステムを再定義する可能性がある。これは伝統的な弁護士にとっては受け入れがたいかもしれ

ないが、それが私の予測する変化の本質そのものである。主流の
プロバイダーは、最高の業者でさえ、今日の支配的な正統性に代
わる選択肢を想像することは難しいのである。

リーガルテックのスタートアップはいくつあるのだろうか。こ
のビジネスに関する世界的な学術研究を1つも見つけられなかっ
たが、出発点として有効なのは、スタンフォード大学のCodeX
チームにより数年前にまとめられ適切に構造化されたデータベー
スである。これを他の利用可能なオンライン・リソースと組み合
わせ、私自身が約15か国の同僚や友人の協力を得て非公式の調
査を実施したところ、世界中には現在、3,000〜4,000のリーガル
テック・スタートアップが存在していると推定される。2012年
に本書の初版を上梓したときは、数百しかなく、当時、新しい
リーガルテックの立ち上げは大きな出来事だった。これに対し、
今日では、新しいリーガル・ベンチャー、プロダクツやサービス
についての知らせは、日常的な出来事のように感じられる（無数
のe-メールや、Artificial Lawyerのニュース・分析サービスが、私を
アップデートしてくれている）。

これらのリーガルテック・スタートアップは現在、多額の投資
を集めている。2022年中ごろに、フィナンシャルタイムズは、
リーガルテック企業が「2021年9月までの9か月間に10億ドル
を超えるベンチャー・キャピタル投資を達成し、2019年に記録
した過去最高値である9億8,900万ドルを上回った」と報じた。
投資規模は2017年以降、桁違いに拡大している。現在、このセク
ターには、Ironclad、LegalZoom、Clioなど時価10億ドル以上の
ユニコーンがいくつかある。アナリストは、さらに多くのユニ
コーンが続くことを期待している。

間違いなくこれらの数字に刺激されて、一部の法律事務所は最

近、彼らの進捗をモニターするだけでなく、スタートアップに対し積極的な関心を持ち始めた。リーガル・アドバイザーや創業者のメンターとなる事務所もあれば、投資する事務所もあり、少数だが非公式なインキュベーターやアクセラレーターとして活動する事務所もある。ごく一部の法律事務所はさらに一歩前を行っている。たとえば、2017年、Allen & Overy は「テクノロジー・イノベーション・ハブ」である Fuse を立ち上げた。ロンドン本部にあるこの活気あるスペースは、リーガルテック、レグテック[5]、ディールテックの分野のスタートアップ企業の第6回年次コホートを組織する予定である。同年、ロンドンでも、法律事務所の Mishcon de Reya が「リーガル・インダストリーを変革しようとしているアーリーステージの企業」に特化したリーガルテック・インキュベーターとして MDR Labs を発表した。

　他の主要な法律事務所もこれに続いている。たとえば、Slaughter and May は、開発者とクライアントを結びつける Collaborate というリーガルテック・プログラムを擁し、スペインでは、PwC と Microsoft が最近協力して、ヨーロッパの企業向けの税務テクノロジーとリーガルテックのアクセラレーターである Springboard を立ち上げた。

　学術の世界では、リーガルテックのインキュベーターが、2015年中ごろに設立されたトロント州立大学（旧ライアソン大学）の Legal Innovation Zone の中心地に存在している。政府もまた、リーガルテックのスタートアップに積極的な関心を持っている。たとえば、英国では、LawtechUK という政府が資金提供するプロジェクトがあり、リーガル・テクノロジーのより広範な普

5　Regulatory Technology のこと。

及を促進している。その Sandbox Programme は、スタートアップと潜在的なユーザーや協力者を結びつけるものである。また、それは、規制対応支援やデータ・ソースへのアクセス確保の支援も提供している。同様に、シンガポールでは、政府が支援するFLIP（Future Law Innovation Programme）が、リーガルテック・ビジネスの誕生や成長を支援している。

スコープ

これらのリーガルテック・スタートアップにより、どのような新しいシステムやサービスがマーケットにもたらされるだろうか。順不同で列挙すると、彼らが支配的な地位を占めることになるであろうと考えられる適用分野は、以下のとおりである。規制とコンプライアンス、オンライン・リーガル・リサーチ、プラクティス・マネジメント、e-ディスカバリー、文書分析、契約ライフサイクル・マネジメント、契約書ドラフティング、e-ラーニング、ワークフロー、リーガル・セルフサービス[6]、法務診断[7]、ケース・マネジメント、トランザクション・マネジメントである。これらを可能にする主なテクノロジーは、人工知能、機械学習、自然言語処理、ブロックチェーン、そしてより日常的に利用される、コラボレーション・システムやワークフロー・システムである。

より詳しく分析すると、これらのすべてに最も共通する焦点は、契約である。ここでいう契約という用語は広範囲に及ぶものであり、デジタル、自動化、電子契約や、ある意味で「スマート」な、「よりスマート」な、「自動履行」契約、さらには、契約を新しい

6　非弁護士に自分自身で法律業務を行わせること。
7　特定の法的問題について結論を出すこと。

方法で分割し、再構成し、評価する「インテリジェント」な契約まで、多岐にわたる。実際には、これらには、以下のような多彩なシステムが含まれる。交渉、共同作成、承認、ドラフティング、生成、認証、署名、タイムスタンプ、登録、保管、ホスティング、共有、検索、ナビゲーション、分析、レビュー、照会、標準化、テンプレート化、比較、抽出、予測、要約、セルフサービス、コモディティ化、ワークフローの作成、ライフサイクルの管理などである。誇大広告や大げさな表現、さらには言葉遣いですら、見方によっては心温まるものであったり、苛立つものであったりするであろう。しかし、どのような観点から見ても、これらすべては、羽根ペンと羊皮紙の時代とはかけ離れている。

インパクト

　リーガルテック・スタートアップの意欲と精神を伝えるために、私は、Amazon が書籍の販売において行ったことを、それぞれが法律分野に対して行おうとしているとかつて述べたことがある。ただ、私は、これは不正確であったと考えている。より詳細に分析すると、法律の世界に激震と変革をもたらそうとしているのは、これらのスタートアップのうち、ごく一部（私の推定では約４分の１）にすぎないことが分かる。クレイトン・クリステンセン（第６章参照）の用語でいえば、「破壊的」であるより、「持続的」なスタートアップのほうが依然として多い。つまり、ほとんどのリーガルテック・スタートアップは、従来のリーガル・サービスに代替するのではなく、それらを強化するためのシステムやサービスに取り組んでいるのだ。今日の多くのリーガルテック・スタートアップがターゲットとするクライアントは、小規模ではな

くおおむね大規模な法律事務所である。このことは、完全に理解できる。第1章で述べたように、リーガルテックへの支出の大部分は法律事務所によるものであるから、すでに確立された支出パターンがあるマーケットに受け入れられる可能性が高いシステムを企業創業者が開発することには、ビジネス上の合理性がある。

分かりやすいいくつかの例を挙げれば、たとえば、タイム・レコーディング、コンフリクト・チェック、キャッシュフロー改善、顧客関係管理などの新しいツールを法律事務所に提供するスタートアップは、リーガル・マーケットを再定義しているわけではない。これらのツールはユーザーにとって非常に価値があり、大きな商業的成功を収めるかもしれないが、法律分野のAmazonであるとはいえない。前述したように、契約に焦点を当てたスタートアップのあまたあるシステムのほとんどは法律事務所を対象としており、インハウス法務部門、中小企業、個人向けのものは非常に少ない。ここでもビジネス上の合理性は理解できるが、法律事務所が、より効率的な交渉や契約書ドラフティングを支援するシステムを利用したとしても、それは自動化のケース・スタディの域を出るものではなく、破壊的なイノベーションとはいえない（これらの用語は第1章で述べた特定の意味で用いている）。これに対し、一部のスタートアップは、弁護士の関与なしに、または最小限の関与の下で、クライアントである企業が独自に、契約の準備、契約締結までの一連の流れ、契約の実行を処理できるシステムを提供している。これらは破壊的であろう。彼らは古びた慣行を永続させることなく、弁護士の関与が少ない新しい世界を垣間見せる。それは、企業が独自にリーガル・リスクを管理できる世界である。

リーガルテック・スタートアップがイノベーションよりも自動

化に取り組んでいることは問題であろうか。創業者や投資家に
とっては問題ではないかもしれないが、成功を収める破壊的イノ
ベーターは、従来の法律事業者にテクノロジーを接ぎ木するだけ
のスタートアップよりも、明日のリーガルテックのユニコーンに
なる可能性が高いと思う。破壊への道はリスクが高いかもしれな
いが、おそらく2020年代に目を見張るようなリターンをもたら
す最も有望な道である。

　私にとって、そしておそらく多くの読者にとっても、自動化よ
りもイノベーションに焦点を当てることは別の理由からも重要で
ある。我々の法制度と裁判制度は軋んでいる。それらは、費用が
かかりすぎて、アクセスが困難であり、すでに壊れているという
者もいる。そして、私を含む多くの人々の望みは、最も優秀な
リーガルテック・スタートアップが、これらの問題の解決に役立
つツールを我々に提供してくれることである。私は、スタート
アップには２つのゲーム・チェンジ・カテゴリーがあると考えて
いる。１番目は、本当に破壊的で、従来型の弁護士の伝統的なサ
プライ・チェーンを不要にするものである。Amazon、Uber、
Airbnb の精神で、リーガル・サービスの革命が到来するのを
我々は待っている。ここでの主たる目的は、弁護士を排除するこ
と自体ではないが、これはある程度仕方ない結果であろう。主た
る目的と動機は、第１章で説明した「より多くのものをより安
く」という課題に対応することであり、クライアントを支援する
ことである。

　繰り返すが、ほとんどの主流の弁護士や裁判官は、スタート
アップ（特に、新興企業）が革命を起こすことを想像することが
できない。これは想像力の欠如にほかならない。

　ゲーム・チェンジを行うリーガルテック・スタートアップの２

番目のカテゴリーは、司法アクセス問題の解決支援である（第12章参照）。ここでは、一部の従来のサービス・プロバイダーが実際にアクセスを提供し向上させるよう努力しているという点で、1番目のカテゴリーと重複する部分がある。しかし、ここでの大きなチャンスは、現在のリーガル・サービスや裁判所サービスが、人々の手に届かないところにある状況を打破するシステムやサービスを開発することである。その課題は、驚異的かつ着実に普及しているインターネット、モバイル・テクノロジー、人工知能を活用して、多くの人たちが法的権利を理解し、法律や裁判所の支援を受けながらその法的権利を実現できるようにする方法である。さまざまな種類のオンライン・リーガル・ガイダンスを提供できるテクノロジーと、ビデオ審理や非同期的プロセス（第14章参照）により、オンラインを使ってリモートで裁判業務を行えるテクノロジーが我々には必要である。私は、一部のスタートアップがこれらのニーズを満たし、その結果、彼らのシステムやサービスが「潜在的リーガル・マーケット」（第15章参照）を解放すると確信している。

　私は、これらのゲーム・チェンジ・ソリューションを提供するであろうスタートアップに大きな信頼を寄せている。理念的には、リーガルテック・スタートアップのコミュニティは、法律の世界で最もエネルギッシュで刺激的な領域であると感じている。その創業者は、過去の束縛から解放され、現在とはまったく異なるリーガル・サービスを創造するであろう。彼らはこれまでの常識を否定し、法律を尊重しながらも、現在の限界点を突破することができる。何よりも、彼らは、既存のサービス・プロバイダー以上に、法律による支援やサポートを必要とする人たちのニーズによって突き動かされていく。

法律の世界には、Uber や eBay が 1 つだけとは限らないだろう
（法律分野は多岐にわたり、サービスの種類も多く、1 つのシステム
やアプリに集約されない）。さまざまな革新的テクノロジーが組み
合わさって、リーガル・マーケットを変革していくであろう。

第11章
変化のタイミング

　私はよく、私が予測する変化の時間軸を示してほしいと頼まれる。評論家や弁護士の中には、これらの変化はすでに生じており、法律の世界は数年以内に変革するであろうと考えている者もいる。一方で、この変化は非常にゆっくりとしたペースで進み、革命が完了するまで数十年かかるであろうと考えている者もいる。私は、ビッグ・バンのような革命も、遅々とした進化も目にすることはないと考えている。そうではなく、私は、３段階での段階的変革が進行すると予想している。すなわち、否定、リソース再検討、破壊である（図11.1参照）。

　すべての法律事務所やインハウス法務部門が、この３段階を一様に等しく経験すると言っているのではない。一部の先駆者たちはかなり迅速に発展する一方で、進歩にはるかに長い時間が必要な後発者もたくさんいるであろう。すべてのモデルと同様に、これは単純化したものにすぎない。その目的は、多くの法律事務所やインハウス法務部門が進展していく順序を大まかに示すことである。その進展のスピードは、正確に予想することはできず、経済情勢、クライアントの要求の厳しさ、新しい競合者がマーケットにもたらすインパクト、リーガル・サービスの提供方法の変更を積極的にリードする法律事務所がどの程度存在するかなどに大きく左右される。

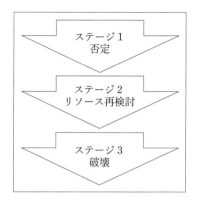

図11.1　変化の3段階

ステージ1——否　定

　このステージは2007年ごろに始まり、2016年まで続いた。この間、多くの弁護士は、法律事務所とインハウスの両方が、再び2006年の状態に戻るように願っていた。しかし、2016年までに、法曹界のリーダーたちの中で、基本的な変化が進行しているという事実を否定する者はほとんどいなくなった。クライアントが請求額に鷹揚で、多くの法律事務所が処理能力を超える仕事を受任していた古き時代は過ぎ去ったと広く認識された。

　インハウス法務部門については、世界的リセッション（2007〜2009年）の前にも、経費削減を検討する兆候はあったが、組織内の強い経費削減プレッシャーにさらされていたわけではなかった。金融危機以前は、豊穣な時代であり、売手市場で、買手の財布はパンパンに膨らんでいた（あるいは、そのように見えていた）。

　2007年に、景気後退とその後の危機が起こり、第1章で紹介

した「より多くのものをより安く」という課題が明確に生じ、約10年にわたる否定のステージが始まった。多くのジェネラル・カウンセルの初期の対応は、自社内の業務やサービス・リソース戦略を基本的に変更することではなく、外部法律事務所の報酬を大幅に減額することにより法務経費を削減することであった。この戦略は、競争入札プロセスを通じて、多くの案件においてかなりの程度正式に行われた。その結果、多くの法律事務所が、さまざまなオルタナティブ・フィー・アレンジメント（AFAs）を提案し、多くの弁護士（若手の弁護士からパートナーまで）や補助職員が離職の憂き目に遭い、テクノロジーやマーケティングなどのバックオフィス機能の経費も削減されるに至った。

　実際に、多くのインハウス法務部門と法律事務所は、この否定のステージを、大した影響を受けることなく乗り切りたいと望んでいた。インハウス弁護士は人員削減がないことを祈り、法律事務所は、（抜本的であるとはいえない）費用削減を通じて利益を維持するよう努力した。

　この最初のステージの間、一部の法律事務所は、表面的な努力を行い、代替的リソースを控えめに利用するなどはしたものの、その多くは見せかけにすぎなかった。彼らの目的は、費用削減戦略に関するクライアントからの質問に対し、説得力のある物語を作ることであり、その真意は、時間を稼ぐことにあった。これは、マーケットが回復し、クライアントの法律事務所への支払削減への喫緊のニーズが消滅することを期待して採用された引延し作戦だった。

　同時に、一部のインハウス弁護士は、この問題に対する回答はインハウス法務部門の規模を拡大させることであると主張した。インハウス弁護士は法律事務所の法律専門家よりも費用がかから

ないというのがその理由であったが、多くの場合、そのような考え方には戦略的に欠陥があることが証明された。それは、インハウス弁護士が完璧に仕事をこなすという非現実的な前提に基づくアプローチの帰結である。また、供給は需要を増加させるのであり、1人のインハウス弁護士を採用したために、その弁護士がアシスタントやチームを要求するという結果をもたらすことも往々にしてあった。そして、いずれにせよ、インハウス法務部門の人員を増加させるべきだという主張は、法律業務には組織内か法律事務所かの2つのリソースしか存在しないのだという時代遅れの考え方に固執し、代替的リソースの可能性を無視したものといわざるをえない。

　要約すると、ステージ1では、ほとんどの弁護士（ただし、すべての弁護士がそうであったというわけではない）が、リーガル・マーケット内で起きている根本的な構造変化を否定していた。経済の潮目が変わり、ビジネスが改善され、法律の世界が2006年ごろのやり方に戻ると想定するか、そのように願っていた。しかし、そうはならなかった。なぜなら、クライアントの経営者が、リーガル・コストはもっと厳しく管理することができ、法律業務がこれまでと異なる方法でより効率的に処理できることと分かり、このことにより、古い非効率な時代に戻ることを望まなくなったからである。

ステージ2——リソース再検討

　否定のステージにおいて、クライアントの最高経営責任者や役員会は、リーガル・コストが必ずしも要求通りに削減できるものではないことに気がついた。ジェネラル・カウンセルは最高財務

責任者にタイム・チャージのレートの減額やオルタナティブ・フィー・アレンジメントについて楽観的に説明していたが、予定した削減が実現されないことが明らかになった。弁護士は、インハウスも法律事務所も、これまでと異なる報酬の決め方を模索するよりもこれまでと異なる業務のやり方へと移行していく必要があることを認識した。これが、ステージ1からステージ2への移行であった。多くの法律組織はまだこのステージ2にいるが、ステージ3へ進んでいるものもある。

このステージ2では、ジェネラル・カウンセルは、自分の組織の非効率性を無視しているだけでは済まされない。若手の弁護士が高額の時間レートで行っていた定型的業務について、法律事務所に対し代替的なサービスの提供方法を要請したように、今度は、同様のアプローチを自らの組織内に適用しなければならなくなった。それゆえに、法律事務所とインハウス弁護士は、法律業務そのものを分析し、単純で、手続的かつ事務的な作業やタスクについては、これまでと異なるリソースを発見するに至った。たとえば、アウトソーシング、オフショアリング、パラリーガルの利用、コンピュータ化、その他第5章で述べた多彩なサービス・リソース戦略の採用である。インハウス法務部門は、お互いにより協力し合い、コラボレーション戦略（第3章参照）を用いてリーガル・サービスの費用を分担することにも関心を持ち始めた。

このステージでは、リーガル・プロセス・アウトソーサー、出版社、リーガル・カンパニー、会計事務所、プライベート・エクイティによる支援を受けたスタートアップなどの法曹向けの新しいオルタナティブ・リーガル・プロバイダーも、リーガル・サービスの提供に関してより重要な役割を果たすようになった。転換点にまではまだ至ってないが、法律事務所に対する新しい競争の

始まりを目にすることとなった。

さらに、このステージ2では、多くの法律事務所やインハウス法務部門が、自分たちのバックオフィス（たとえば、テクノロジーや会計）をより安いコストで運営する方法を発見した。ビジネス・プロセスのアウトソーシングやサービス施設の共有が活用されてきた。

このステージ2では、インハウス法務部門による法的ニーズ分析やリーガル・リスク・マネジメントにも大きな関心が示されてきた。企業のオーナーやリーダーたちは、緊急で避けられない法的費用が何かを今まで以上に明確に把握し、法務支出をこれに限定することを求め始めた。

ステージ3——破　壊

ステージ2では、代替的リソースとは、通常、法律業務をより低コストの従業員に行わせることであった。実質的には、これは労働裁定取引であり、大きな倹約となるであろう。しかし、マニュアルや基本的な自動化を利用して、低コストの従業員に法律業務を行わせることは、リーガル・マーケット発展の最終局面ではない。

一部のより先進的な法律事務所や法務部門はステージ3に移行しており、多くの根本的な変革をもたらすものと考えられる。これは、2020年代に成功する法律事業者の過半数が辿る道であり、より高性能なシステムの導入によりもたらされるであろう。これらのテクノロジーは、大部分が破壊的であり、過去に行われてきた従来の法律業務のあり方に挑戦し、これに代替していくであろう。

138　第2部　新しい構図

　多くの弁護士や評論家は、主に低コストの労働者を活用する
リーガル・プロセス・アウトソーシング（LPO）やマネージド・
リーガル・サービス[8]のようなサービスは、常に一時的な措置で
あり、長期的な解決方法ではない運命であったことを認識してい
ない。法律事務所や法務部門以外のアウトソーシングに適してい
ると一般に考えられている訴訟における文書レビューと基本的な
契約書ドラフティングという2種類のサービスについては、いず
れも、若手の弁護士や事務スタッフを上回る高性能なシステムに、
やがて代替されていくであろう。これらの領域の法律業務がアウ
トソーシングに適しているとされる理由は、管理可能な部分にま
で分解でき、比較的経験が浅くても十分に訓練された人間ならば、
詳細な手順書やマニュアルがあれば処理できるからであり、この
ことは、まさにテクノロジーの利用に適した業務の特徴でもある。
たとえば、e-ディスクロージャーで用いられるテクノロジーに支
えられた調査は、訴訟で書類調査を行う多くの人間をはるかに凌
駕する（電子ディスクロージャー、すなわち、e-ディスクロージャー
とは、大まかに言えば、訴訟当事者が互いに、電子的に保存された適
切な文書の存在を知らせ合うことをも含んでいる。）。そして、同様
に、自動文書生成も、すでに、経験が深くない弁護士や事務ス
タッフよりも高い信頼性を持って、効率的に機能している。

　破壊的テクノロジーの普及とその広範な導入は、リーガル・
サービスの最終局面を示しているが、第1章で述べたように、こ
の局面に至っても、テクノロジーの世界のゴール・ラインは見え
てこない。長い目で見れば、より多くの法律業務が、ユーザーで

8　リーガル・サービスの提供方法の1つで、クライアントの特定の法的
　　ニーズや業務を継続的に管理・実行するための包括的な契約の下で提供
　　されるサービスのこと。

ある人間のわずかな監督の下で、高性能なシステムにより処理されるであろう。これが、明日の弁護士のキャリアと日々の業務の背景となるであろう。

これらの破壊的テクノロジーは、本質的な法律業務だけでなく、リーガル・サービス・プロバイダー（人間およびコンピュータ・システムの両方とも）を選択する際にも支配的な方法となるであろう。報酬比較システム、評価システムやリーガル・サービスのオンライン・オークション（第6章参照）も頻繁に利用されるようになり、何十年も継続してきたリーガル・サービス取引の伝統的基盤とはまったく異なる電子リーガル・マーケットが創造されるであろう。

高性能なシステムが、2020年代中ごろまでにすべての法律業務に代替するというわけではない。もちろん、そうはならないであろう。しかし、それ以降は、成功したすべての主要な法律事業者が、業務プロセスを人間による手作りから、より洗練された高性能テクノロジーによる生成に転換することが、法曹界では一般的となるであろう。我々は、そのような変化を他の多くの経済分野で見ており、法律分野だけがテクノロジーの影響を受けないと考えるのは合理的ではない。類似のテクノロジーが医学や監査の実務を変革できるのであれば、弁護士も同様の革新を受け入れるべきである。

今日とは明らかに異なる法律の世界が出現するであろう。そして、多くの若手の弁護士たちがこの世界に飛び込んでいく。両親の世代の弁護士と同様のキャリアを望む若手の弁護士は失望するかもしれない。しかし、新しいチャンスを求め、私が本書で予測する進歩に参画することを望む者にとっては、今までにないほど刺激的な時代である。

第12章
司法アクセスとオンライン・リーガル・サービス

　2000年に上梓した拙著『法の変革（Transforming the Law）』の中で、5年以内に、英国では、インターネットへのアクセスが司法アクセスを上回るであろうと予測した。不幸なことに、私の予測は正しいことが証明された。簡単に説明すると、現在、インターネットを利用できない英国民は3％未満だが、イングランド＆ウェールズの市民の過半数は、弁護士や裁判所のサービスのほとんどを受けられていない。良い知らせは、私が長い間主張してきたように、増加し続けている司法アクセス関連の多くの問題について、テクノロジーがこれを解決する決定的な役割を果たすであろうことである。本章の目的は、これがどのように実現されるかを示すことにある。

司法アクセス

　フランツ・カフカは、『審判』の中で、不気味な場面を描いている。彼は、門番が理由を示さずに法へのアクセスを拒む様子を描写する。田舎からやってきた不幸な男は、問題が起こるとは予想していなかった。彼は「法はいつでも誰に対してもアクセス可能であるべきだ」と信じている。そう思うのは当然かもしれないが、数年前に実施されたイングランド＆ウェールズでの調査では、約100万件もの民事司法問題が毎年未解決のまま残されているこ

とが明らかにされた。この法的排除や救済されない法的ニーズは深刻な社会問題であり、「司法アクセス」問題と呼ばれている。

　この問題を、少しの間もっと広い視点で考えてみよう。現代では、誰もが法律システムについて、ほんの一部を除いて完全に理解をしているとはいえない。しかし、我々は皆、法の下では、自分たちに影響を与えるすべての法律を知っているとみなされている。多くの市民がほとんどの法律を知らず、標準的なリーガル・アドバイスも受けることができないとすると、我々はかなり危険な状態にある。この問題は、人々が裁判をしようとするときに、最も先鋭的に浮かび上がる。素人の目から見れば、裁判は、費用が高くて手が出せないものであると同時に、時間がかかりすぎ、不当に攻撃的で、説明できないほど難解な手続や用語に包まれているように見える。この問題に対する関心から、1995年と1996年に、当時イングランド＆ウェールズの貴族院判事で後に首席判事となったウールフ卿が、民事司法システムの未来についての2つの重要な報告書である『司法アクセス（Access to Justice）』を発表した。ウールフ卿の調査範囲は、彼の関心を紛争解決に限定した。それ以来多くの裁判官や政策立案者にとって、司法アクセスを改善するということは、裁判所での紛争解決の改善と迅速化を意味するようになった。

　私は、もっと広く問題を捉えたい。司法を検討する際に、完全に、あるいは実質的に紛争解決のみに焦点を絞ってしまえば、法律システムに期待される多くのことを見逃すことになってしまう。司法アクセスの改善は、紛争解決の改善のみならず、私が言うと

9　イングランド＆ウェールズでは、貴族院（いわゆる上院にあたる）が2009年まで最高裁判所の権能を有しており、貴族院の議員の中で、上級裁判官として司法的な役割を担っていた議員のこと。

142　第2部　新しい構図

ころの紛争制御、紛争回避およびリーガル・ヘルス・プロモーションの改善も含むと考える。

　紛争制御は、発生した意見の相違が過度にエスカレートすることを防ぐことを目的としており、制御されるべきは弁護士と当事者自身である。紛争回避は、インハウス弁護士がよく私に提起するテーマであり、彼らは、リーガル・リスク・マネジメントについて語るが、私はそれを「崖下に救急車を待機させるのではなく、崖の上にフェンスを設置するもの」と言っている。私が出会う人（経営者であるか一般市民であるかを問わない）は誰もが、大きな紛争が弁護士によりきちんと解決されることよりも、紛争をそもそも起こさないことを望む。リーガル・ヘルス・プロモーションとは、紛争回避のための予防的な法的対応を超え、問題が発生していない段階から、法律がもたらす多くの恩恵、改善、利点を人々が認識して利用できるようにすることを目的としている。

認識、選択およびサービス

　司法アクセスのこのようなさまざまな側面を念頭に置きながら、非弁護士の状況を考えていくと、話はさらに複雑になる（ラベリングについて非常に敏感に反応する人がいるので、「非弁護士」という用語について一言述べる。二流の者であるかのように受け取られる用語で、法律事務所内の従業員全体を分類することは、一般的に、蔑視的で受け入れがたいものであることについては完全に同意する。人間を何かでないという観点から分類することは悪しき慣行である。しかし、法律組織の枠を越えたはるかに広い文脈で非弁護士について語る場合、この言葉は、指摘する集団（ほとんどの人間）が法律に精通していないことを強調する、印象的だが失礼でない表現方法であろ

う。）。

　（後者の意味での）非弁護士にとっての最初の障害は認識することであり、それは、法的知識がない人が法律の恩恵を受けられるということに気づくプロセスである。ただ、それが明らかなときもある。たとえば、請求書が郵便受けに届いたときや転居命令が出されたときなどである。しかし、往々にして、非弁護士は、解決され、制御され、または回避されるべき法的問題がある状況に置かれていることや、享受できる何らかの利益があるという事実を理解してはいない。逆説的であるが、法的権利があるか、それはいつ発生するかを理解するためには、弁護士になる必要があるようである。

　たとえ非弁護士が法律の恩恵を受けられるということを認識したとしても、2番目の課題があり、それはリーガル・ガイダンスの最良のリソースを選択することである。適切な弁護士を見つけるか、それ以外のアドバイザーに頼るか、あるいはオンラインでアドバイスを受けるか。

　3番目の問題は、リーガル・サービスの提供それ自体に関わる。ここでは、私がマルチ・リソース（第5章参照）と呼ぶ環境の下で、幅広い選択肢が認められる。この3番目の問題に関しては、伝統的な法律事務所の従来型の弁護士が、常に最上位に位置し、クライアントにとって最も手頃なガイダンス・リソースであるとは限らないと考えられる。経済事情も要因の一部である法律扶助予算の継続的削減により、弁護士や裁判所のサービスがより使いにくく、近寄りがたいものとなってしまうことは、ほとんど避けられない。市民や中小企業向けに特化した、新しい法律サポートの提供方法を生み出すことが、重要かつ緊急な課題である。

144　第2部　新しい構図

オンライン・リーガル・サービス

　弁護士による法律支援の提供に対する明確な他の選択肢は、教育を受けたボランティアである非弁護士が、人々に問題や権利義務についてアドバイスすることである。たとえば、英国では、市民相談サービスがまさにこれを行っているが、それも資金不足に悩まされている。別の選択肢は、市民や企業にオンラインで法律情報を提供することであり、それにより彼らは自分自身で法律問題の一部を処理できるようになるし、また、ガイダンスが必要な場合でも、法律アドバイザーとより効率的に処理をすることができる。広範な医療ガイダンスを提供する国家支援オンライン・サービス（例として、< http:// www.nhs.uk >）があるのなら、どうして法律については似たようなものがないのだろうか。

　懐疑論者は、オンライン・サービスは少数のハイテクに長じた人だけのものではもはやないということに留意すべきである。実際、インターネットはイングランド＆ウェールズの家庭や企業では、現在の生活の中心となっている。多くの調査が、現在、英国の人口の95％以上が何らかのインターネット利用者であることを示している。もちろん、残りの5％は重要であるが、Oxford Internet Institute（その「Internet in Britain」調査）によれば、これらの非利用者（または元利用者）のうちのほんの一部の人だけが、彼らの手助けをしてくれる人を「まったく知らない」。実情としては、現在インターネットを利用できない人は3％未満である。自分に代わってオンライン・サービスを受けてくれる人がいないインターネット非ユーザーは、30人中1人未満なのである。これは、一般に考えられているよりも小さな割合であるといえよう。

第12章　司法アクセスとオンライン・リーガル・サービス　145

　オンライン・リーガル・サービスには、現在大きく分けて３つの形式がある。１番目は、さまざまな営利団体や非営利的団体が提供する無償のウェブ・ベースのサービスである。２番目は、従来の法律事務所が提供するようなサブスクリプション制のツールである。３番目は、オルタナティブ・ビジネス・ストラクチャーや法律出版社のような企業が提供する有償サービスである。

　では、実際に、インターネットは、さまざまな側面のすべてで、司法アクセスの確保に役立っているのであろうか。まず、上述した最初の障害については、テクノロジーは、非弁護士がある種の法的助言により利益を得られるかもしれないと認識するために役立ち続けるであろう。１つのアプローチとして、自分の社会的または職業的興味を登録すると、それらに適用される法律が制定または改正されたときに自動的に通知されるというものがある。他に、オンライン・トリアージがある。これは市民に何らかの不満がある場合、簡単なオンライン診断システムが一連の質問をし、チェック・ボックスにチェックさせ、その結果、ユーザーに法律問題があるかどうか、ある場合はどのような種類の問題かが特定されるというものである。

　第６章で説明したように、さらなる可能性としては、法的ルールのシステムや手続への組み込みがある。ソリティアを考えてみよう。少年だったころ、私はこのゲームをカードでやった。カードを使う場合は、ルールには明らかに反するのだが、赤の５の下に赤の４を置くことができた。それは物理的に可能であった。これに対し、ソリティアをコンピュータで行う場合は、そのような動きはできない。赤の５の下に赤の４を置こうとしても、システムがクリックされた通りに動くことを拒絶する。この違いは、コンピュータ・バージョンではルールがシステムに組み込まれてい

るところにある。ルールに反する選択肢は存在しないのである。今後数年で、我々の社会生活や仕事の多くの側面で、法的ルールがシステムや手続に同様に組み込まれていくであろう。これにより、非弁護士は、いつ法的知識が必要であるかについて心配したり、それを知らないことの責任を問われたりするようなことがなくなるであろう。

　非弁護士にとっていつ法律による支援が必要かを認識するためのテクノロジー利用の最終形態は、私が「法的経験のコミュニティ」と呼ぶものである。もしあなたがパソコン・ユーザーで、ウィンドウズから何らかの理解不能なエラー・メッセージが出されたら、あなたはきっと、そのメッセージをコピペしてGoogleで検索し、そこで、誰かがその問題の解説と解決方法を提供しているのを見つけることができるであろう。法律も同様で、オープン・ソースとWikipedia精神の下、巨大な法的経験のコミュニティが構築され、人々は、弁護士による正式なものでなく、ソーシャル・ネットワークを通じた非公式な経路で、自分に影響を与える法的問題について知ることになるであろう。

　テクノロジーはまた、クライアントによる、弁護士や他のガイダンスのリソースの選択にも重要な役割を果たす。第6章で説明したように、ホテルやレストランの集団的フィードバックのように、クライアントによる特定の法律事務所や弁護士に対する評価を提供するオンライン評価システムが出現するであろう。また、非弁護士が、競合するリーガル・サービス・プロバイダーの各報酬を調査することができる報酬比較システムも出現するであろう。そして、複雑なオーダーメイドの業務でなく、将来さまざまな方法で調達されるであろう定型的で反復的な業務に対するリーガル・サービスの入札システムも出現するであろう。

第12章　司法アクセスとオンライン・リーガル・サービス　　147

　実際のリーガル・サービスの提供におけるテクノロジーの役割に関していえば、手続および実体問題についての基本的なガイダンスは、弁護士ではなくオンライン・リーガル・サービスに求める人が増加するであろう。我々はすでに、日常生活で多くのオンライン情報を利用しており、法律による支援だけが同様のアクセスができないという理由はない。特に、オンライン以外には法律による支援にアクセスできない人たちにはそうである。同様に、ユーザーは、基本的な遺言書や不動産賃貸借契約書のような標準契約書作成のオンライン・サービス（第4章参照）や、自分の権利義務を明確に指摘してくれる診断システムや、自分と同じ法律の素人が過去にどうやってその問題を解決したかについての法的経験のコミュニティを活用するであろう。

　もう1つの可能性として、第14章で述べるような、オンライン裁判やオンライン紛争解決がある。オンラインで提供される公的な裁判サービスであるか、e-調停やe-交渉などの民間部門のADR（裁判外紛争解決）であるかにかかわりなく、非弁護士は自分自身が自分の権利を理解して行使することができるため、コストがかかる弁護士の関与なしに、争いを解決することができるようになる。

　さらに別の可能性として、弁護士やリーガル・アドバイザーのソーシャル・ネットワークの構築があり、対面方式でなく自分が決めた時間に、多様な方法でオンライン・ガイダンスを（市民に直接か、アドバイスをする人を通じて間接的かを問わず）提供することができる。

　私は、これらのシステムの多くを未来のものとして話しているが、すでに稼働しているオンライン・リーガル・サービスの例は無数にある。SF作家のウィリアム・ギブスンによれば、「未来に

はすでにやって来ている。ただ、平等に分配されていないだけなのである」。確かにまだ早いのかもしれないが、ほんの数年内に、これらのシステムが、いつ法律による支援が必要かという認識や最適なアドバイス・リソースの選択について非弁護士を補助したり、彼らに実用的なガイダンスを提供したりするのが普通になるであろう。そして、これは、熱狂的なインターネット信者の単なる妄想ではない。重要なことに、多くの実証調査で、かなりの一般市民が、信頼できる法的サポートやアドバイスの提供をオンラインで受けることを望んでいることが判明している。

　オンライン・リーガル・サービスの活用のいくつかは、第6章で議論した意味で、従来の法律事務所に対しては「破壊的」である。しかし同時に、これらの技術の多くが、これがなければ法律による支援を受けられなかった人たちに対し、法律を利用可能なものにしている。これを私は、「潜在的リーガル・マーケット」の顕在化と呼んでいて、多くの人たちの生活において、法律による支援が必要で法律による支援の恩恵を受けられるが、現在に至るまでこの支援（問題の解決・制御または回避か、実際に何らかの利益を受けるものかは問わない）が得られていない無数のケースが取り上げられるであろう。第15章およびここでの議論が示唆するように、オンライン・リーガル・サービスは、潜在的リーガル・マーケットを解放しているのである。

第13章
裁判官、裁判所およびテクノロジー

　まだグラスゴー大学の法学部生であったころの1981年に、私はコンピュータと司法手続についての学士論文を書いた。私の関心は、裁判官の仕事が、高度なコンピュータ・システムにどの程度サポートされ、さらには代替されるかにあった。司法と裁判に関するテクノロジーの潜在力と限界に私は魅了された。また、私は、イングランドの多くのベテラン裁判官と協力しながら自分の考えをさらに深く探求できるという幸運にも恵まれた。特に、1998年以来務めている首席判事のテクノロジー・アドバイザーとしての資格がその役に立った。

裁判官とテクノロジー

　裁判官は、メディアや小説では、一般的に時代遅れで現実離れしていると描かれている。それゆえ、先進国の裁判所はネオ・ラッダイトの末裔により構成されていると思われているかもしれない。実際は反対である。私の友人の裁判官の多くは、今やテクノロジーの積極的なユーザーで、e-メール、ワープロ、オンライン検索などの、日常業務に実際に役立つすべての基本的システムを取り入れている。

　これらの基本的なアプリケーションのさらに先を見渡したとき、テクノロジーが裁判官の業務にどれくらい深く影響するであろう

150 第2部 新しい構図

か。本章では、現在利用できる実用的なテクノロジーに焦点を当て、次章で最先端のテクノロジーについて検討する。

　テクノロジーについて掘り下げる前に強調するが、本書で論じている基本的なテクニックや教訓の一部は、弁護士と同じくらい裁判官にも適用される。第5章で紹介した分解やマルチ・ソーシングといったアイデアと同様に、たとえば、裁判官の仕事を分析して個々の部分に分解し、適切な場合は、これらのタスクの一部に代替的でより効率的に処理できる手法を適用することに、私は大きな可能性を見い出している。裁判官は、他の低資格者でも代わりに処理できるような山のような事務を任されているとよく私にこぼす。それと同時に、裁判官が作成する文書（たとえば、指示書や命令書）の少なくとも一部は標準化の可能性がある。さらに、最終的な文書の大部分が、些細な修正を加えるだけの標準化された文書（第4章参照）である場合、裁判官が自動文書生成システムを利用することは明らかにメリットがある。

　初歩的リーガル・リサーチもこれまでと異なる方法で行うことができ、このことは、控訴審裁判所および最高裁判所における裁判官補助者（judicial assistant）[10]の採用により、イングランド＆ウェールズでは、すでにある程度証明されている。すべての裁判所でこれらの若手の法律家を利用することは現実的でないが、同

10　裁判官補助者とは、裁判官の業務負荷の軽減を目的として採用される。具体的には、リーガル・リサーチを行って事前に事案の争点分析を行ったり、当事者の主張が十分に整理されていない場合に整理を行ったりする。日本における最高裁判所の調査官に類似しているが、日本と違い、資格要件は形式上定められていない。裁判官補助者の具体的イメージ把握には、A day in the life of a judicial assistant: Joel Semakula(https://www.judiciary.uk/you-and-the-judiciary/going-to-court/court-of-appeal-home/judicial-assistants-in-the-court-of-appeal/a-day-in-the-life-of-a-judicial-assistant-joel-semakula/) 参照。

様の効果を得るために、ノウハウや経験を共有するテクノロジーを利用する革新的な方法はある。それゆえ、私は、最低でも、裁判官の仕事の分解とマルチ・ソーシングの可能性について、真剣に検討するよう主張している。今までのところ、ベテランの裁判官は、寛大な心で対応してくれており、私はこの方向への変化を期待している。

期待に応えていない進展

テクノロジーに関して言えば、裁判官のための現在のシステムや新しいシステムのほとんどは、第6章の用語を借りれば「持続的」である。それらは、現在行われている裁判業務をサポートし、向上させるものである。次章では、より「破壊的」なテクノロジー、つまり現在の実務やプロセスに挑戦し、代替さえするテクノロジーについて見ていく。

ほとんどの国で司法が失望されている分野の1つが、「ケース・マネジメント」という広いカテゴリーに属するアプリケーションである。この用語はさまざまな意味で使われるが、ここで共通する不満は、裁判官が利用できるシステムが、日常的なケースや文書の管理について、裁判官を直接サポートしていないことである。

多くの裁判官は、ケース・マネジメントの名の下に、「デジタル・ケース・ファイル」を切望している。それは、特定の事件に関連するすべての文書が電子形式で裁判所に提出（e-ファイル）され、裁判官や職員が電子またはデジタル・バンドルとして利用するというアイデアである。これはロケット科学ではない。これはコンピュータ・サイエンスですらない。しかし、それは21世

紀の司法システムでは普通のこととして、制度に深く根付かなければならない。

　他の裁判官たちは、もっと多くのことを期待しているが、それは正当である。彼らは、より良い文書管理のための e-ファイルやデジタル・バンドルに加えて、テクノロジーを基礎としたワークフローやプロジェクト・マネジメント・システム（第6章参照）を望んでいる。それによれば、標準的プロセスが合理化され向上し、システムを通じて事件処理をより精密で、一貫性をもって、効率的に進めることができる。

　多くの国では、テクノロジー全般の目覚ましい進歩にもかかわらず、過去20年間におけるデジタル・ケース・マネジメントの進展は遅々としているといわざるを得ない。世界中の裁判業務のほとんどが今でも労働集約型で、煩雑で、紙ベースのものである。これに対する改善策は進行中である（この後ですぐに説明する）が、イングランド＆ウェールズの多くの裁判所を訪れると、その労働環境が、我国の多くの普通の事務所（公的機関か民間かを問わず）よりも非効率的で自動化されていないことが分かる。国中で、裁判官が、老朽化したシステム、時代遅れの業務慣行、過度な運営コスト、非効率性、ミス、遅延等に不満を持っている。その結果、裁判所のユーザーも被害を被っており、司法システムに対する評判にも悪影響を与えている。

イングランド＆ウェールズ

　ウールフ卿は、1990年代中ごろに、『司法アクセス（Access to Justice）』報告の中で、イングランド＆ウェールズの民事司法システムのケース・マネジメントのコンピュータ化について一連の

提案をしたが、今日までほとんど実行されていない。最近まで、この進展の欠如には、2つの大きな要因があった。1つは、民事司法に優先度を認めない政府と財務省の投資不足であり、もう1つは、司法省に大規模なテクノロジー・プロジェクトを成功させた経験が非常に少ないことである。司法システム内部からの意見がなかったわけではない。何年にもわたり、進歩的な裁判官、政治家、役人が何人も、テクノロジーを通じて裁判所や司法システムを変革するという大胆な意見を出してきた。端的にいえば、これは世界的な話であり、意見は十分に出されていたが、資金とテクノロジーの性能が不足していたのである。

しかし、2014年にイングランド＆ウェールズに、新時代の夜明けがやってきた。ベテランの裁判官、政治家、役人が先導して、裁判システム全体にテクノロジーを導入する大きな動きが生まれた。多くの作業が2014年と2015年の間に水面下で行われたため、2015年11月25日に、イングランド＆ウェールズ政府が「裁判所の近代化と完全デジタル化のために7億ポンド以上」を投資すると発表したとき、多くの法律実務家は驚いた。私は、Twitterで次のように反応した。「私はこの日を34年間待ち続けていた」。ついに、無数の資金不足による失敗の後、裁判所システムをアップグレードさせるための重大なコミットメントがなされた。

近代化と改革のプログラムには、テクノロジーのみならず、裁判所の建物数の削減と裁判官の業務の一部を裁判所職員に移行する計画も含まれていた。しかし、テクノロジーは常にこの改革の中心にあり、それには、検察と裁判所の共通プラットフォームを構築するシステム（過去25年間で4回目の同様な試み）、刑事・民事・家事事件のケース・マネジメント・システム、すべての裁判所および審判所を通じた e-ファイル（本章後半参照）、バーチャル

154 第2部 新しい構図

審理（同上）、オンライン裁判（第14章参照）、その他さまざまなものが含まれていた。古いシステムは廃止されることとなった。明日の裁判所は、テクノロジーを基盤として建設されることになったのである。

この意欲的なプログラムは、政府と司法機関による共同ビジョン・ステートメント『司法システムの変革（Transforming Our Justice System）』[11]（2016年9月）で正式に承認された。この文書は、「公正で、均衡のとれた、誰もがアクセスできる裁判所と審判所」への共通のコミットメントを宣言した。最終的には、この計画には10億ポンドを超える費用がかかるが、まだ完了しておらず、正式な中間レビューは、程度の差はあれ批判的である。本書執筆時点（2022年中旬）では、システムの最終的な完成形がどのようなもので、システムがユーザーの期待やニーズを満たすかどうかは明らかではない。

この先の道

イングランド＆ウェールズにおける改革プログラムの結果がどのようなものであれ、現在の改革をはるかに凌駕する変化を支持する意見は、説得力があり、すべての国に広く適用できる。イングランド＆ウェールズの現在の裁判所システムは、軋み続けており、多くの場合、非効率で、時間と費用がかかりすぎており、非弁護士には理解できないものである。イングランド＆ウェールズでは、約100万件の民事司法事件が毎年未解決のままだと言われており、法律扶助費用の削減がこの驚くべき法的排除のレベルを

---

11 https://assets.publishing.service.gov.uk/media/5a803d9ae5274a2e8ab4f019/joint-vision-statement.pdf

さらに引き上げている。「司法アクセス」が、富裕層だけの特権となるという重大な危機に瀕している。それに加えて、過大な費用をかけて本格的な民事訴訟を行うことは、多くの場合、ナットを外すために巨大なハンマーをふるうようなものであるといえる。

原則的には、他の分野で見られるテクノロジーの利点を裁判所でも享受できれば、労働集約的で、煩雑で、紙ベースの運営システムは、自動化され、合理化され、紙の使用を大きく節約するシステムに代わり、それにより、コストが削減され、ミスが少なくなり、効率性が向上し、アクセスしやすくなるであろう。これは、今よりも利用しやすい、大部分がオンラインで提供されるシステムであろう。訴訟提起、裁判所との連絡、文書保存、進捗の確認、審理の調整、およびそれらの過程における支援といったプロセスは、電子的に行われるであろう。

その結果、効率的で理解しやすい、充実した装備を備えた裁判所システムは、それを使いこなせる弁護士が参加すれば、大衆が大きな信頼を寄せるシステムとなるであろう。さらに、国際的な側面もある。イングランドが洗練された紛争解決センターの国際的リーダーになろうとするなら、それを支える最高水準で最先端のシステム、プロセスおよびインフラを備えなければならない。

これが、我国の政府が裁判所と紛争解決をサポートするテクノロジーに、資金投入を継続しなければならない理由である。現在の国家の関心事が、テクノロジーへの投資ではなく、予算削減にあることは理解できる。しかし、ここには矛盾がある。経済低迷期には、テクノロジーへの投資は政府にとって、問題ではなく解決策となるはずである。その輝かしい成果は、低廉で、迅速で、均衡のとれた、包括的な紛争解決手段の実現である。

テクノロジーを活用した裁判所

　バックオフィス事務やケース・マネジメントのほかに、裁判所自体については、現在、テクノロジーを用いることで何ができるであろうか（本章で紹介するテクノロジーのいくつかが、2020年代においても論説に値するということについて、法律以外の分野の技術者は驚くかもしれないが、許してほしい。）。

　まず第1のテクノロジーに、当事者の出廷前の段階で、直ちに役立つ技術——e-ファイルがある。これは、電子形式で裁判所に文書を提出することを含み、裁判官や事務官にとっては、大きな紙の束よりもはるかに便利である。e-ファイルされた文書が相互に関連づけられている場合は、特に利便性が高い。e-ファイルは、この数年で、英国や他の国々でますます普及している。

　次に、法廷内であるが、一見すると明らかに役立つにもかかわらず、広く普及していないテクノロジーの活用方法として、裁判官が事件の進行に応じてラップトップやデスクトップ・コンピュータでメモを取ることが挙げられる。さらに3番目に、1990年代初期から世界中の裁判所で大なり小なり採用されている、より洗練されたテクノロジーがある。その1つが、コンピュータ支援速記（computer-assisted transcription「CAT」）であり、法廷での発言を速記装置が認識し、それをほとんど同時にテキストに変換し、裁判官や訴訟関係者のスクリーンに映し出すものである。テキストは法廷で映し出された通りに記録され、検索可能な裁判のデータベースが構築される（CAT が、継続的な発言を認識し、発言者から独立したマルチスピーカー音声認識システムに代替されるのは時間の問題である。）。

第13章　裁判官、裁判所およびテクノロジー　　157

　第2のテクノロジーは、文書表示システムである。法廷の誰も
が文字通り同ページを見ることができるようになり、裁判官も両
当事者も書類やファイルの該当箇所を手探りで見つける必要がな
くなる。当事者に関連文書が即時に表示されているスクリーンを
見るよう誘導することにより、法廷にいる全員が特定のページを
注視できるようになる。

　CATや文書表示テクノロジーを利用することで、審理時間が
1/4から1/3程度短縮すると研究や実験が示している。

　第3のテクノロジーは、証拠をデジタル化し電子的に提示する
ことである。1枚の写真は1,000の言葉に値するという古い格言
を反映している。口頭による弁論だけに頼るのではなく、弁護士
は、チャート、グラフ、図表、図面、模型、3Dアニメーション、
復元物、シミュレーションなどの幅広い非言語ツールを使って証
拠を提示できる。これらは、法廷で各人のモニターに表示するこ
とも、大きなスクリーンに映し出すこともできる。民事事件と刑
事事件の双方で利用できる。たとえば、プロジェクトの遅延の程
度を、実際の進行状況と計画を比較するアニメーションで説得的
に表現できるし、資金の混み入った流れも、複雑な口頭による説
明でなく単純な図式で把握できる。

　証拠自体がデジタル形式で作成・保存される機会が増すにつれ
て、さらなるテクノロジーの利用が、この電子的証拠を管理し、
法廷の実務や手続に統合されていく。これには、e-メール、
CCTV映像[12]、ブロックチェーンに保存されているデータが含まれ
る。この最後のカテゴリーの重要性は増す一方である。なぜなら、
ブロックチェーンに保存され生成された証拠は、真正性、整合性、

12　Closed-Circuit Television のことで、通常は、監視カメラのことである。

158　第2部　新しい構図

正確性を強力に主張できるからである。

　CAT、文書表示システムおよび証拠のデジタル提出は、時間と費用を削減できるにもかかわらず、実際の利用状況は、裁判所システム全体を通じて非常に低調である。しかし、注目すべき例外もいくつかある。パンデミック前にすでに、英国最高裁判所は、e-ファイル、文書表示、リアルタイム速記、法廷でのコンピュータの使用、リモート証拠といった第二世代システムに移行した。そして、さまざまな審判所が特徴的なシステムを備えている。しかし、これらは英国では例外的であり、ほとんどの審理室では、ラップトップ・コンピュータを除いて、実質的にはテクノロジーを活用していない。

　興味深いことに、裁判所テクノロジーは、公的調査（ここでは、審理のリソースはあまり抑制されていない。このカテゴリーで最も野心的なものは、サヴィル卿[13]によるハイテクを用いた「血の日曜日事件調査」[14]（1998年〜2010年）である。）、大規模な商業紛争の分野（ここでは、当事者自身がかなりの訴訟予算を有している。）、および複雑な刑事事件（歴史的に、刑事司法システムは、民事司法システムよりも大きなテクノロジー投資がされている。）の分野では大きな成功を収めている。

　将来的には、多くの法廷が、NASA のコントロール・センターにも似た、サヴィル卿の審理室のようになるであろう。

13　サヴィル卿は、英国の裁判官であり、2009年に英国最高裁判所が設立された際に、その裁判官に任命された。

14　北アイルランド紛争中の1972年1月30日、デリーでイングランド＆ウェールズ軍がデモ隊に発砲し、13人の市民が死亡し、14人の市民が負傷した事件を「血の日曜日」と呼ぶ。1998年1月29日、当時のトニー・ブレア首相が、サヴィル卿を責任者として、「血の日曜日」に対する第二次調査を命じた。

リモート裁判

　ここで紛争解決の核心に話を移そう。裁判所の長期的な将来について考えると、1つの根本的な疑問が議論の中心にあることが分かる。「裁判所は、サービスなのか場所なのか？」そもそも法的紛争を解決するために、当事者やアドバイザーは、物理的に1か所に集まり、裁判官に対し議論を展開する必要があるか。さらに進化した形態のオンライン紛争解決についてはどうか。

　2017年に出版した本書第2版で、私は「イングランドにおいては、バーチャル審理は、司法システム全体を通じてまだ比較的珍しいものであるが、2020年代には一般的なものとなるだろう。私はこの点にほとんど疑いを持っていない。」と書いた。実際には、パンデミックが、この予測を私の予想よりも早く実現させた。それまでは、ビデオ審理テクノロジーの活用は最小限であった。最も多く取り上げられたのは刑事事件であり、子供や畏怖した証人がいる場合に行われ、保釈や拘留審査でも拘置所と法廷をつないで行われた。また、一部の民事裁判では、英国外から証人がリモートで証言し、アクセスが難しい専門家証人も同様であった。つまり、ビデオ審理は、2020年までは、裁判官、弁護士、政策立案者の視野の周辺にあるにすぎなかった。

　その後、COVID がやってきた。世界中の法廷が閉鎖された。実現可能な代替案がなかったため、裁判官、弁護士、裁判所職員は、驚異的なスピードと機動性でリモート審理を実施するようになった。2020年3月、私は、Remote Courts Worldwide <https://www.remotecourts.org> というウェブサイトを立ち上げたチームを率いて、世界中の裁判官、弁護士、裁判所職員、訴訟当事者、

裁判テクノロジストなどの司法関係者のリモート審理の経験の共有を支援した。2022年中ごろ、Remote Courts Worldwide は、過去2年間に170か国でリモート審理が実施されたと報告した。この規模の普及は、2020年初頭には想像もできなかった。

「リモート」という用語は、一般的に、ビデオ審理（Zoom や Teams などのシステム、またはカスタムメイドのサービスを利用）またはオーディオ審理（基本的には電話会議）を指す。ハイブリッド方式もあるが、実際には、パンデミック中に、ビデオ審理がすぐに好ましい選択肢とされた。参加者は、物理的な空間に集まるのではなく、ビデオ会議に集まる。裁判官、弁護士および裁判手続はほとんど変わらない。

リモート裁判の普及から、我々はこれまでに何を学んだか。弁護士や裁判官は、状況に応じて、非常に柔軟で創造的に対応できることが、まず認められるべきである。法曹界は非常に保守的で、変化に対応できないという古い言い回しがあるが、Remote Courts Worldwide に示された証拠は、これとは異なる。

全体として、裁判所や司法関係者の間では、ビデオ審理に対する満足度はかなり高く、パンデミック前にリモート審理の可能性について尋ねられた場合の予測をはるかに超える。もちろん、欠点や問題もある。たとえば、高齢の参加者、通訳が必要な人、テクノロジーの面で制限がある裁判所ユーザーにとっては、利用が難しい。また、一部のビデオ・プラットフォームには、プライバシーやセキュリティに関する懸念もある。裁判システム自体がまだその大部分が紙ベースのままである場合、ビデオ審理で大量の文書を扱うことが難しいことも分かった。厳粛さを維持するには、照明、背景、服装、口調、姿勢も重要である。インターネット接続が悪い場合は、手続全体の障害となる可能性もある。

証人の信用性に関しては、議論すべき点がいくつか残されている。たとえば、証人の信用性をビデオ審理で適切に判断できるかである。人間が真実を語っているかどうかを判断するには、その人と同じ部屋にいなければならないと言う者もいれば、リモートでも、相手の目を見れば分かると言う者もいる。

　どのような種類の事件や論争が、対面、オーディオ、ビデオ、その他のオンライン手段（第14章参照）のどの種類の手法に最も適しているかを確立するために、さらなる検討が必要であるということには異論はない。しかし、初期のころから主張されてきたもののいくつかは、支持されてきている。たとえば、子供の親権や家庭内暴力を含む家庭内の紛争は、可能な限り当事者立会いの下で審理されるべきであることは広く合意されている。同様に、多くの国では、重大犯罪を伴う事件は物理的な審理が必要であると考えられている。一方、特定の種類の紛争は、リモート手続に適していることが明らかになってきている。暫定的、手続的、中間的な審理や、日常的な家族事件、少額請求事件、軽犯罪事件、商事紛争、行政審判、民事事件の上訴審などがこれに該当する。

　要約すると、これまでの研究やフィードバックは、いくつかの――そしておそらく多くの――法的紛争は、実際にリモート手続で、従来のシステムよりも、低廉で、便利で、迅速で、そして利用しやすくなる可能性があることを示している。しかし、これはあくまでも暫定的な仮説であり、検討を続け、体系的に検証する必要がある。

　それにもかかわらず、多くの弁護士や裁判官は、従来のやり方に戻るべきではなく、テクノロジーを活用した司法への移行は達成されたと考えている。仕事は終わったというのだ。これは過大評価である。確かに物理的な裁判からリモート審理への飛躍は驚

異的であったが、それはまだ初期の段階であり、誰も、ビデオ審理がすべての事件や論争に適していると責任を持って断言することはできない。我々は、裁判所サービスの変革の出発点に立っているにすぎない。現在のリモート・サービスは、臨時に開発されたサービスの組合せにすぎず、これらの第一世代のシステムを産業化し、拡張可能で安定した、さらにこれが重要な点であるが、一般人が弁護士と同様に使用できるような裁判所サービスにするには、多くの労力と資本が必要となる。

　これに加えて、この応急的にまとめ上げられたシステムは、第1章で私がイノベーションではなく自動化と呼んでいるものの例にすぎない。COVID に対応して構築されたリモート・サービスのほとんどは、従来の裁判所を基本としたバリエーションにすぎない。現在の裁判システムを Zoom に載せただけでは、一部の評論家が述べるような「革命」とはいえないことは明確にしておきたい。これらは、始まりにすぎない。紛争解決の未来は、テクノロジーを駆使した物理的な法廷やビデオ審理のさらに先にある。その未来は、オンライン裁判とオンライン紛争解決の世界である。次に、これらを取り上げる。

第14章
オンライン裁判とオンライン紛争解決

　ビデオ審理では、1人または複数の裁判官が伝統的な手法で司法権を行使する。伝統からの離脱は、当事者が、物理的に出廷するのでなく、ビデオ・リンクを通じて仮想的に出廷する点にある。これは、前章で述べたように、パンデミックの間に、最も一般的なリモート審理の形態となった。

　しかし、いまや、審理の進展はバーチャル審理を超えた、オンライン裁判やオンライン紛争解決（ODR）の世界にまで及んでいる。一部の専門家は、さらに進んで、メタバースにおける法的審理というアイデアまで検討している。この大胆な新世界には、伝統的な法廷は存在しない。その代わり、紛争解決のプロセス、特に、解決策の策定は、完全にまたは大部分がオンラインで行われる。裁判所は、場所ではなく、サービスになるのである。

オンライン裁判

　オンライン裁判の物語は、私が本書を執筆している今も展開している。本書で論じる他のいかなるイノベーションよりも日常生活に大きな影響を与える可能性がある。本章で述べることの多くが、拙著『オンライン裁判と司法の未来（Online Courts and Future of Justice）』（2019年に初版が発行され、COVID により改訂が必要になり、2021年に改訂版が発行された。）において詳しく述べられてい

る。

その本の中で、私は、オンライン裁判のかなり詳細な構造を提示しているが、基本まで突き詰めると、オンライン裁判には２つの側面がある。第１に、オンラインでの裁判手続である。これには人間の裁判官による事件の判断が含まれるが、当事者が裁判所の建物に集まることも、ビデオや電話会議で手続が行われることもない。これが基本的な出発点である。その代わりに、主張や証拠はある種のオンライン・プラットフォームを通じて裁判官に提出され、裁判官も、ビデオ審理や公開法廷ではなく、オンライン・サービスを通じて判決を下す。審理や口頭弁論は行われず、e-メールや添付ファイルを継続的に交換するような、構造化されたオンライン弁論手続が行われる。

テクノロジー用語でいうと、現実の法廷やビデオ審理での手続進行は同期的だが、オンライン裁判手続には非同期的形式のコミュニケーションも含まれる。前者の場合、事件を進行させるためには、当事者が同時に参加する必要がある。これに対し、後者の場合、テキスト・メッセージやe-メールの交換には、当事者が同時に参加する必要はなく、送信者と受信者が物理的に１か所に集まったり、ビデオで同時に接続されたりしていなくても、証拠、主張、決定などを送信および交換できる。

裁判手続の同期型から非同期型への移行は、単なるプロセスの改善ではなく、根本的な変化が伴い、また要求される。それは、物理的な審理からビデオ審理への移行よりもはるかに大きな転換を意味する。評論家はビデオ審理に深い懸念を抱いているが、それは、紛争解決の形態としては、伝統的な法廷と同じ広範なパラダイムに属している。対照的に、オンライン裁判はまったく異なる概念である。人間の裁判官が事件を裁く第一世代のオンライン

裁判ですら、オンライン裁判手続は、公開審理、法廷への出廷、他の人間との直接的な関わり（詳細は後ほど説明する）など、多くの人たちが大切にしているものを多数排除する。一方、私や多くの人が強く信じているように、オンライン裁判は、国家が運営する紛争解決をより身近で利用しやすいものとし、インターネット以前の世界を知らないデジタル世代の共感を呼ぶであろう。

　オンライン裁判の2つ目の側面は、より基本的なものである。私はそれを拡張された裁判所と呼んでいる。それは、テクノロジーにより、裁判所が従来よりもはるかに広い範囲でサービスを提供できるようになるというアイデアである。新たに可能となるサービスには、不満を抱えたユーザーがその問題を分類・特定し、自分の権利・義務を理解し、利用可能な選択肢や救済手段を理解することを支援するツール、訴訟当事者が証拠を整理し、主張をまとめるのを支援するシステム、非裁判的解決を助言し実現するシステムなどが含まれる。日常的な技術やテクノロジー（アプリ、スマートフォン、ポータル機器、メッセージング、ビデオ通話、チャットボット、ライブチャット、ウェブキャストなど）が、これらの拡張された裁判所の機能をサポートし、非弁護士が裁判所とより容易にやり取りできるようになる。拡張された裁判所のポイントは、これらのシステムが、弁護士向けではなく、主に自分で裁判を行う訴訟当事者向けに設計されていることであり、それは大きな変化である。これらの裁判所ユーザーは、弁護士がいなくても、直感的で専門用語を使わないシステムを利用して、自分で文書を提出し、裁判手続をフォローし、裁判所職員や裁判官と連絡して、紛争を進行させることができる。

166　第2部　新しい構図

インパクト

　オンライン裁判には、2つの重要な利点がある。1つは司法ア
クセスの向上（より利用しやすく、ユーザー・フレンドリーなサー
ビス）であり、もう1つは、裁判費用の大幅な削減である。両者
とも訴訟当事者と裁判システムの双方に利益をもたらす。オンラ
イン裁判は、一定の事件について、より身近で利用しやすい紛争
解決手段を提供するのみならず、さらに重要なことに、拡張され
た裁判所の機能が、第12章で述べた紛争制御や紛争回避も促進
する。

　オンライン裁判は、SF ではない。それは、カナダ（ブリティッ
シュ・コロンビア州の The Civil Resolution Tribunal は最良の世界的
ケース・スタディである。）、米国、中国、その他の国々で実施さ
れている。

　イングランド＆ウェールズにおけるオンライン裁判の導入も、
第13章で言及した政府の改革プログラムの一部である。この方
向への推進は、私が議長を務めた民事司法評議会（Civil Justice
Council）のオンライン紛争解決アドバイザリー・グループの報告
（2015年初頭に報告[15]）と、オンライン紛争解決の開発と始動を強
力に提唱したブリッグス上級判事（現在は、ブリッグス卿）によ
る民事裁判所の構造に関する報告（2015年12月[16]と2016年7月[17]）に

15　Online Dispute Resolution for Law Value Civil Claims　https://www.judiciary.
uk/wp-content/uploads/2015/02/Online-Dispute-Resolution-Final-Web-Version1.
pdf

16　Civil Courts Structure Review: Interim Report https://www.judiciary.uk/wp-
content/uploads/2016/01/ccsr-interim-report-dec-15-final1.pdf

17　Civil Courts Structure Review: Final Report　https://www.judiciary.uk/wp-

大きく端を発していると言っても過言ではないだろう。現職の
マスター・オブ・ザ・ロールズ（イングランド＆ウェールズで最上
位の民事裁判官）であるジェフリー・ヴォス卿が、現在、率先し
て近代化と変革を推進している。

　例を挙げると、約30万件の金銭請求事件が Online Civil Money
Claims というシステムを使用して処理されており、そこでは
ユーザーがウェブ上で金銭請求を行い、反論している。同様のも
のとして、さらに２つのサービスがある。損害賠償請求を行うた
めの Damages Claims Online と、家賃や住宅ローンの未払がある
場合に、物件の返還を受けることを支援する Possession Claims
Online である。これらのサービスや今後開発されるサービスを管
理する規則は、2022年司法審査および裁判所法（Judicial Review
and Courts Act 2022）により設立された新しいオンライン手続規則
委員会（Online Procedure Rules Committee）が監督する。

オンライン紛争解決

　オンライン裁判とオーバーラップする研究および活動分野は、
一般的に「ODR」として知られる「オンライン紛争解決」である。
これは、1990年代に ADR（裁判外紛争解決手続）の一分野として
登場した。当時、ODR は本質的に電子 ADR の一形態とみなされ
ており、e-交渉、e-調停、e-仲裁など、多くの手法がその傘下に
含まれていた。対面して調停や交渉を行うのではなく、市民同士
の口論から個人・国家間の紛争まで、また、消費者紛争から e-
コマースに基づく紛争まで、多様な紛争を非公式にオンラインで

content/uploads/2016/07/civil-courts-structure-review-final-report-jul-16-final-1.
pdf

解決するさまざまな手法が開発された。

たとえば、オンライン調停（e-調停）は、当事者の所在地や、紛争の規模からすると1か所に集まるには費用がかかりすぎるなど、対面型での調停が実務的に困難な場合に行われる。調停では、第三者である調停人が、通常、非公開で秘密裏に、当事者の紛争解決の交渉を支援する。同様に、e-調停でも、人間の調停人とテクノロジー（e-メールやオンライン交渉エリアでのやり取り）を組み合わせて利用することで、紛争当事者は調停室に集まることなくオンラインで紛争を解決できる。

しかし、ODRのパイオニアたちの主目的は、人間の交渉人や調停人を支援するシステムを開発することではなかった。多くのパイオニアはもっと野心的であった。より高度なシステムの開発者たちが最も重要な目標としたのは、紛争解決プロセスの一部を、何らかの形でシステム自体に行わせることである。

初期の成功例は、1998年にサービスを開始したオンライン・システムであるCybersettleであった。その最初のバージョンでは、Cybersettleは、20万件を超える請求を処理し、その請求額の合計は16億ポンドを超える額であったと言われている。そのほとんどが人身傷害と保険請求である。それは、ODR専門家の間で大きな議論を呼んだ「ダブルブラインド入札」という手続を使用した。それは、原告と被告の双方が、自分たちが受け入れられる最高と最低の和解額を提出するものである。これらの金額は公開されないが、もし双方の提示額の範囲がオーバーラップしたら、和解に達することが可能となり、最終的な和解金額は通常、その中間額となる。

複合的なODR手法が、eBayの紛争解決に使われている。eBayのユーザー間では、毎年約6,000万件もの紛争が発生する。これ

らが従来の裁判所ですべて解決されるとは想像できない。それに代わり、ODR が利用され、迅速かつ効率的で、概ね良い結果をもたらしている。

　しかし、これらのより大胆なシステムでさえも、技術的に言えば、かなり初歩的である。2020年代には、オンライン裁判とODR サービスは、テレプレゼンスをベースにした、先進的な没入型ビデオやメタバース（本章後半参照）を広範囲に利用したものとなるであろう。これにより、裁判官や調停人は、リアルタイムで当事者と話すことがより容易になる。さらに、当事者の事案の理解を支援する AI をベースとした診断システムや、裁判所の過去の行動に対する統計的分析に基づき案件の結論を推論する予測システム（これは、「早期中立評価」として知られる ADR プロセスの新しいバージョンに近いだろう。）が生まれるであろう。さらに革新的なものとして、ゲーム理論に基づき、両当事者にとって合理的な結論となる解決の具体案を提案するシステムも登場するであろう。そして、民間部門では、クラウドソーシングの手法が導入され、個人の裁判官ではなく、同じ立場に立つ人たちのコミュニティにより判断が下されることになるであろう。

融　合

　今日、人々は「ODR」と「オンライン裁判」という表現を、しばしば当然のように互換的に使用する。しかし、これは混乱を招く可能性がある。オンライン裁判が国家機能の発露でなければならないことは明らかである（この文脈では「裁判」が公共サービスを意味することを前提とする。）。しかし、「ODR」は、広義、狭義の両方の意味で使われている。広義では、ODR は、主にイン

170   第2部　新しい構図

ターネットを介して行われる紛争解決のプロセス全般を指す。この広義では、「オンライン裁判」は、ODR手法を使用するときには、ODRの範疇に入る。狭義のODRは特に、電子ADR（「e-ADR」）と同義であり、公式の、国家が運営する裁判所サービスの代替手段とみなされるシステムである。

　これに関連する政策や実務に関する議論が現在進行中である。たとえば、紛争額が低い紛争は、公的裁判システムではなく、広く、民間部門のオンライン・サービス・プロバイダーにより解決されるべきかどうかである。実際に、少数の民間部門によるサービス提供はすでに始まっており、国家が運営するオンライン裁判が正式に開始される前に、多くの国で一般的になる可能性がある。マーケットは、公共部門よりも優れた低廉なサービスを提供すると主張する者もいる。一方で、低額の紛争であっても、独立した裁判官による拘束力と強制力のある紛争解決を、市民と企業に常に現実的に提供することは国家の基本的な義務であり、法の支配の基本であると論じる者もいる。イングランド＆ウェールズでは、私や他の人たち（マスター・オブ・ザ・ロールズやLawtechUK[18]など）は、官民パートナーシップによる両者が融合された仕組みを提唱している。この仕組みに基づき、民間部門の企業、慈善団体などが、早期紛争解決ODRシステム（上記の狭義の意味で）を設立し、これらのODRシステムが、公的裁判システムの「フロントエンド」の一種として機能し、私が提案する「拡張した」サービスに相当するものを提供する。これらのODRフロントエンドは、国家により認証され、裁判所のシステムにリンクされ、解決できなかった紛争は裁判所のシステムに容易に移行し（おそらく

18　125頁参照。

ファーストトラック制度を通じて）、合意された和解は、裁判所の命令として執行可能となるかもしれない。

ここで現れているのは、国家が運営する裁判所とオンライン早期和解サービスの融合であり、それは、従来の公的紛争解決手続よりもはるかにアクセスしやすく、紛争を未然に防ぐものとなるであろう。裁判官による伝統的な解決を必要とする事件については、別のシステムの融合が予想される。物理的な法廷だけでなく、ビデオ審理、オーディオ審理、ハイブリッド審理、非同期的審理、仮設審理室、さらには仮想空間（バーチャル・リアリティ）での審理などを含む、多様な選択肢の融合である。

物理的な裁判所からの体系的な移行に対しては強力な反論が予想され、開かれた精神と情報に基づいた議論が期待され実際に奨励される。しかしながら、デジタル時代には、現在の裁判所の欠点を考えると、多様な形式のオンライン裁判と裁判所にリンクされたODRが、徐々に導入されていくものと合理的に予想される。最も実りある正当な議論は、従来の審理に代替する程度である。その主要な課題は、どのような種類のテクノロジーに基づく代替手法がどのような種類の紛争に最も適しているかについてのガイドラインを策定することである。

公正な裁判？

しかしながら、ビデオ審理、オンライン裁判および先進的ODRは、一般人が考える公平な裁判を害するおそれがあると考える人がいるかもしれない。たとえば、犯罪被害者やその家族、民事紛争での被害感情が強い当事者などは、現実の対面を欠くことに不満を感じるかもしれない。テクノロジーを活用した紛争解

決は、一部の人が司法手続の核心的部分であると考える紛争終結をもたらさないかもしれない。より一般的に言えば、訴訟当事者は、裁判での当事者としての活動を失うのか？　答えは、イエスでありノーである。もし物理的な審理が公的な名誉回復を求めるものであれば、オンライン手続は、費用は安いかもしれないが、それに応えることにはならないかもしれない。しかし、もしビデオ審理、オンライン裁判、先進的な ODR が、裁判に必要とされる合理的な審理時間よりも早く紛争を解決するのであれば、それは、個人的に納得できないという不満を相殺するかもしれない。また、私は反対だが、テクノロジーをベースにした紛争解決は予備的な審理に限定され、ほとんどの最終的な裁判は伝統的な方法で行われるべきだと論じることも可能である。

　このことに関連する懸念がある。審理や裁判は公衆がアクセスできる法廷で行われるべきであり、それにより、不正を働いた者の行為が公になり、非難されるというものである。ODR 支持者は、オンライン・システムは、時間が経つにつれて、手続の透明性を低めるのではなく高めると主張する。なぜなら、裁判所の手続や事実認定がさまざまな手法によりオンラインで可視化されるからである。興味深いことに、この懸念は、審理や手続の公開度を劇的に高めるテレビ中継や放送への要求と等しくなる。これはすでに実現されている。英国の最高裁判所の手続は、Sky News のウェブサイトで生放送されている。

　判決の実際の公正さに関して言えば、訴訟当事者、証人、弁護士の一部または全員が物理的なリモート状況にあるというだけで、裁判官やオンライン調停人が公平性、独立性、正当性を欠くという明白な理由はない。公正さの追求という観点からは、オンラインでの判断や事実認定の健全性は、伝統的な審理でのそれらと何

ら現実的な差異がないものであるということは、きわめて重要である。オンライン裁判のサービスが「エコノミー・クラス」のサービスで、伝統的裁判を行う余裕のある人には「ビジネス・クラス」が用意されているというように思われないことも非常に肝要である。低廉で迅速で便利で理解しやすいサービスが、劣ったサービスであるという明確な理由はまったくない。

　他にも重要な問題が数多くある。リモートで採用された証拠の信頼性と信用性についてはどうか。裁判官、陪審員、弁護士は、法廷で証人の目を直接見ることができないとしたら、不利な立場に置かれるか。高解像度の大型モニターでクローズアップされた三次元ビデオは、証拠調べの正確さを向上させるか。弁護士は、ハイブリッド審理では、クライアントと共にカメラの前にいるべきか、それとも審理室で裁判官の近くにいるべきか。リモートでの証拠調べが、現実の法廷で行われる証拠調べよりも威圧的でない場合、それは、証拠の説得力や、判決の権威や妥当性に影響するか。

　より一般的に言えば、ジュディス・レズニックとデニス・カーティスの権威ある本『レプレゼンティング・ジャスティス（Representing Justice）』で、司法の中心的アイコンの１つであるとされる法廷がリモート法廷に置き換わった場合、司法に対する大衆の認識にどういった影響が現れるであろうか。ユーザー中心のデザイン思考の手法（第16章参照）に基づいて巧みに設計されたオンライン裁判は、新しい包括的な紛争解決の時代のシンボルとなりうるだろうか。ビデオ審理、オンライン裁判および先進的ODRは、現在の政策立案者やオピニオン・リーダーには異質で奇妙なものに見えるかもしれないが、彼らのほとんどはデジタル世代ではない。オンラインでの仕事や交流が通常である次世代は、

まったく違った感覚を持つかもしれない。実際、将来のクライアントにとっては、ビデオ審理、オンライン裁判、ODRは全体として司法アクセスを改善するものであり、それなしでは誰も利用できなかった紛争解決手続への道を提供するものである。

これらの質問の多くに決定的な回答を出すのは時期尚早である。より実証的な研究と分析が必要であることには疑いがない。しかし、一見すると、裁判所や紛争解決手続について進行中の高度なコンピュータ化を中断させるような決定的な反対意見や、法原則に関する重大な懸念はない。

一般的に言えば、評論家は、オンライン裁判やODRを、理想的だが費用がかかり過ぎる伝統的な裁判所サービスと比較することについては慎重であるべきである。ヴォルテールが言うように、「最上とは、適切の敵である」。比較されるべきは、現在の、費用と時間がかかり過ぎ、非弁護士にはほとんど理解不能で、それにより正当な潜在的訴訟当事者を除外してしまうようなシステムとの比較である。誰が費用を支払うにせよ、我々は、事件に見合った費用で、司法アクセスを向上させ、未解決の法的ニーズを縮小する方法を見つけなければならない。オンライン裁判とODRで、我々はその方法を発見したと信じている。

これが、オンライン裁判とODRが従来の訴訟当事者や裁判官の業務に根本的に挑戦する破壊的テクノロジー（第6章参照）であると証明されるだろうと私が予想する理由である。長期的に見て、それらは、最も複雑で高額な紛争を除いて、主流の紛争解決手段となるであろう。

バーチャル・リアリティ

　さらに遠い未来の可能性として注目に値するのは、メタバースやバーチャル・リアリティ（ここでは、これらの用語は互換性があるものとして使用している。）での公式な裁判審理である。このアイデアは、広い意味では参加者が現実世界とは別のオンラインの世界に入り、そこで手続が行われるというものである。ここでの裁判所ユーザーはヘッドセットを装着し、コンピュータが生成する世界に没入する。その世界は、従来の法廷によく似ているかもしれないし、見た目も雰囲気も大きく異なるかもしれない。手続は、従来の裁判規則に従うものかもしれないし、簡素化された、あるいは改善されたプロセスで行われるかもしれない。いずれにせよ、少なくとも最初の数年間は、手続はほぼ同期的に行われるだろうと私は想像している。

　なぜ我々はこのようなことを行うのであろうか。それは、人間は古い慣行に対する新しい方法を見つけようと常に努力するからである。別の職業である聖職者について考えてみよう。なぜ、仮想オンライン世界である Second Life[19] には、毎週の聖書研究クラスと毎日の礼拝が行われる「英国国教会の大聖堂（Anglican Cathedral）」を運営するクリスチャンの繁栄したコミュニティがあるのか。ダニエル・サスキンドと私は、この現象について『プロフェッショナルの未来（The Future of the Professions）』で論じている。奇妙に感じる人もいるかもしれないが、かなりの数のユーザーが、Second Life のコミュニティは有益で心が高揚すると感

19　https://secondlife.com/

じている。メタバースでの訴訟手続の法的ユーザーについても同じことがいえるかもしれない。

　もっとも私はここで、メタバースでの裁判審理を強く提唱しているわけではなく、単なる可能性として提案しているだけである。もしかしたら、起業家的なスタートアップや、特に革新的な裁判所職員や急進的な裁判官が、このアイデアのシステムを開発し、設計と開発の努力の末に、それが広く普及することになるかもしれない。

　それらすべてについては、哲学的な背景を見い出すことができる。アリストテレスの正義の概念には、裁判官が当事者ではなく事件そのものを審理し、当事者やその弁護士の特徴を視野に入れない、盲目的な判断というものがある。ここにいう手続的正義の概念の支持者であれば、当事者が自分自身を忠実に再現するのではなく、アバターとして現れ、本当の自分を隠すことができるバーチャル・リアリティをベースにした裁判を提案するであろう。メタバースで何らかのアバターが代理するという概念は、最初は、奇異に感じるかもしれない。これは、実際の訴訟当事者を背後に隠し、訴訟から遠ざけることにならないだろうかと。しかし、見方を変えれば、これは今日の弁護士の姿を表している。弁護士はクライアントとその利益を代理し、クライアントの声ではなく、自分自身の言葉とスタイルで事件を進行している。今日の弁護士は、ある種のアバターである。ただし、クライアントが証人となるときには、裁判官は彼らをありのままに見ていることは認めざるをえないのであるが。

コンピュータ裁判官？

　オンライン裁判をめぐる多くの議論の背後には、コンピュータが人間の裁判官に代替できるかという、深い議論の的となっている問題が潜んでいる。1980年代初頭、私は、コンピュータが裁判官の仕事を引き受けることは（技術的に）不可能であり、（理念的に）望ましくないという結論に至った。しかし、今は確信が持てなくなっている。この点に関する私の立場は、『オンライン裁判と司法の未来（Online Courts and the Future of Justice）』で詳細に説明している。私は今でも、難しいケースの司法判断——特に、裁判官に理念、政策、道徳などの複雑な問題の処理が求められているような場合——は、現在のコンピュータ・システムの能力をはるかに超えていることを認めている。また、少なくとも現時点では、人生を変える可能性のある紛争の解決には、ほとんどの人が機械よりも人間の裁判官を選ぶであろう。さらに、機械が司法判断を下すことについては、明確に誤りだとまでは言わなくても、多くの人が、一般的な感覚として、道徳的に疑問を感じていることも私は認める。

　しかし、若いころの自分と違って今では、機械が、完全に権威があり拘束力のある裁判所の判決を生成することを受け入れる状況を思い浮かべることさえできる。私はこれを本格的な提案ではなく、挑発として述べている。私の出発点は、本書全体を通じて議論されている問題である。多くの国では、少額の民事事件は、大きく滞留していて、さまざまな理由から、弁護士や裁判所の手がまったく届いていない。たとえば、ブラジルでは、裁判システムの滞留案件が7,000万件もあるし、多くの先進国でも、弁護士

は大多数の人たちにとっては手の届かない存在となっている。慢性的な手続遅滞と未解決の法的ニーズのいずれに分類されるかはともかく、現実的には、いずれのカテゴリーの事件も、伝統的な法廷で裁判官や弁護士により解決されていない場合が多い。この問題には、新しい思考と解決策が必要である。

　私が念頭に置いているのは、私が「判決としての予測」と呼んでいるものである。機械学習テクノロジーを利用して、裁判官の判断を予測するシステムの性能がどんどん進歩している（第6章および第22章参照）。原則として、これらのシステムを国家の監督下において運用させ、当事者がこの手続に合意した場合、特定のタイプの紛争については、システムが、たとえば95％を超える確率で原告に有利な裁判所の判断を予測したときは、その判断が裁判所の正式な判決となるということを、裁判所のルールとすることも可能である。

　当事者が次のステップに進むのを支援するという観点からは、少なくとも一部の訴訟当事者（特に、オンライン紛争解決が普通となってきている若い訴訟当事者）にとっては、そのようなシステム——裁判所の過去の判決データに基づいて拘束力のある予測を生成するシステム——は、事件を停滞させている伝統的裁判所や紛争解決手段を利用できないということよりは望ましいといえるかもしれない。

　繰り返しになるが、このアイデアはフィクションではない。ブラジル、イタリア、シンガポールなど、一部の国では、この可能性を積極的に模索している。そして、もしあなたの直感が、これが奇妙で危険でさえあると感じているなら、重要な判断基準は、判決としての予測と従来の司法判断との比較ではなく、何もしないよりは良いかどうかであることを忘れないでほしい。再びヴォ

ルテールの言葉を思い起こしてほしい。

　機械学習に詳しい読者は、これらのシステムはブラックボックスであるため、その理由付けを説明できず、その上、バイアスがかかっている可能性のあるデータに基づいていると指摘して、即座に反対するかもしれない。オンライン裁判に関する私の著書では、これらの懸念に詳しく答えている。私は、この文脈では、いつものように、原理主義的アプローチよりも現実的アプローチを選択する。そして、その精神に則り、こう尋ねる。現在の機械学習の危険性と限界について慎重で否定的な分析をしても、少なくとも一定のケースでは、決して下されることがないかもしれない人間による司法判断を訴訟当事者に待たせるよりは、予測システムで事件を処理するほうが良いのではないか。一部の裁判所ユーザーにとっては、プロセスの透明性よりも、問題の最終的な解決のほうが重要かもしれない。そして、基礎となるデータが過去の司法判断やこれらの判断に関するデータである場合、バイアスは、先例の法理に内在するものよりは大きくないかもしれない。

第15章
『法の未来』再考

　本書は、法律とリーガル・サービスに関する20年間の予測についての私の最初の試みではない。『法の未来（The Future of Law）』を書いた1996年にも、私は今と同様に向こう見ずであった。当時は、2016年がはるか彼方のように感じられたことを思い出す。しかし、もうそのときをはるかに過ぎてしまった。今ははるか遠い惑星のように思えても、気が付けば、2036年もすぐにやってくるであろう。

　『法の未来（The Future of Law）』が出版されたとき、オンラインに接続されていたのは、わずか3,500万人であった。いまや、インターネット・ユーザーは50億人を超えている。1996年当時、英国では、ほんのわずかな弁護士しか実際にワールド・ワイド・ウェブを見たことがなく、クライアントが外部の弁護士から e-メールを受け取ることもほとんどなく、携帯電話でさえ珍しいものであった。Amazon はまだ設立2年目であった。Google は開発されてもいなかった。YouTube や Facebook や Twitter や TikTok や Wikipedia も同様である。今後20年間に出現するであろう人生を一変させるようなシステムやサービスが、現在まだ構想されていないと考えると、興奮すると同時に困惑もする。

　『法の未来（The Future of Law）』の副題は、「情報テクノロジーの挑戦に直面して」であった。この300頁の警告書が、英国の法曹界にかなりの動揺をもたらしたと言ってもよいだろう。この本

は、クライアントと弁護士間のe-メールの利用促進や、リーガル・リサーチの強力なツールとしてのウェブの活用といった、当時は奇異と思われた提案に満ちていた。法曹界の主流派は、これに憤慨した。郵便システムに何の問題があるのか。法律図書館を知らないのか。私の現実認識は疑問視された。

　私は、当時の大きな方向性を今でも変えていない。しかし、振り返ってみると、いくつかの内容は、笑ってしまうようなものである。たとえば、「情報スーパーハイウェイ」への言及は、今では奇妙に思える。

法的パラダイムのシフト

　『法の未来（The Future of Law）』の中心的テーマは、法的パラダイムのシフトが起きるということであった（「パラダイム」という言葉はそれ以降、過剰に使用されているので、今から振り返れば用語の選択を誤ったかもしれない。）。私が伝えたかったのは、リーガル・サービスやリーガル・プロセスの本質に関する我々の基本的前提の多くが、テクノロジーとインターネットの出現によって変化するであろうということであった。換言すると、我々が過去に当然と思っていた弁護士の業務形態や非弁護士に対するリーガル・ガイダンスの提供方法の多くが、テクノロジーに支えられた新しいシステムやサービスにより変革させられるということである。パラダイム・シフトについて私が1996年にまとめたものを、図15.1で再掲する。

　25年間後の今、まったく同じ意味でこれらの用語を使ってはいないかもしれないが、自己評価すれば、私が指摘した流れの方向におおむね進んでいると思う。

182　第2部　新しい構図

表15.1　法的パラダイムのシフト

現在の法的パラダイム	未来の法的パラダイム
リーガル・サービス	リーガル・サービス
アドバイザリー・サービス	インフォメーション・サービス
一対一	一対多
受動的サービス	能動的サービス
タイム・チャージ	コモディティ価格
規制的	支援的
防御的	実用的
リーガルに焦点	ビジネスに焦点
リーガル・プロセス	リーガル・プロセス
法的問題解決	リーガル・リスク・マネジメント
紛争解決	紛争予防
法律の公開	法律の普及
専門法曹	法律専門家と情報エンジニア
紙ベース	IT ベースの法律システム

　全体的に見ると、上記の最初と最後の変化が最も重要である。当時の私の言葉を引用させてもらうと、アドバイザリー・サービスからのシフトを次のように要約している。

　IT は最終的に、リーガル・サービスをアドバイザリー・サービスの形態からある種のインフォメーション・サービスに変化させることを可能とし、そのように変化させるであろう。最終的な成果物は、現在のリーガル・アドバイスを特徴づけている、焦点を絞ったアドバイスよりもかなり高い汎用性を持つ再利用可能なリーガル・ガイダンスやインフォメーション・サービスとなるであろう。

そして、最後のページで、紙ベースから卒業することについて、次のように予測している。

> 未来の法的パラダイムにおいては、印刷物や紙は、法律実務や司法の運営においては、もはや支配的地位を占めていないであろう。それに代わり、情報社会の法律システムが、ますます強力になるインフォメーション・テクノロジーの大きな影響を受けて急速に発展するであろう。

1996年当時は、これらの主要な提案は、明らかに扇動的とまでは言わないとしても、非常に突飛的なものとみなされていたことを思い出してほしい。他の変化、すなわちこの2つに挟まれた部分については、1つずつ順に見直す価値があろう。

リーガル・サービスにおいて予測される変化から始めよう。リーガル・サービスの一対一から一対多への移行は、2つのケースで現れてきている。すなわち、弁護士がノウハウや判例を収集して再利用するケースと、多様なユーザーに利用されるコンテンツを提供するオンライン・サービスのケースである。両者とも、リーガル・ガイダンスを使い捨てでなく、再利用できるものとして扱っている。

リーガル・サービスにおける能動性への変化については、多くのことが語られているが、実践されていることは少ない。経験豊富なクライアントは、法的問題を解決しているのではなく、リーガル・リスク・マネジメントを行っていると主張する。そして、急速に拡大しているコンプライアンスという分野は、法的問題の解決ではなく、その回避を前提としている。適切なテクノロジー

の支援（たとえば、大量の契約書やe-メールの中からピンポイントで問題を抽出する機械学習）が実用化されれば、能動性はリーガル・サービスの核心になると私は予想する。

　タイム・チャージについては、評論家は数十年にわたり、やがて消滅するであろうと予想してきた。ようやく、固定形式のコモディティベースの報酬への安定した移行が広く見られるようになった。弁護士は使った時間での請求を望むが、クライアントは請求がいくらになるかを知りたがる。タイム・チャージは、2020年代には、支配的な報酬決定メカニズムとしての地位を失うであろう。

　法的問題についてのガイダンスがウェブ上で安定して利用可能になるにつれて、法律は、多くのユーザーにとって以前より身近なものとなった。日常的に触れる法律は、読み書きができてインターネットが利用できる者なら誰でも理解できるものとなった。これにより、ある程度、法律は神秘性を失った。進行中のオンライン紛争解決とオンライン裁判（第14章参照）の導入により、市民や中小企業経営者は、法律により規制されているのでなく、法律により支援されているとますます感じるようになるであろう。誰もが自分の権利を理解し行使できるようになるであろう。

　2020年代初頭の多くの主流派の弁護士は、外部の弁護士の法律相談を一種の保険とみなすクライアント（私の経験では少数だが）から訴えられることを恐れて、今でもリーガル・アドバイスに限定条件を付けたり、保険を掛けたりしている。反対に、一部のオンライン・リーガル・サービスは免責条項を付けてはいるが、多くが防御的ではなく実用的なものとして提供され、利用されている。ユーザーは、ウェブ上のサービスが生身の人間のものではないことを理解しているようである。一部の弁護士は、欠陥のあ

るリーガル・テクノロジーに頼ったことにより損害を受けたクライアントの仕事で忙しくなるであろうと期待していたが、そのような話を聞いたことはない。

　リーガルからビジネスへの焦点のシフトのポイントは、中小企業にとってもグローバル企業にとっても、多くの問題が「リーガル」と明確に表示されているわけではないということにある。むしろ、法的問題はより広いビジネスの文脈から生じるものであり、その大きな枠組みから離れるべきではない。私は1996年に、オンライン・サービスは、多分野にわたる特徴を持つであろうと予想した。これは、現在、多くの政府や貿易機関のウェブサイトにおいて現実のこととなり、そこでは、多くのリーガル・ガイダンスが会計や税務アドバイスと統合されている。しかし、法律事務所の弁護士は、まだ、業務やアドバイスを従来の法律の範囲に限定している。クライアントがこのことを批判し、ビッグ4会計事務所のリーガル・ビジネスでは、ロー・スクールの細分化された法律分野よりもビジネス・ソリューションに重点が置かれているということは重要である。

　リーガル・プロセスの変化について見ると、法的問題解決からリーガル・リスク・マネジメントへのシフトが生じており、多くの法的問題が、解決が必要となる前に解消される世界を予感させる。これは、受動的サービスから能動的サービスへのシフトにリンクする。ここでの目標は、法的な洞察を早い段階から取り入れつつ法的問題を制御し、その拡大を防止する社会である。歴史的には、人間の弁護士が早い段階で警告的なアドバイスをすることが要求されていた。しかし、我々はいまや、多くの人たちが自分の権利義務を確認するためにウェブを利用することが当たり前となっている時代に生きている。オンライン・リーガル・ガイダン

スが進歩するにつれて、リーガル・リスクを判断し管理する我々の能力も向上するであろう。

　これに関連した動向は、紛争解決から紛争予防へのシフトであり、オンライン裁判（第12章および第14条参照）の世界では日ごとに目にするようになってきている。世界中で見られるようになってきた改革の提案の背後にある原動力の１つは、事件を司法的解決から、早期の、友好的で、低コストな対応へ移行させようとする傾向である。

　『法の未来（The Future of Law）』の出版時には、法律へのアクセスの悪さについての大きな不満と、我々全員がその内容を知っているものとされている法律を手にするのに高額の費用がかかることについての憤りが見られた。「法律を解放せよ（free the law）」というキャンペーンが、インターネット・ユーザーに法律資料を無料で利用させるという英国政府の政策において重要な役割を果たした。私は1996年に、「より多くの資料がまもなく利用可能となり、容易にアクセスできるようになるであろう」と書いた。このとき私は、立法と判例の両方のことを述べていたのだが、２つのウェブサイトがこの主張を実証した。英国の立法と法改正についての公式オンライン・データベースである< https://www.legislation.gov.uk/ >と、2022年に新設されたイングランド＆ウェールズの裁判例と審判例の報告のリポジトリ< https://caselaw.nationalarchives.gov.uk >である。しかし、法律の完全な普及、すなわち、新しい法律が制定された際に、それを一般大衆に知らせるための万人がアクセスできるシステムが完成されるまでには、まだ通らなければならない道がある。

　最後に、私は、1996年当時、法律業界の人材についての変化を予測した。専門法曹がいなくなることはないが、新しい職務が

生じるであろうこと、特に、法律専門家とともにオンライン・リーガル・ガイダンス・システムや自動文書生成サービスを構築する情報エンジニア（我々は、今日、彼らを「ナレッジ・エンジニア」と呼ぶ。第16章参照）が現れるであろうことである。新しい職業を選択する人たちよりも、従来型の弁護士がまだ数において大いに勝っていることは事実だが、リーガルテック・スタートアップやテクノロジーをベースにしたABSの急速な成長は、高い技術力をもつ大手会計事務所や法律出版社の法律分野への参入の増加と並んで、新しい職業分野が生まれようとする明確な兆しである。

潜在的リーガル・マーケット

　法的パラダイムのシフトをより広い視点で再度検討すると、1996年に私が提案した「潜在的リーガル・マーケット」が関連してくる。当時、この言葉は多くの関心を集めた。この言葉は、多くの人が、社会生活や仕事の中で法律による支援が必要で、リーガル・ガイダンスの恩恵を受けることができるにもかかわらず、資金や勇気がなく、法律による支援を弁護士から受けられないことを表した私の造語であった。本章が示しているように、そのとき以来、多くのことが変化した。我々は現在、膨大なオンライン・リソースを有しており、何千もの政府系ウェブサイト、ボランティアのリーガル・サービス部門の多くのサイト、そして、マーケティングとしてオンライン法律支援を提供する弁護士のサイトから、実用的で簡潔なリーガル・ガイダンスを受けることができる。潜在的リーガル・マーケットは、かなりの程度、顕在化した。

188　第2部　新しい構図

　それでも総体的には、20年前に予想したパラダイム・シフトがまだ完全には実現されていないことは認めざるを得ない。しかし、問題は今や、シフトが起きるかどうかではなく、いつそれが明らかになるかである。私の現在の予想では、この変革は2020年代には完了するであろう。楽観的に言えば、拙著『法の未来(The Future of Law)』での予想は、10年ほど早かったと感じている。

第3部

若手の法律家の展望

第16章
法律家の新しい仕事

　将来、従来型の弁護士は、現在ほどは社会で目立つ存在ではなくなるであろう。クライアントは、専門性の低い人でも有能なシステムと標準的なプロセスの支援を受ければできるような業務に、高い弁護士費用を払おうとはしなくなるであろう。この予想は、弁護士業全体の終焉を示すものではないが、伝統的な弁護士への必要性が下がることを指摘するものではある。同時に、システムとプロセスが法律分野において中心的な役割を担うようになれば、これが、重要な新しい形態のリーガル・サービスの可能性を開き、マーケットの変化に柔軟でオープンマインドで起業家のように対応する法律家にとって刺激的な新しい仕事が生まれるであろう。

専門的で信頼できるアドバイザー

　しかし、今後しばらくの間は、2種類の伝統的な弁護士は、依然として活躍し続けるであろう。標準化やコンピュータ化することができず、オーダーメイド・サービスが必要な業務の場合は、クライアントは相変わらず「専門的で信頼できるアドバイザー」を求めるであろう。彼らは、知的で創造的で革新的な弁護士であり、複雑または高額な法的問題を抱えているクライアントに対して新しい解決策や戦略を考案し提示する（専門性要素）。彼らはまた、アドバイスを提供するに際しては、秘密を遵守して誠実であ

るだけでなく、クライアントの要求に合わせて、高度にカスタマイズされ、属人化されたやり方で行う弁護士でもある（信頼性要素）。多くの弁護士は、これこそがまさに、現在自分たちが行っていることであると言う。彼らは、すべての業務が専門性と信頼性を要求していると言う。しかし、多くのクライアントは別の考えを持っており、弁護士はこれらの高度な技術性を過度に誇張していると言う。結果的に、競合者が信頼性があり低廉な代替的方法でサービスを提供しているにもかかわらず、職人技的サービスを提供する弁護士は、瞬く間に競争に敗れるであろう。

強化型実務家

また、「強化型実務家」への需要もある。彼らは、経験に基づいた知識はあるが、高度な専門性は有していない弁護士であり、オーダーメイドのサービスの提供は要求されていないが、標準化とコンピュータ化の最新技術により支援され、第4章で述べた発展過程における右側の業務を行う。強化型実務家は、弁護士が必要だが必ずしも費用の高い専門家でなくてもよいタスクについて、専門的で信頼できるアドバイザーのリーガル・アシスタントとして活動することが多い。しかしここでも、マーケットは、法的経験が真に要求される場合にのみ、この種のアシスタントやアソシエイトを求めるのである。

明日の法律家

従来型の多くの弁護士の将来についての長期的な展望は、これまでよりは限定的となっているが、若手の法律家は、落胆したり

意気消沈したりしないでほしいと思う。なぜなら、法律を学んだ者に対する新しいチャンスやキャリアが一定程度約束されているからである。**表16.1**はこれらを15種類にまとめたものである。これ以外の可能性もきっとあるだろう（たとえば、『プロフェッショナルの未来（The Future of the Professions）』ではより発展した議論をしているので参照してほしい）。現時点では、これらの仕事は、本書の議論や提案からかなり明確に導かれるものである。

法律事務所やインハウス法務部門で話をするとき、**表16.1**を提示し、受講者に「この人たちは誰ですか？」とよく尋ねる。すると、多くの人は不思議そうな顔をする。そこで、私は続けて「この人たちは、伝統的な業務のやり方に代替するシステムを設計する人たちです。彼らは、現時点では従来型の弁護士でなければ解決できなかった問題を、将来的に解決するシステムを構築する人たちです。したがって、彼らのシステムが、明日のクライアントの多くの問題を解決するのです。彼らこそ、明日の法律家となるのです。」と言う。すると、受講者の表情が、驚きや憤りに変化するのが分かる。そこで、引き続き次のように説明する。「私は、法律家を、法律上の問題を抱えるクライアントを支援することに専念する人たちと定義し、法曹養成教育を受けてその後実務活動を行う人たちという限定的な定義を使いません。」。

このリストを見て、現在の弁護士が不安になるなら、それは、私にとって自分が意図した仕事ができているということを意味している。これは警鐘なのだ。今日の弁護士は、時代の変化に適応し、これからも第一線で活躍し続けたいのであれば、これらの役割のいくつかを自分自身で引き受ける必要がある。この課題は、リーダーシップに関するベストセラー本のタイトル『What Got

You Here Won't Get You There[1]』（あなたをここに導いたものは、あなたをそこには導かない）に端的に表れている。しかも正確に。著者のマーシャル・ゴールドスミスは、専門職の変化に焦点を当ててはいなかったが、このタイトルは、現在活動している資格を有する弁護士の課題を明確に示している。長い目で見れば、生き残るためには変化しなければならないのである。

表16.1　法律家の新しい仕事

リーガル・デザイン思考家
リーガル・ナレッジ・エンジニア
リーガル・ノーコーダー
リーガル・テクノロジスト
リーガル・ハイブリッド
リーガル・プロセス・アナリスト
リーガル・プロジェクト・マネジャー
リーガル・データ・サイエンティスト
リーガル・データ・ビジュアライザー
R&D ワーカー
デジタル・セキュリティ・ガード
ODR プラクティショナー
モデレーター
リーガル・マネジメント・コンサルタント
リーガル・リスク・マネジャー

　これから、明日の法律家たちのことを詳しく紹介していこう。あなたもいつかは、これらのいずれか1つまたは複数になっているかもしれない。

---

[1]　マーシャル・ゴールドスミス＝マーク・ライター著、斎藤聖美訳『コーチングの神様が教える「できる人」の法則』（日経ビジネス人文庫、2024年）。

リーガル・デザイン思考家

　法的知識をほとんど持ち合わせていない人が直接使用できるリーガル・アプリケーションやソリューションが増加するにつれて、リーガル・テクノロジーは「弁護士が弁護士のために設計する」という考え方を捨てることが求められる。その代わりに、普及し成功し続けている「デザイン思考」の分野から、システムやサービスに関するユーザーに特有なニーズや要望を特定し満足させるための技術、手法、プロセス、テクノロジーについて学ぶ必要がある。我々には、ユーザー・フレンドリーであることの重要性を維持しつつ、単なる「ユーザー・フレンドリー」であるだけのシステム開発の先に我々を導く「リーガル・デザイン思考家」が必要である。彼らは、これらのシステムの実際の内容や本質が何であるかを教えてくれる。

　たとえば、次世代の裁判システムを構築する際には、リーガル・デザイン思考家がシステムの開発を主導していくだろう。そのシステムは、複雑な法律領域全般でユーザーをガイドし、大量の裁判手続をユーザーの目に触れない形で効率的なルールに置き換え、手続を親しみやすい管理可能な部分に分解し、文字だけでなく、アニメーション、漫画、ビデオ、フローチャートその他を利用した法律手続の視覚的ガイドも利用してユーザーと対話するものとなるであろう。

　また、テクノロジーを使いこなせないユーザーのニーズを、後付けではなく、当初からシステム設計に組み込むようにするデザイン思考家も求められる。

リーガル・ナレッジ・エンジニア

　リーガル・サービスを標準化してコンピュータ化する際には、大量の複雑な法的資料やプロセスを整理してモデル化するために、多数の有能な弁護士が必要となるであろう。法律は、分析され、その要点が抽出され、そしてその後、標準的な業務慣行として把握され、コンピュータ・システムに組み込まれる必要がある。その成果は、たとえば、オンライン・リーガル・サービスかもしれない。あるいは、法律がより広範囲なシステムやプロセスに一体的なものとして組み込まれたものかもしれない（第6章参照）。

　法律を標準化・手続化させたシステムを開発したり、コンピュータ・システム内にリーガル・ナレッジを整理して組み込んだりしていくことは、突き詰めれば法律調査や法律分析という作業にほかならないが、伝統的な法律業務よりも高い知的水準が求められるものということができる。なぜなら、多くの課題を解決できるシステムを作ることは、特定の問題に回答することよりも難易度が高いからである。多くの従来型の弁護士が言うように、標準化とシステム化の開発は、若手の弁護士、専門的サポート・スタッフ、さらにはシステム・アナリストに全体として任せられるタスクであると考えるのは明らかに誤りである。もし現代の法律事業者が、最高レベルのシステムで競い合うのであれば、それらを構築するのは最高レベルの法律家でなければならない。こういう法律家こそが、リーガル・ナレッジ・エンジニアである。

リーガル・ノーコーダー

一部の（すべてではない）リーガル・ナレッジ・エンジニアは、ノーコーダーでもある。法律界におけるノーコーディングの考え方は、1980年代に遡ることができ、そのころ、ルール・ベースのエキスパート・システム（第22章参照）を開発する人たちは、「シェル」と呼ばれるツールを利用した。同様のシステムは、自動文書生成に利用された。論理的に考え、法律や法的プロセスをディシジョン・ツリーやフローチャートに落とし込むことができれば、シェルが残りの作業を行い、ツリーやチャートを双方向の分析システムやドラフティング・システムに変換してくれた。基本的に、サービス可能なシステムを構築するのにプログラマーとなる必要はなかったのである（ただし、このプロセスは、実際には高レベルの構造化プログラミングの一種であるとの議論はあったが）。

同様の考え方に基づき、ノーコードやローコードのツールの新しい波が、法律分野にも現れ、大勢のソフトウェア・エンジニアを関与させずにシステムやアプリケーションの開発が可能となっている。リーガル・ノーコーダーは、独自のシステムを開発できる弁護士である。パイロット版、デモ版や初期バージョンの作成に、彼らは最適である。なぜなら、完全に稼働する、ユーザー・フレンドリーなシステムは、一般的に、一流のプログラマーによる実地試験、改良、文書化も要求するからである。

リーガル・テクノロジスト

法律実務と司法の運営は、テクノロジーに大いに依存している。

リーガル・サービスがシステムなしでは機能しないか、想像すら
できないものとなったときには、法律とテクノロジーを架橋する、
経験のある熟練した人間を確保することは死活問題となる。最近
まで、2つの集団が、リーガル・テクノロジーの世界に存在した。
1つは、一流のテクノロジストから構成され、彼らは、法律業界
へ参入し、弁護士、裁判所、クライアントの謎に包まれた業務を
理解することにベストを尽くしてきた。もう1つの集団は、コン
ピュータに深い関心を持つ法律家たちであり、愛好家程度の者か
らテクノロジーの世界に深く傾倒した者までいた。しかし、いず
れの集団も、概して、法律実務とシステム・エンジニアリングや
テクノロジー・マネジメントの専門分野の両方で訓練を受け経験
を積んだ専門的リーガル・テクノロジストにより構成されてきた
わけではない。テクノロジーがクライアントへのサービス提供の
周辺分野に留まっていたときには、技術者や愛好家はうまく業務
をこなしていたが、我々は現在、法曹界を21世紀の世界へ確実
に導く有能で信頼できるリーガル・テクノロジストを必要として
いる。もはや、技術的内容を法律家に説明し、法律的内容を技術
者に説明する単なる仲介者では十分ではない。我々には、現代社
会に深い影響を与える自立したリーガル・テクノロジストが必要
である。彼らが、リーガル・サービスの構築の基礎を築き、非法
律家が法律へアクセスするチャネルを提供していくことになるで
あろう。

リーガル・ハイブリッド

　将来の法律家がビジネスを続けるためには、多様性が求められ
るであろう。伝統的なサービスが次第に少なくなるとすれば、法

律家は、より多くの専門分野を持つことで能力を拡張することが求められるであろう。多くの弁護士は、すでに隣接する専門分野に精通し、たとえば、戦略家、マネジメント・コンサルタント、ビジネス・アドバイザー、マーケット・エキスパート、取引仲介者、組織心理学者などとして活動しているという。しかし、少し調べると、その経験は、短期間のセミナーへの参加や入門書をちょっとかじっただけだと分かることも少なくない。私と異なる考えの人もいるかもしれないが、数日間で新しい専門分野を身につけることは一般的に不可能である。法律家は、概して知性が高く、専門知識を広げて一流のハイブリッド・アドバイザーになる能力を持っている。しかし、ビジネス・ローヤーが戦略コンサルタントになりたければ、または、コーポレート・ローヤーが取引仲介者になりたければ、あるいは、ファミリー・ローヤーが心理学者になりたければ――この多様性を強く支持するのであるが――体系立った厳格な訓練を自ら受けなければならない。将来の最良のリーガル・ハイブリッドは、新しい関連専門分野で非常に優れた教育を受け、疑問の余地がない専門知識を持ち、その結果、クライアントに提供するリーガル・サービスに多くの付加価値をもたらすことができるようになるであろう。

リーガル・プロセス・アナリスト

　私は、本書の中で、特に第5章で、取引や紛争を、それらを構成する個々のタスクに分解し、それらのタスクを複数のプロバイダーに委託することをかなり安易に述べた。しかし、法律業務の構成要素を分析し、受託業務を意味のある管理可能な部分に細分化し、それらに最適なサービス・プロバイダーを特定すること自

体が、深い法的洞察と経験を要するタスクである。これは、通常のビジネスパーソンやシステム・アナリストの業務ではなく、私が「リーガル・プロセス・アナリスト」と呼ぶ者の仕事である。それに相応しいのは、多くの場合、インハウス法務部員であろう。なぜなら、組織が、内部の法律家を、法律業務の最も効率的で効果的である処理方法が判断できる専門家であると期待することは理にかなっているからである。あるいは、リーガル・プロセス・アナリストは、法律事務所または、会計事務所やリーガル・プロセス・アウトソーサーなどのサード・パーティ・プロバイダーが提供するサービスとなるかもしれない。現時点では、リーガル・プロセス・アナリストはほとんど存在していないが、彼らに対する需要はすでにある。私が関わる多くの大規模法律事務所やインハウス法務部門では、自社の中心的リーガル・プロセスに対して、信頼でき、洞察力があり、厳格で、情報に基づいた分析ができる人材のサービスを進んで活用することを明確にしている。

リーガル・プロジェクト・マネジャー

　リーガル・プロセス・アナリストの仕事が終わっても、業務が分解されマルチ・ソーシングの準備ができただけで、取引や紛争解決が自動的に進行するわけではない。マルチ・ソーシングを成功させるには、私が「リーガル・プロジェクト・マネジャー」と呼ぶ者が、リーガル・マーケットにおいて求められる。リーガル・プロセス・アナリストが仕様書（分解およびマルチ・ソーシングの提案）を完成させたら、それを適切なサービス・プロバイダーに割り当て、分解された業務のパッケージを時間と予算通りに仕上げさせ、各パッケージの業務の品質を管理し、成果物とそ

の引渡しを監視・監督し、各種の業務のパッケージをクライアントに対する一貫したサービスにまとめ上げるのは、リーガル・プロジェクト・マネジャーの仕事である。その仕事は、多くの点で、製造業における製造部長の役割と似ている。

　私の考えでは、リーガル・プロジェクト・マネジメントの専門分野は、物流やサプライ・チェーン管理のような関連するマネジメント専門分野の理論と経験から構築される。法律分野も、「リーガル・サプライ・チェーン・マネジメント」や「リーガル・ロジスティック」のような高度なツールや手法を発展させるであろうことに疑いはなく、それらは、将来のリーガル・プロジェクト・マネジメントというコースの中核的な科目となるであろう。

リーガル・データ・サイエンティスト

　法律分野における機械学習と予測分析の重要性が増すにつれ、それに対応して、大量の情報を収集、分析、操作するのに必要なツールや手法を習得したデータ専門家が必要となるであろう。「リーガル・データ・サイエンティスト」は、法律資料と非法律資料の両方で、相関関係、トレンド、パターン、本質を特定することを目的とする。彼らは、あらゆる種類の法的予測を行うシステム（第6章参照）も開発する。繰り返すが、彼らは、関連システムだけでなく、法律やリーガル・サービスの知識も持つ学際的な専門家である。数学、プログラミング、自然科学の強力なバックグラウンドがここで役立つであろう。

リーガル・データ・ビジュアライザー

　もし、１枚の写真が、実際に1,000の言葉に値するとしたら（第13章参照）、大量の法的文書や複雑な法律用語を、チャート、アニメーション、スライド、図表、地図、グラフなどのより理解しやすい視覚形式に転換する時期にきていることは間違いない。これはリーガル・データ・ビジュアライザーの仕事で、法律資料にかつてなかった明瞭さをもたらす。これも、ビジュアルを作成する創造的な才能と、資料を理解するための法的知識を要求する学際的な仕事である。そして、その重要性は非常に高い。役員室で交わされる言葉は、分厚い文書の長いテキストではなく、PowerPoint のスライドになった。上級管理職は、山のような文書を読み込むのではなく、１枚の図表やシートで重要な問題を把握したいと考えているのだ。

R＆D ワーカー

　第20章で述べるように、法律の世界で我々が目撃している大きな変化は、成功する明日のプロバイダーが競争力を維持するためには、今日の家電業界や製薬業界と同様に、研究開発（R&D）能力を持つ必要があるということを意味している。新しいサービスや問題解決策の企画と開発は、2020年代以降において法律事業者が商業的成功に浴することができるかの核心であると言うべきであろう。弁護士は長い間、法律や実務の変化に遅れずに対応しなければならないと気づいていたが、「R&D ワーカー」はこれとは違い、本書で予測するような多様な方法でリーガル・サービ

スを提供する新しい能力、技術およびテクノロジーの開発に重点を置いている。R&D ワーカーの仕事は、実務家弁護士の日常的な仕事よりもはるかに探究的なものとなることが多いであろう。行き詰まったり誤ったスタートを切ったりしても、R&D 機能においては失敗とはいえず、また、失敗とみなされてはならない。実際に、失敗がないということは、ビジネスに対する冒険心や嗅覚が欠けていることを意味する。R&D ワーカーは、今日の典型的な弁護士とは非常に異なる人種である。

デジタル・セキュリティ・ガード

法律組織におけるテクノロジーとデータへの依存度が高まるにつれて、システムとデータの信頼性と安全性を確保し、データ・プライバシーを保護し、データのバイアスを排除し、アルゴリズムを定期的に監査し、サイバー攻撃からシステムを防御する専門家が不可欠となる。これらは、デジタル・セキュリティ・ガードの基本的な職責である。その職務は広範にわたり、かつ深遠である。システムのダウンタイムやデータ漏洩は、法律事業者にとって致命的である。驚くべきことに、多くの法律事務所や裁判所は、このガーディアンを雇わないことの危険性にまだ気づいていないようである。

ODR プラクティショナー

オンライン裁判および高度なオンライン紛争解決（ODR－第14章参照）が一般的な紛争解決手段となると、この新しい分野の専門家が必要となるだろう。この専門家は、クライアントに対しオ

ンライン・システムの最適な利用方法をアドバイスし、電子環境で行われる紛争解決の専門家となる。e-交渉やe-調停のようなサービスはまだ生まれたばかりであるが、やがて、想像力豊かな法律家がこれらのシステムの優れた利用者となり、クライアントに利益をもたらす斬新な手法を間違いなく考案するであろう。訴訟弁護士は、裁判所やビデオ審理室へ出廷しなくても付加価値を提供できる。しかし、彼らは、オンライン裁判やODRに巻き込まれたクライアントが、自分だけでこれらのシステムを利用するよりも明らかに有利になるような新しいスキルや手法を構築する必要が生じるであろう。e-交渉人やe-調停人のような新しい職業も生まれ、ODRプロセスにおいて彼らの介入や裁定が実際に必要となるだろう。本章の他の部分で述べているように、ここでも、要求される能力は、成文法の専門的知識以上のものになるであろう。

モデレーター

　リーガル・ガイダンスの受け手が参集して経験を交換するリーガル・サービスのオープン・ソース化やオンラインのリーガル・コミュニティ（第6章参照）の出現により、その調整役の必要性が高まるだろう。ここで問題となるのは、これらのシステムやそこに蓄積された知見を、法律の素人が信頼できることである。これは、伝統的な弁護士を信頼してアドバイスを受けることと同じではない。逆に、これらの法的経験のコミュニティの住人は専門家ではないため、そこに集められたアドバイスやガイダンスは、間違っていたり、誤解を招いたり、不明瞭であったりする可能性がある。したがって、多くのコンテンツに、ある種の監督と品質

管理を行うことが重要となる。その解決策は、法律（とおそらく交渉術）についての適切な経験を持つ知識豊富なモデレーターを活用することである。たとえば、過去の支援実績をクライアントが共有できるオンライン・リソースを構築することを決めた法律事務所は、誤り、矛盾、混乱を見つけ出して修正するエディター機能を担うモデレーターを置くことが賢明であろう。

リーガル・マネジメント・コンサルタント

多くのインハウス法務部門が、マネジメントに関する幅広い課題（たとえば、戦略策定、リストラクチャリング、チーム構築、ノウハウ開発やテクノロジーの導入など）に直面している。しかし、多くのジェネラル・カウンセルやインハウス弁護士はマネジメントに関する経験をほとんど有しておらず、外部に支援を求めることが多い。今日、一部の法律事務所は、多様なマネジメント問題に関するガイダンスを提供しているが、それは必要に応じて、クライアントの要請を受けて行われることが多い。専門的なマネジメント・コンサルタントの関与が、頻繁に行われているわけではない。多くの法律事務所が自身の組織内で生じるマネジメント問題について相応の経験を有しているので、彼らはインハウス法務部門にアドバイスする、フルタイムのコンサルティング・サービスを立ち上げることができるとよく言われる。一部の事務所はまさにこれを行い、成功を収め、高く評価されている。このような動向の説得力ある先例は他にもある。「ビッグ4」会計事務所の世界では、コンサルティング業務は、通常、監査業務から発展したが、最近の税務マネジメント・コンサルティング業務は、伝統的な税務事務所の仕事を背景に構築されている。

この種のリーガル・マネジメント・コンサルティングのマーケットはまだ誕生して間もないが、法律事務所の従来のサービスに付加するものでなく、独立したサービス・ラインとして着実に成長している。同様のサービスに、戦略コンサルティング（長期計画、代替的リソース選択、運営モデルと組織構築、インハウス部門のバリューチェーン分析、法的ニーズ評価などのテーマ）や、運営コンサルティングやマネジメント・コンサルティング（たとえば、採用、法律事務所の選択、顧問事務所管理、財務コントロール、内部コミュニケーション、文書管理など）が含まれる。

さらに、一部のリーガル・マネジメント・コンサルティング・プロバイダーは、リーガル・プロセス・アナリシス・サービスも提供する。これらのサービスは、弁護士が容易にまたは直感的に、非公式ベースで提供できるものではない。そうではなく、リーガル・マネジメント・コンサルティングは、独立した専門分野となるであろう。

リーガル・リスク・マネジャー

将来の法律家の最後のカテゴリーは、おそらく最も緊急性が高いものの、非常に長期間待たされてきたものである。第9章で述べたように、ほとんどのジェネラル・カウンセルは、自分の最重要責務は、リーガル・リスク・マネジャーとしての責務であると考えている。このことは、私が過去10年間にインハウス法務部門で行ってきた研究を通じて圧倒的に明らかとなった。ジェネラル・カウンセルは、彼らが報告する取締役会と同様に、法的問題を解決するよりも、法的問題を回避するほうに高い優先順位を置いている。前述のように、彼らは、崖の下の救急車よりも、崖の

上のフェンスを望む。しかしながら、驚くべきことに、このニーズを認識し、クライアントが直面する多くのリスクを特定し、評価し、定量化し、ヘッジし、監視し、管理するための、精巧なプロセス、方法論、技術、システムを有している法律事務所は世界中にほとんど存在しない。私は、この状況は変化するであろうと予想しており、その変化の担い手は、専門的なリーガル・リスク・マネジャーであると考える。従来のリーガル・サービスは本質的に受動的である（この意味は、弁護士は、法律事務所であれインハウスであれ、ほとんどの時間をクライアントからの質問に答えることに使っているということである。）のに対し、リーガル・リスク・マネジャーは、能動的である（この区別の詳細は第15章参照）。彼らの仕事の中心は、アドバイス対象者のニーズを予想し、法的問題を制御し、回避することにある。彼らの関心事は、具体的な取引や紛争解決ではなく、ビジネスの潜在的な落とし穴や脅威である。リーガル・リスク・マネジャーは、リーガル・リスク・レビュー、訴訟準備評価、コンプライアンス監査や契約上の義務の分析などの仕事を行う。優れたリーガル・リスク・マネジャーは、リスク・マネジメントの専門分野に通じている法律家であり、戦略コンサルティングの技術や、機械学習（第6章参照）のような文書分析の新しい技術も活用することになるであろう。これは、法曹にとって付随業務ではない。それは、クライアントによる法律問題の管理方法を根本的に変えていくであろう。そして、最高のリーガル・リスク・マネジャーは、いずれ、より広い役職を担う最高リスク責任者の地位に就くかもしれない。

物語の意外な展開

　総合的に見ると、私が将来の法律家の仕事として紹介した15種類の新しい仕事は、長期間、法律業界で働きたいと望んでいる人たちへの豊かで刺激的な新たなキャリアへのチャンスを提供するものであろう。これらの仕事は、法学生がロー・スクールに入学したときに思い描くものではないことは認める。しかしそれにもかかわらず、これらは、知的好奇心を刺激し、社会的にも重要な職業である。一部の弁護士は、これらの新しい仕事について聞くと、それらを伝統的なコンサルタント型サービスよりも劣った価値の低いものであるとみなす傾向にある（多くの職人が、彼らの仕事がビジネス的に商業化された際、きっと同様に感じたであろう）。これに対し、私は、これらの新しい仕事にすでに関わっている人たちは、それらを価値があり、やりがいがあると感じていると答えている。多くの人々が、自分たちは改善された司法システムというより高い理想に、従前とは違うが意義のある方法で貢献していると実感しているのだ。

　しかし、この話には意外な展開がある。15種類の仕事のいずれかを望む意欲的な法律家に対して、私は、まず、伝統的な弁護士資格を取得することを勧める。これは必須ではないかもしれないが、望ましいことである。ソリシターやバリスターとしての資格はこれからも長い間役に立つと予想されるだけでなく、伝統的なリーガル・サービスの経験と知識が法律分野の新しいキャリアを築くための価値ある基盤を提供してくれるからである。ロー・スクール卒業生は、弁護士としての業務経験がなければ、一流のリーガル・ナレッジ・エンジニアやリーガル・プロジェクト・マ

ネジャーになれないと言っているわけではない。しかし、主流の法律業務の経験を持つことは有益であると考える。

ただし、若手の法律家は、常に、自分の将来に有用な経験を得るチャンスに対し貪欲であるべきである。クライアント先への出向、さまざまな国での勤務、法律事務所のテクノロジー開発への密接な関与を特に勧める。

そうは言っても、2022年においても、多くのロー・スクール卒業生が、法律事務所での研修契約やバリスター研修の機会を得るのがいかに難しいかは理解している。そこで、これが次の質問につながる。従来型の弁護士業務か、新しい法的業務かにかかわらず、誰が将来あなたを雇用するのだろうか？

第17章
誰が明日の法律家を雇用するのか

　懐疑論者は、前章で紹介した新しい法律関係の仕事のリストを夢物語だと一蹴するかもしれない。現在の法律事務所やインハウス法務部門が、私の述べた新しい役割を創出し提供することを想像することができないからである。

　しかしながら、これらの仕事はすでに、一部の先進的な法律事務所や法務部門では実践されている。ただし、旧来の法律事業者に必ず組み込まれるものだと考えてはならず、そういった展開はありえそうにない。これら新しい仕事の多くは、従前とまったく異なるタイプのリーガル・ビジネスを行う新しい雇用主が提供することになるであろう。これは、自由化（第1章参照）により可能となり、多くの法的タスクがもはや従来型の弁護士の直接の関与を要しないという理解が広まるにつれ、さらに促進されていくであろう。法律事務所が新しい仕事を創出できないとか、しようとしないというわけではないが、それを行うことにより、多くの場合、従来のビジネスは危機にさらされることとなるであろう。新しいキャリアや職業は、**表17.1**に挙げる事業者のほうが創造しやすい。彼らは、現時点で、将来のリーガル・サービス戦略を白紙から描くことができるからである。

210 第3部 若手の法律家の展望

表17.1 明日の雇用主

国際会計事務所
大手法律出版社
リーガル・ノウハウ・プロバイダー
リーガル・プロセス・アウトソーサー
有名ブランド企業
リーガル・リーシング・エージェンシー
リーガル・カンパニー
オンライン・リーガル・サービス・プロバイダー
リーガル・マネジメント・コンサルティング
リーガルテック・カンパニー

国際会計事務所

多くの意欲的な若手の弁護士は、2000年代初頭に起きた大規模会計事務所によるリーガル・マーケットへの進出を知らないであろう。その中で最も野心的であったのは、世界最大の会計税務事務所の1つであったアーサー・アンダーセンの法律部門である、アンダーセン・リーガルであった。最盛期には、アンダーセン・リーガルは、世界30か国に事務所を持ち、総勢2,500人の弁護士を擁していた。当時は、（収入ベースで）世界第9番目の大規模法律事務所であった。規模、評判ともに、急速に成長していた。そのブランドは強力で、多角的な専門分野は多くのクライアントを惹きつけた。ダイナミックでエキサイティングな就労環境を提供し、私の目には（私は彼らのアドバイザーの1人であったから、多分に贔屓目であるが）、リーガル・マーケットを再構築するように見えた。

驚くべきことに、アンダーセン・リーガルは消滅した。しかし

ながら、その消滅理由は、一般人が考えるような、戦略やビジネス・モデルの根本的欠陥による失敗ではない。アンダーセン・リーガルの消滅は、2001年に起きたエンロンという巨大アメリカ企業の消滅とそれに続くアンダーセン・リーガルの親組織であるアーサー・アンダーセン（エンロンがさまざまな不正会計を行っている間、エンロンの外部監査法人であった。）の驚くべき崩壊の直接的な結果であった。アンダーセンの大惨事は、会計事務所がリーガル・サービスを提供できないと証明したわけではなかったが、その後、これらの事務所が自分の監査クライアントに対し、会計以外の専門サービスを提供することを禁止する規制が行われた。そして、これが、特に米国において、リーガル・サービスを継続的に提供することを検討していた会計事務所にとって顕著な抑制力となった。しかし、ビジネスに広く適用されるような、はっきりとした世界的禁止令は、昔も今も存在していない。

　いずれにしても、過去数年で、ビッグ4（Deloitte、KPMG、PwC、EY）は法律の世界に力強く復帰してきた。実際、彼らは完全に撤退したわけではなく、彼らの多くは、リーガル・サービスから、数億ポンドもの年収を上げている。自由化が彼らの法律分野への復帰のきっかけまたは正当化理由となったとよくいわれるが、実際に、ビッグ4のすべてが、イングランド＆ウェールズで、「オルタナティブ・ビジネス・ストラクチャー」（第1章参照）として認可されている。しかしながら、彼らを惹きつけているのは、本書が強調するように、リーガル・マーケットが、膨大な価値を有している（世界的なリーガル・マーケットの価値は、現在、1兆ドルに近づいている。）にもかかわらず、まだ流動的な状態にあるからである。会計事務所はこれを大きなチャンスと捉え、クライアントの「より多くのものをより安く」という課題への対応支援

と、クライアントのリーガル・リスクをより効率的に管理する継続的な取組みへのサポートに十分な備えができていると自信を持っている。

ビッグ4のリーガル・マーケットへの復帰戦略は、まだ明らかではない。少なくとも彼らは、中期的には、大規模法律事務所のオーダーメイド業務と直接競合することはなさそうである。その代わり、彼らは、大規模法律事務所では容易に提供できないようなサービスやプロダクツに注力している。この観点からは、ビッグ4は、最も手強いオルタナティブ・リーガル・プロバイダーとなって、マネージド・リーガル・サービス、リーガル・プロセス・アウトソーシング、リーガル・リスク・マネジメント、リーガル・ナレッジ・エンジニアリング、リーガル・マネジメント・コンサルティング、リーガル・テクノロジーといった分野をリードする存在になるかもしれない。

彼らがどのような分野で競争するにしても、これらの強力で豊富なリソースを持つ雇用主は、明日の法律家に対し、幅広いキャリア・チャンスを与えるであろう。規模感を示すために述べるが、PwCは、すでに100以上の国や地域で働く3,500人の弁護士を擁している。

大手法律出版社

世界中の法律事業者の2大巨頭は、Thomson Reuters と RELX（旧 Reed Elsevier）であり、従来の紙の印刷物の出版から、それぞれ Westlaw と LexisNexis（法律家の間では、法令や判例などの第一次資料のデータベースとして最も知られている。）という、非常に膨大でかつ多くの人に利用されている法律データベースの提供へと

進化している。しかし、彼らは、リーガル・テクノロジー、リーガル・ナレッジ・エンジニアリング、オンライン・リーガル・サービスの分野に対しても、何年もかけて多様化を進め、明らかに野心的で貪欲な姿勢を示している。彼らは、多くの弁護士とソフトウェア・エンジニアを雇用し、法曹に対する信頼できるサプライヤーとなり、混乱が続く法律業界においてチャンスを窺っている。ビジネスに対し意欲的であり、高い技術力を有し、新しいマーケット創出の経験を有しており、間違いなく、将来の多くのロー・スクール卒業生の就職先となるであろう。彼らがコンサルタント型リーガル・アドバイザリー・サービスを提供する可能性は低いが、前章で述べたそれ以外の仕事の多くを提供するであろう。Thomson Reuters は、説得力のあるケース・スタディである。彼らは、ナレッジやリサーチ・サービスを提供するために膨大な人数の資格を有する弁護士を雇用し、リーガル・プロセス・アウトソーシング企業を所有・経営し、先進的な自動文書生成システムを買収して現在そのシステムのライセンスを有し、多数の技術者を抱えている。したがって、彼らは未来の法律分野で、幅広いキャリア・チャンスを提供することができる。

リーガル・ノウハウ・プロバイダー

明日の法律家のもう１つの潜在的雇用主として、リーガル・ノウハウ・プロバイダーがある。大手法律出版社よりも機敏で起業家的なこのカテゴリーは、PLC の名で有名だったイングランドに基盤を持つ企業が初期の代表例であった。同社は、1990年代初頭の設立時から着実に成長し、何百人もの弁護士を雇用し、イングランドや米国で業務を拡張していたが、2013年に、前述の

Thomson Reuters に買収された。Practical Law という名で現在知られているこの事業はもはや独立していないが、RELX が、LexisPSL という同種のサービスを提供している。私は、より多くのノウハウ・プロバイダーが出現することを期待している。法律事務所内のノウハウ部門のマネジメント・バイアウトすら見られるかもしれない。

ノウハウ企業は、従来の法律文献サービスに加えて、法律調査とそのアップデート、マーケット情報分析、標準書式や実務ノート、ノウハウ、チェックリスト、フローチャート、マニュアルの提供を含む幅広いサービスを、法律事務所やインハウス弁護士に提供する。マーケットへのアピールポイントは、このプロバイダーと契約した法律事務所やインハウス法務部門は、もはや、自身の図書館、情報調査サービスおよびプロフェッショナル・サポート・ローヤーが必要でなくなるということである。ノウハウ・プロバイダーはリーガル・アドバイスを直接提供しないかもしれないが、第16章で述べた仕事の多くを行う。そして、戦略的に見れば、彼らが、リーガル・ノウハウ・エンジニアリング、リーガル・プロセス・アナリシス、リーガル・プロジェクト・マネジメント・サービスといったより広範なサービスを提供するよう進化することは容易に想像できる。

このビジネスに対するもう１つの見方は、第５章の言葉を借りれば、法律事務所やインハウス弁護士が分解したタスクを受託するオルタナティブ・リーガル・プロバイダーに彼らがなるということである。そして、法律業務の分解とマルチ・ソーシングが増えるにつれて、リーガル・ノウハウ・プロバイダーはより商業的に成功し、その従業員数も増加するであろう。

リーガル・プロセス・アウトソーサー

　新しく台頭するオルタナティブ・リーガル・プロバイダーの中で最も注目されているものは、リーガル・プロセス・アウトソーサー（LPO）であり、訴訟における文書レビューや基本的な契約書ドラフティングのような定型的で反復的な業務を行う。通常、これらの企業（たとえば、Integreon や Consilio）は、インドのような人件費の低い国々に拠点を設立している。しかし、LPO は、彼らのクライアントである法律事務所やインハウス法務部門が所在する主要国でも大きな存在感を示す傾向にある。

　これらのサード・パーティ・アウトソーサーは、野心的で起業家的な企業で、スタートアップから急速に成長するものも多く、そのサービスを現在の業務範囲に限定してはいない。したがって、LPO は、より洗練されたプロセスやシステムに支えられて、難易度が高い、定型的ではない業務にますます取り組んでいくであろう。そして、自由化で許されれば、一部の企業は、間違いなく、法律事務所の固有の領域であった業務を提供するようになるであろう。このようにして、LPO は、以下で述べる、垂直統合型のマネージド・サービスのプロバイダーへと移行する可能性がある。

　LPO は、一部の熱狂的評論家が予想するほど迅速ではないとしても、着実に成長している。第11章で示した法律分野の進化の第２のステージで、彼らは現在の形態でのピークを迎えると予想される。しかし、その中でも最高の LPO は、間違いなく、マーケットの状況に適応してさらに進化するであろう。

　LPO は、リーガル・ナレッジ・エンジニアリング、リーガル・プロセス・アナリシス、リーガル・プロジェクト・マネジメ

ント、コンプライアンス・プロセス・アウトソーシングに強い関心を持つ明日の法律家にとって、興味深く、働きがいのある雇用主であろう。

有名ブランド企業

私の考えでは、巨大なグローバル企業が法律業界に参入するのは時間の問題である。10年ほど前、評論家たちは、目抜き通りの銀行やスーパーマーケットが、まもなく企業でなく個人クライアント向けの日常的なリーガル・サービスの提供に深く関与するようになるであろうと予想していた。彼らが説くところは魅力的だった。これらのリテール店舗は、従来の法律事務所よりも便利で親しみやすくなるであろうと考えられた。しかし、それ以上に、目抜き通りの銀行その他の事業者がリーガル・マーケットに参入すれば、特に大量で低価格の定型的業務の標準化とコンピュータ化が進むであろうと期待された。これらのリテール企業は、従来の法律事務所、特に小規模事務所と直接競合することになると予想された。

このようなリテール企業の展開例が見られる一方で、大手保険会社、ファイナンシャル・アドバイザー、会計ソフトウェア・サプライヤーも、より大きな規模で法律業界に参入し、彼らの従来のサービスにうまく隣接するリーガル・サービスを提供していくであろうと予想される。これほど明確ではないが、大手テクノロジー企業もやがてこの分野に参入するであろう。たとえば、Amazon、Google、Meta が日常的な法的問題の解決策を提供するというアイデアは、完全に想定できるし魅力的でもある。

多くの弁護士は、これらの新しいプロバイダーや競合者が弁護

士の必要性を排除すると直感的に考えるが、現実には、有名ブランド企業が提供するリーガル・サービスは、相応の法的経験を持つ人たちが開発し、提供されていく必要がある。オルタナティブ・ビジネス・ストラクチャーなどは、弁護士以外の者が資金を提供し、運営する可能性が高いが、ベテランと若手の弁護士の双方を雇用するであろう。ここでも、弁護士が不要になると心配するよりも、明日の法律家はまったく異なる企業に雇用される可能性があると認識すべきである。

リーガル・リーシング・エージェンシー

　急速に台頭しているもう１つの弁護士の就職先は、クライアントにフリーランスの弁護士を紹介するリーガル・エージェンシーである。これは、弁護士をリースするようなものであり、このサービスで有名な古くからのプロバイダーの例は、Axiom と LOD（Lawyers on Demand）である。これらの企業は、従来の法律事務所やインハウス部門で働くことを望まない弁護士のための代替的なキャリアパスを提供している。幼い子供を持つ弁護士のような１年のうち６か月だけ働くといった柔軟性を望む弁護士に対し、彼らはある種のホームグラウンドを提供する。彼らは、契約やプロジェクト・ベースで働く用意のある臨時弁護士を大量に抱えている。クライアントにとっての魅力は、緊急の需要を満たすためにフリーランスの弁護士を組織内に配置できるが、その費用は従来の法律事務所の約半分で済むということである。

　第５章で述べたように、いくつかの法律事務所では、従来の事務所業務に加えて、今述べたような事業を別途立ち上げている。これらの弁護士を従来の業務と並行して低コストで提供すること

は、法律事務所の業務の共食いのように見えるかもしれないが、共食い現象についていつも述べているように、もしそれが避けられないのであれば、最初の宴に参加すべきである。起業家的な法律事務所は、弁護士の法的経験を新しい創造的な方法で活用するチャンスを見い出すであろう。よりフレキシブルな生活を望む弁護士にとって、これらのリーガル・エージェンシーはますます重要な雇用主となるであろう。

　前章で定義し説明した多くの役割に従事する明日の法律家も、オンデマンド・ベースで提供される可能性がある。たとえば、有能なリーガル・ナレッジ・エンジニアやリーガル・データ・サイエンティストは、1つの組織内で完全雇用されるよりも、柔軟で、収益性が高く、楽しいと感じるかもしれない。

リーガル・カンパニー[2]

　リーガル・プロセス・アウトソーサーが、総じて、日常的で反復的で管理的な、プロセスベースの業務を行うことに重点を置いており、実質的なリーガル・サービスを避けている一方で、より積極的なタイプのオルタナティブ・プロバイダーが登場した。彼らは、「リーガル・カンパニー」と呼ばれることが多いが、LPOよりも垂直統合型のサービス（法律、プロセス、テクノロジーおよびコンサルティングを組み合わせたサービス）を提供している。

　この著名な例として、Elevate や Riverview Law（2018年に EY に買収された。）がある。これらや同種の企業のオーナーは、新たに会社をスタートし、旧来のビジネス・モデルを放棄した。リーガ

2　原文では Law Companies だが、リーガル・カンパニーと訳した。

ル・カンパニーは、法律事務所のピラミッド型の利益構造を模倣することも、時間単位で請求することも、高価な都心の建物で仕事をすることも求めない。反対に、間接費を非常に低く抑え、在宅勤務を奨励し（パンデミック以前からそうしていた。）、柔軟なリソース・モデルを採用し、テクノロジーやナレッジ・マネジメントを創造的に活用し、バックオフィス機能をアウトソーシングし、パラリーガルを雇用している。このようにして、リーガル・カンパニーは、クライアントへの請求を低額に抑えつつ、利益を確保することを可能にしている。この新しいスタイルの法律事業者は、パートナーシップを目標とする従来のキャリアパスを提供せず、若手の弁護士がトップの法律事務所に期待するほど収益性は高くないかもしれない。しかし、彼らは、多くの若手の法律家の将来の成功のための、刺激的で活気に満ちた起業家的な環境を提供する。リーガル・カンパニーは、リーガル・サービスに革命をもたらすアイデアを持つ若手の法律家の提案を歓迎する。彼らはまた、革新的な研修契約の提供すら受け入れる可能性がある。

　リーガル・カンパニーとの対話は、伝統的な法律事務所とのそれとは異質な傾向を持っている。彼らは、過去の慣行に縛られることが少なく、より柔軟で、若手の、または心が若手の法律家のアイデアをより尊重していくであろう。

オンライン・リーガル・サービス・プロバイダー

　リーガル・ナレッジ・エンジニアとしてのキャリアを望む若手の法律家にとって、オンライン・リーガル・サービス・プロバイダーは自然な選択肢であろう。彼らは、オンライン・アドバイス、オンライン文書生成、オンライン紛争解決のいずれを提供する場

合でも、法律およびリーガル・サービスを分析してプレパッケージ化し、クライアント（一般市民と事業者の両方）が人間の弁護士に直接相談することなく法的知見やサービスを利用できるようにする。ただし、これらのシステムやサービスの開発には法律に関する深い専門的知識が必要であり、多くのロー・スクール卒業生や将来の若手の法律家が、これらの企業に雇用されることになるであろう。

　少数のオンライン・リーガル・サービス・プロバイダーは目覚ましい成功を収めている（LegalZoom がすぐに頭に浮かぶ。）が、多くの企業はまだ初期段階にある。しかし、デジタル社会においては、いくつかの企業がかなりの支持を得ることになるであろう。ここでの就業機会は、複雑な取引における法的文書作成を変革しようとする大規模企業から、第12章で説明した方法で司法アクセスを改善しようとする慈善団体まで、大きく広がっている。

リーガル・マネジメント・コンサルティング

　一部の伝統的なコンサルティング会社や専門的なリーガル・コンサルティング事務所もまた、明日の法律家たちに雇用機会を与える。これらの企業は、たとえば、リーガル・プロセス・アナリシス、リーガル・プロジェクト・マネジメント、リーガル・リスク・マネジメントや、持続可能な内部法務機能の管理運営についての最適な方法のアドバイスを専門とする。これらの専門分野は、多くの若い意欲的な法律家が法律の学習を始めるときに念頭に置いていた業務とは違うかもしれないが、リーガル・マーケットとクライアントの利益に対し中心的な役割を担っている。

　特に、リーガル・プロセス・アナリストやリーガル・プロジェ

クト・マネジャーの需要は相当なものであり、これらの分野の研修を受講し、経験を積んだ若手の法律家は、成文法の知識のみを誇るような弁護士よりも雇用されるチャンスが高いだろう。

弁護士はしばしば経営コンサルタントを軽蔑するかのように話すことがある。コンサルタントと称するアドバイザーの多くが、彼らが強調するほどの能力や経験を有していないのは事実である。しかし、非常に尊敬されている聡明な経営コンサルタントも一定数おり、彼らの手法や技術は、成功する法律事業者の多くが、将来取り入れるであろう。

リーガルテック・カンパニー

私が1980年代半ばに法学と人工知能（AI）の博士号を取得したときにクライアント志向のリーガルテック・カンパニーが存在していたら、私はためらうことなくそのうちの1社に入っただろう。第10章で述べたように、現在、世界中に3,000〜4,000社のリーガルテックのスタートアップがあり、そのうちの多くが、前章で述べた仕事について経験を有するか関心があるエネルギッシュなロー・スクール卒業生に適しているであろう。一般的に言うと、これらの企業で働くのは法律事務所で働くよりリスクが高い。多くの企業が失敗するか苦労することになるだろう。しかし、いくつかの企業は大成功するであろうし、そうした企業の一員となることは、非常に刺激的である。

スタートアップの多くは、まだ初期の段階にあり、就職先としては不安定に見えるかもしれない（または、そうではないかもしれない）。しかし、Ironclad、Neota Logic、Litera のような成熟し独立したリーガルテック・カンパニーも増えつつある。これらの企

業は、長期にわたって確立した地位を占め、十分な資金力を有しており、刺激的な新しいプロダクツやサービスを次々と開発している。これらが、リーガル・マーケットを革新する企業である。若手の法律家であるあなたが既存の限界を超えて改革する意欲があるのであれば、リーガルテック・カンパニーはあなたの天職かもしれない。

法律業界におけるあなたの最初の仕事

　現在の傾向が続くとすれば、法学生は、従来の法律事務所での研修や雇用がますます困難になると感じるかもしれない。前章で述べたように、ロー・スクールを卒業するのであれば、法律事務所またはインハウス法務部門に就職し、研修を完了させて弁護士資格を得ることを私は依然として勧める。しかし、あなたがそうできなかったとしても——これは私の中心的で前向きなメッセージの1つであるが——そこには、本章で紹介したように、あなたを雇用することに関心を持つ多くの他の関連企業が存在している。あるいは、あなたがすでに弁護士資格を持っていて、法律事務所以外の選択肢を模索しているなら、刺激的な新しいビジネスや新しい選択肢が目の前にあるのだ。

第18章
何を目的として法律家を教育するのか

　私は、2016年初頭に、講義終了後に私に近づいてきた米国の有名ロー・スクールの法学生に対し、今でも深い同情を感じている。講義内容はリーガル・サービスの将来についてであり、本書で書かれている内容の多くをカバーするものであった。その生徒は私にこう言った。「私の学生ローンは約50万ドルですが、あなたはロー・スクールが私に正しいことを教えていないと言っているようです」。幸いなことに、彼ほど高額な負債を負っている米国のロー・スクール生は稀である。それでも、アメリカ法曹協会（ABA）のウェブサイトによると、米国のロー・スクール卒業生の平均負債額は14万5,000ドルであり、依然としてかなりの負担である。

　ほとんどの学生は、法律業界での収入がローンを返済するのに十分であるようにと期待している。ただし、ここには２つの問題がある。１つ目は、本来は、低賃金だが公益的な法律業務に興味を感じていたかもしれない多くの法学生が、借金を速やかに返済しなければという不安に駆られ、より収入の高い就職先に向かうことである。その結果、いわゆる第三セクターは、たいてい人材獲得競争に敗れ、概して、一部の卒業生が負債のため望まないキャリアパスに進んでいる。２つ目の問題は、すべてのロー・スクール卒業生が適切な仕事を見つけられるわけではないということである。

224 第3部 若手の法律家の展望

　後者について言えば、世界中のロー・スクールは、法律事務所やその他の法律組織で雇用される人数よりもはるかに多くの法学生を受け入れていると何年も批判されてきた。米国では、2012年にブライアン・タマナハが著書『ロー・スクールの凋落(Failing Law Schools)[3]』で、この点を非常に鋭く指摘した。彼は、政府の統計に基づき、ロー・スクールが毎年約4万5,000人もの卒業生を輩出している一方で、若手の弁護士の新規募集が2018年まで毎年2万5,000人しかないということを指摘した。これらの数字は悲観的であることが証明されたが、タマナハの著作がロー・スクール入学生をより責任が持てる人数にすることに影響を与えた可能性がある。いずれにせよ、今日の米国では、ロー・スクール卒業生は10年前よりも約1万人減少している。トップクラスのロー・スクールの卒業生には優れた就職のチャンスがあるが、それより下位のロー・スクールの卒業生には、はるかに険しい道のりが待っている。中には、卒業時に法律関係の仕事に就くことができる卒業生が50％未満のロー・スクールもある。このロー・スクール卒業生の過剰生産は、他の多くの先進国でも見られる問題である。

　法学を学ぶために多額のローンを借りたが、資格が活かせる仕事を見つけられない法学生が幻滅を感じることは理解できる。数年前、一部の者が、ロー・スクールに対して授業料の返還と損害賠償を求める訴訟を起こそうとした。彼らは、法学教育産業で、一世代のロー・スクール生を深刻な財政難に陥らせる継続的な詐欺が行われていると主張した。しかし、この問題は今では広く知れ渡り、ロー・スクールに入学しようとする意欲的な学生は、こ

3　ブライアン・タマナハ著、樋口和彦＝大河原眞美訳『アメリカ・ロースクールの凋落』（花伝社、2013年）。

の傾向を知っているか、少なくとも知っておくべきであるため、学生たちが今日、そのような議論をしても、信憑性に欠ける。

関連する問題が、本章での私の焦点である。それはロー・スクールが実際に教えていることが適切であるかどうかという点である。私の関心は、教育機関が、法学生を未来のリーガル・マーケットに向けて適切に備えさせ、良い仕事を見つけるチャンスを最大化しているかどうかにある。米国では、ABA の法学教育の未来に関する委員会（the ABA Commission on the Future of Legal Education）（2017~2019年）が、「危機」について明確に述べている。同委員会は、米国の法学教育システムは、「次世代の法曹を、明日のためではなく、昨日のために育てている。」と主張した。この主張に私は何らかの影響を与えただろう。私は同委員会で唯一の米国人でないメンバーであり、本書の旧版でも、同様の主張を何年もしていた。米国の法曹界がこの主張に耳を傾けるかどうかは、まだ明らかではない。

私の身近なところでは、この30年間で最も徹底した調査である「イングランド＆ウェールズにおける法学教育と研修の調査（the Legal Education and Training Review in England and Wales）」が、2013年の報告書の中で、未来のリーガル・インダストリーに必要な教育と研修のニーズを明確に示すことに大きく失敗したと感じている。反対に、私の見解では、その報告書は、昨日の弁護士の教育を最適化するための非常に詳細なモデルを提供した。私もこの調査のコンサルタントだったが、主要な調査メンバーに対して、本章の中心的なメッセージについて説得することができなかった。

いくつかの前提と懸念

　本書は、教育理論や法律の詳細な分析や評価を目的とはしていない。しかし、現在そして将来の法律家の教育に関する私の見解の根底には、いくつかの前提と懸念があり、これらを明確に説明することが最善であると思う。

　第1に、法律はそれ自体が追求する価値のある学問分野であると私は考えている。もちろん、たとえば、イングランドと米国の大学での法律の学び方にはコントラストがある。イングランドでは、通常、法律の学習は、大学の学部で行われるのに対し、米国では、一般的に大学院で行われる。したがって、米国の学生は、法律を学ぶ際には、職業としての法曹を志す可能性が高い。

　法律を学部レベルで学習する場合、それ自体が非常に刺激的である。法律は、人類の最も卓越した精巧な構築物の1つであり、人間の秩序と行動の枠組みを提供する包括的な知識体系である。実体法の規則自体を研究することも興味深いはずであるが、法学（広義には法哲学）や民法（ローマ法）などを専門的に研究することも、独立した知的探求として非常にやりがいのあるものである。しかし、法学の学問的研究それ自体にやりがいがあると認めることが、法学の学位が理論の問題に専念すべきであると示唆するものでは決してない。また、法学の学位には、法律実務、法律職についての洞察、実務家としての重要なスキルの習得などを学ぶ余地がないと認めるものでもない。

　第2に、法学の学位取得のための教育は、後日、法律職に就くかどうかにかかわらず、有用なスキルと経験を提供できると私は考えている。歴史的に、多くの学生は、商業界でのキャリアに役

立つ幅広い教育を求めようとするときは、会計学を学んだもので
ある。しかし、法学教育も非常に価値がある。ロー・スクール卒
業生は、多数の規則や規制を理解しているというだけでなく、知
識の厳密さ、分析の明確さ、言葉の正確さ、批判的思考能力、集
中的研究能力、大衆の面前で話すことへの自信なども優れた法学
教育の中で習得しているはずだからである。

　同時に、第3に、大学や専門資格試験で学ぶ、資格取得のため
の法学教育は、他の多くの尊敬される職業に必要な教育よりも要
求水準が低いのではないかと懸念している。医学、建築、獣医学
をみると、一般的に、より長期間にわたる、より厳しい学習課程
を経ている。大学で法律を勉強し、資格試験を受けることが容易
な選択肢であるなどと言うつもりはないが、多くの他の優れた職
業に就くよりも、弁護士資格を得ることのほうが、確かに迅速で、
異論はあるかもしれないが簡単である。

　私の最後の問題意識は、法曹界では、研究と実践が十分に連携
していないということである。たとえば、私は、多くの羨望感と
わずかばかりの嫉妬の念を抱いて、ロンドンの素晴らしい教育病
院を見ている。そこでは、1つの屋根の下で、しばしば1日のう
ちに、医学教授が患者を治療し、若手の医師を教育し、研究を
行っている。大陸ヨーロッパでは、大学の法学教授が法律実務も
行うという伝統が強い。しかし、イングランドと、そして米国と
カナダの大部分では、法律実務家と法学者は別々の世界で活動し
ている。一部の国では、お互いの間に不健全な蔑視の姿勢すら見
られる。実務家弁護士が法学者を現実世界から隔離した象牙の塔
にいる理論家とみなす一方で、法学者は日常の法律実務を、真剣
で重要な基本的法原則の実践ではなく単なるビジネス・アドバイ
スとみなしている。

228　第3部　若手の法律家の展望

　要約すると、あなたが法律を学ぶことを考えているならば、適切に教育を受けさえすれば、あなたの人生に役立つ刺激的な経験が得られると私は保証する。しかし、ロー・スクールは、若い学生に法律実務のための適切な教育を提供していないと批判することが可能で、しばしば、実務家はそう批判している。

我々は何を目的に若手の法律家を教育するのか？

　ロー・スクールに対する以上の私の批判は、より根本的な懸念にはまだ触れていない。多くの実務家弁護士が、現在の法律事務所での執務に対するロー・スクール卒業生の準備不足を批判しているということだけでも非常に心配である。しかし、もし卒業生が、現在の法律実務に対する準備が不十分であるならば、本書の前半で予想したような、今後10〜20年間の法律の世界に対しては、さらに圧倒的に準備不足である。

　したがって、我々は何を目的として多くの若手の法律家を教育するのかが問われなければならない。これは、本書の最も根本的な疑問の１つである。我々は、個々の法域の成文法を専門とし、タイム・チャージで請求する、伝統的に一対一で行う個別のオーダーメイドの対面型コンサルタント型アドバイザーにするために、意欲ある法律家を教育しているのか。それとも、次世代の法律家を、法律や専門家の垣根を超えた、役員室やマーケットの言葉で話せる、柔軟で、チームを尊重し、テクノロジーに精通し、ビジネスに敏感なハイブリッド専門家にする準備をしているのか。私の深い懸念は、ロー・スクールと実務家教育の重点が圧倒的に前者にあり、後者はほとんど考慮されていないということである。さらに深刻な懸念は、実際に、多くの法学教育者や政策立案者が、

２番目の選択肢があることすら知らないということである。要するに、我々は、21世紀の法律家ではなく、20世紀の法律家にするために若手の法律家を教育しているのではないかということを恐れている。

この問題を別の観点から見ると、我々は、法律家の教育において、第16章の言葉でいうところの、新世代の専門的で信頼できるアドバイザーや強化型実務家を育成することに注力しているが、リーガル・ナレッジ・エンジニア、リーガル・テクノロジスト、リーガル・プロセス・アナリスト、リーガル・プロジェクト・マネジャー、リーガル・リスク・マネジャーなどのような、将来の職業は無視しているのである。

もちろん、我々が若手の法律家に一流の専門的で信頼できるアドバイザーやインハウス弁護士として活躍するために必要な教育を続けることは重要であるが、カリキュラムを変更することなく、これらの他の新しい役割も取り込むように教育の幅を広げないことは、将来の学生とクライアントを顧みないことにつながる。

ほとんどのロー・スクールでは、法律は、1970年代のころと変わらず、変化するリーガル・マーケットにほとんど理解や関心を持たない教授により教えられている。多くの場合、グローバリゼーション、コモディティ化、テクノロジー、ビジネス・マネジメント、リスク評価、業務分解、代替的リソースなどの現象には、ほとんど注意が払われていない。だからこそもう一度強調するが、英国の多くのロー・スクール卒業生が現在の法律業務に対し十分な準備ができていないならば、彼らは将来のための備えがまったくできていないことになる。

我々は、リスク・マネジメント、プロジェクト・マネジメント、リーガル・ナレッジ・マネジメントなどの他の専門分野を包摂す

230　第3部　若手の法律家の展望

るように、ロー・スクールや大学の教育範囲を拡大すべきであろうか。過密な法律のカリキュラムに、将来のための教育の余地はあるだろうか。

法学教育における未来の位置づけ

　私は、契約法、憲法、不法行為法などの主要な法律科目を廃止すべきだとは、少しも思わない。弁護士のように考える方法、複雑な事実を整理して構成する方法、法的な調査を行う方法、法的理由付け（演繹的、帰納的、類推的）の方法、法律や判例の解釈方法などの法的手法について、もはや学生に教えなくてよいと力説したいわけでもない。しかし、我々は、若手の法律家の教育課程全体を通じて、次世代の法律実務に対し、彼らを適切に準備させる方法を考える必要がある。

　新しい専門分野について法学生を教育するタイミングと場所は、ロー・スクールではなく、イングランド＆ウェールズにおける法律実務コースや弁護士会の専門家研修コースなどの卒業後の研修課程であると主張されるかもしれない。さらには、弁護士研修契約、バリスター研修期間または何らかのインターンシップや見習い期間中に、これらの新しい法律分野に関するより集中的な教育を行うべきであるというさらに強い考え方もあるかもしれない。しかし、ロー・スクールが未来の実務を無視することはできないことは明白である。これを無視することはロー・スクールの職務怠慢であるとすらいえよう。たとえば、オンライン裁判や自動文書生成に目を瞑ることを、どうやって弁護できるであろうか。

　したがって、私は、ロー・スクールのすべての法学生に対し（そして実際にはその教育のすべての段階で）、まず第1に、リーガ

ル・サービスの現在および未来のトレンドの集中学習を必修科目（それが、独立した科目か、ある科目の重要な一部分とするかは問わない。）とし、次に、未来の法律業務をサポートするいくつかの重要な21世紀の法律スキルを学ぶ選択科目を提供することを提案する。私はこれがロー・スクールにとって過度な負担であるとは考えていない。法学生は、十分かつ適切な法学教育を受けるために学費を払っているのであって、ロー・スクールに対してこのように要求することは合理的であろう。従来のサービスを超えた、リーガル・リスク・マネジメントやリーガル・プロジェクト・マネジメントなどの分野への法曹の需要の証拠はいくらでもある。私の主張は次の通りである。法学教育のすべての段階で、学生は法律とリーガル・サービスの未来について体系的に教えられ、これらの新しいスキルや専門分野の教育を受ける選択肢とチャンスを与えられるべきである。

　これらの選択コースに実務家を参加させることは望ましく、学生にリーガル・マーケットの進化に対する理解を与え、学問と実務の豊かな相互交流を促進するであろう。これらのコースには多くの人が参加するであろう。

　また、世界中の法学教授に緊急の要望がある。リーガル・サービスの未来に対し積極的に関心を持つこと、法律職のトレンドに関する調査（おそらく法社会学的なものであろう。）を行うこと、学生に近未来を示すこと、そして（カナダのロー・スクールの学部長の言葉であるが）「伝統の最先端」にいるのを避けることである。世界中の法学部は、断片的なコースを教えるのではなく、米国の先駆的で革新的なロー・スクールに追随すべきである。たとえば、マイアミ大学ロー・スクール（同校の LawWithoutWalls は、法律に関する教育と実践の革新を目的とした、刺激的な、一部バーチャルで

行われる国際的なプロジェクトである。）、ハーバード・ロー・スクール（同校の法律専門職に関するプログラムは、研究、教育および学者・実務家間コラボレーションの見事な結晶である。）、ジョージタウン・ロー（Iron Tech Lawyer Invitational コンペティションを行っている。）、シカゴ－ケント・カレッジ・オブ・ロー（Legal Innovation + Technology の JD 証明書プログラムを提供している。）、ミシガン州立大学（Center for Law, Technology & Innovation を有している。）、2 つの関連するプロジェクト（法律情報学センターの CODEX と the Deborah L. Rhode Center on the Legal Profession）を擁するスタンフォード大学などである。

　ヨーロッパは、テクノロジーと法の分野をロー・スクールで最初に制度化したと私は考えている。私が思い浮かべているのは、1970年に設立された Norwegian Research Center for Computers and Law である。しかし、我々は、その初期の目標を達成していない。ドイツのブツェリウス・ロー・スクールなど、いくつかの注目すべき例外を除いて、ヨーロッパの多くのロー・スクールは、本書の中心的テーマである破壊への対応が少し遅いと私は見ている。具体的にいうと、英国には、リーガル・テクノロジーやリーガル・サービスの未来に特化した長期的な取組みを誇ることができるロー・スクールは非常に少なく、重たい気持ちになる。スウォンジー大学、オックスフォード大学、アルスター大学、マンチェスター大学、ロンドン・サウス・バンク大学などの取組みには特に感銘を受けるが、英国の法学アカデミーで広く想定されている法律実務の概念は、リーガル・サービスの未来に関する法律実務家の主流意見とは一致していない。彼ら自身に任せておいたら、多くのロー・スクールは氷河期のようなペースでしか変化しないのではないかと危惧している。これに対する答えは、法律事務所

やインハウス法務部門がロー・スクールとより緊密に連携することであろう。最も実践的な答えは、すべてのロー・スクールが、その分野の専門家を任命し、内部で啓蒙活動を行い、理解と支持を築くことである。

最後に、本章で探求した考え方は、「法律家になりたいなら、法学部の学位を取るべきか」という昔ながらの質問に対する新しい視点も提供する。私はこれに確定的に答えることはしないが、未来のリーガル・サービスは他の専門分野をますます取り込むため、法律家のキャリアをスタートさせる前に、マネジメント、コンピュータ・サイエンス、システム分析などの他分野の研究をすることが、これまで以上に強く求められている。

第19章
古い研修基盤の刷新

　講演を行うと、必ずと言ってよいほど、若手の弁護士からどうすれば将来の仕事のスキルを学ぶことができるかについて質問される。私の仮説によれば、若手の弁護士が行っていた大量の定型的で反復的な作業は、まもなく、リーガル・プロセス・アウトソーシング、パラリーガル、テクノロジーなどこれまでと異なる方法で提供されるようになるであろう。若手の弁護士が経験を積むためにやってきた基本的な法律業務が他者に代替されるとすれば、若手の弁護士は専門家になるための初期の段階をどのように過ごせばよいのであろうか。

研修問題

　これは、代替的リソースを提唱する人たちにとって重要であるが、致命的な問題であるとはいえない。致命的ではない理由の１つは、この問題に共感を示すクライアントがほとんどいないことである。この問題は、本質的には研修の問題である。代替的リソースは、法律事務所に弁護士の研修方法の再考を促す。そして、ほとんどのクライアントは、選択肢が与えられるなら、過去の研修方法に固執するような法律事務所の高価格のサービスよりも、研修方法を全面的に見直す法律事務所の低コストのリーガル・サービスを選択するであろう。

この問題の根本には、いわゆる「優秀な人材の争奪戦」により、多くの事務所が、最も優秀な卒業生を採用するために非常に高い給与を支払っているということがある。しかし、これらの意欲的な若手の弁護士がどれほど優秀であるとしても、法律事務所での最初の数年間の彼らの価値は、彼らがクライアントに提供する実際のサービスに顕在化されず、埋もれたままとなる。現在の仕組みは、多くの場合、クライアントが法律事務所の若手の弁護士の研修に報酬を払う構造となっているというのが、暗黙の真実である。仕事の多くが手続的なものであり、若手の弁護士たちは仕事のやり方を学んでいたにもかかわらず、クライアントはこれらの弁護士の仕事に対し、かなり高額の時間レートが請求されている。彼らは飲み込みは早いかもしれないが、彼らが請求する料金を正当化するに足る十分な経験や専門的知識は持ち合わせてはいない。現在は反対に、クライアントがより少ないコストでより多くのリーガル・サービスを要求するという厳しい変化の時代であり、クライアントの取引や紛争を利用して仕事のスキルを学んでいる駆け出しの弁護士の時間に応じて報酬を払うことに、クライアントは寛容でなくなっている。

数年前、この問題を考えていたときに、私はこの難問に対する彼らの考えを知るために何人かの若手の研修弁護士にインタビューすることにした。訴訟に備えて際限がないとも思える大量の文書に目を通している弁護士や、大規模取引のための大量のデュー・デリジェンス業務を行っている弁護士と話をした。彼らに、現在行っている業務が、たとえばインドに外注されることになったら、仕事のスキルをどうやって学ぶかを尋ねたところ、彼らは一様に、文書の山を処理する方法を学ぶためには数か月も必要とせず、数時間しかかからなかったと答えた。この点をもっと

236 第3部 若手の法律家の展望

挑発的に言うなら、我々は研修と搾取を混同すべきでない。若手の弁護士が、主に仕事のスキルを学ぶ方法として、定型的な業務を引き受けるよう求められているというのは不誠実である。そうではなく、この業務の委託は、最近まで揺るぎない成功を享受していたピラミッド型の収益モデルを支える柱の1つであった。

　いずれにせよ、意欲的な弁護士が主に事務的な業務に何か月も費やすことによって専門家弁護士になるとは思われない。多くの証拠が示すように、若手の弁護士は、実際に業務を行っている法律専門家と緊密に協働し、観察することにより仕事のスキルを学んでいるのである。

　そうは言っても、代替的リソースで提供可能な一部の業務が、有用な研修の場として提供されていることは私も認識している。しかし、若手の弁護士の研修に報酬を払うことに対するクライアントの増大する反感に法律事務所がどう対処するべきかは明確ではない。多くの事務所にとっては受け入れがたいことであるが、1つの選択肢は、本当に付加価値を生み出すまで、研修生や若手の弁護士の報酬をクライアントに請求しないとするものである。これにより、ピラミッド構造に依存している事務所の利益は直接的には減少するだろう。その結果、若手の弁護士には、2種類の影響が生じるであろう。1つは、一部の非常に優秀な若手の弁護士を除き、若手の弁護士の法律事務所での当初の報酬が、以前よりも低額になるということである。もう1つの、そしてより可能性の高い影響は、法律事務所が若くて意欲的な弁護士の採用を減らすということである。これは多くの法律家の失業を必ずしも意味しない。なぜなら、法律家や彼らを雇う新しい雇用主には新しい仕事があるからである（第16章および第17章参照）。しかし、ロー・スクール卒業生にとっては、これは確かに脅威である。

弁護士研修の再考

　伝統的な専門家になろうとする弁護士を、比較的単純な定型的な法律案件で研修させることに代替するものは何だろうか。

　法律事務所が真剣に研修に取り組もうとするのであれば、将来的には、3つの基本的構成要素に基づく研修を提案したいと思う。1つ目は、いくつかの師弟モデルのバリエーションへの復帰である。若手の法律家が資格を取得した後に、経験豊富な弁護士と緊密に協力して仕事をすることが、教科書に書かれた法律から現実の法律への移行を学ぶ非常に有効で刺激的な手段であることは、多くの研究と経験が示している。若手の法律家は、ベテランの弁護士と同じ部屋になったり、または大規模な会計事務所で長年行われているように（今では、法律事務所でも試みるところがあるが）、経験豊富な専門家とオープン・スペースでともに働いたりすれば、クライアントと連絡を取りサービスを提供する効果的な方法を、直接観察して学ぶことができるであろう。これに対して、ほとんどの時間を他の若手の法律家や大量の文書箱とだけ過ごしていれば、ベスト・プラクティスを目の当たりにして吸収する可能性は低い。私の支持する対面式の師弟関係は、リモート・ワークで働いている人たちには難しい。私のアプローチは、事務所でのフルタイムの出勤までは求めないが、ある程度の物理的なプレゼンスを前提としている。しかし同時に、我々は、テクノロジーを利用して師弟経験の一部をバーチャルで生み出すリモート師弟関係の手法についても創造的に研究しなければならない。

　2つ目は、業務の重要部分が事務所外のリソースから提供される場合でも、若手の法律家は、並行して、この業務をサンプル的

に、一部は仕事のスキルの学習として、そして、一部は外部プロバイダーによる業務の品質管理として行うことである。これまでとは異なり、法律事務所はこの業務の費用を自ら負担する必要がある。

最後は、若手の法律家が、既存の、あるいは新規の e-ラーニング技術を活用することであり、最先端のそれらは非常に効果的である。それは、オンライン講義（それ自体有用だが）を超えた、オンライン法律実務シミュレーションやバーチャル法律学習環境にまで波及する。法曹界におけるテクノロジーの導入は、オフィス・オートメーションやクライアント・サービス以外の、若手の法律家の教育研修方法にまで及ぶ。これについて、少し詳しく説明しよう。

e-ラーニングと法律実務シミュレーション

現在の多くのベテラン弁護士や裁判官は、パソコンが誕生する前に法学教育を受けている。講義や個別指導を受け、埃っぽい図書館で長時間の自習をするのが日課だった。そして、多くの時間が、事件名の膨大なリストと法令ならびにそれらの重要箇所の要約を記憶することに費やされた。そういったことはいずれも、進路変更コースや法律実務コースを提供する明日のロー・スクールや大学において無批判に受け継がれるべきではない。

伝統的な1時間の講義を例として取り上げてみよう。素晴らしい講演者の予定を押さえることができ、記憶に残る社会的または教育的経験を提供できるであろうと期待される場合、これに要する費用と講義が教室で行われることの効果を考慮して、そのような比較的貴重な機会こそは従来のライブ講義で行われるべきであ

るという説得的な議論がある。しかし、英国のほとんどの従来の法律講義の真実は、講義が、才能のある（または訓練を積んだ）講演者により行われることはほとんどなく、もごもごと話したり、徘徊したりする教授もいれば、単にメモを読むだけの教授もいて、インスピレーションを与える教授はごくわずかである。これでは出席率が低いのも頷けるが、こういった現象は、全国の無数のロー・スクールで生じており、無駄で、教育的配慮も欠いている。夢遊病者や独裁者による講義を、全国から選ばれた素晴らしいインスピレーションを与える講演者によるウェブキャストでのオンライン講義に置き換えることを否定する合理的理由はない。TED（< https:// www.ted.com >）を利用した人なら誰でも、オンライン講義がいかに有効であるかを知っているだろう。もちろん、パンデミック期間中も、一部の学生たちは素晴らしいオンライン講義を受けていた。しかし、大多数の講義はそうではなかった。素晴らしい大学の講義というものは得がたく、素晴らしいオンライン講義はもっと得がたい（ビデオ・リンクによるコミュニケーションについて長年の経験を持つ教授はほとんどいない）。

　このほかにも、ある種のライブ講義をリアルタイムのウェビナーとして提供し、学生に参加させて討論させることもできる。学生によるこれらのセッションの予習を補助するオンライン資料も利用できる。私は、2009年に、イングランドの当時の the College of Law（現在は、the University of Law）で e-ラーニングののレビューを5年間依頼された。そのときに、ハイブリッド・アプローチの将来性を確信した。私は、電子チュートリアルとオンライン指導が、大学の法律実務コースでの法学生の学習経験を変えたことに気がついた。400以上の「i- チュートリアル」が開発された。これらは、オンライン上で「肩から頭まで」が映し出され

た法律専門家の姿がスライドのサイドに映し出されたウェブ配信である。学生たちは、これらのミニ講義が、ラップトップ上だけでなく携帯デバイス上でも、停止、開始、再生できることにとても利便性を感じた。大学はさらに一歩進んで、対面型ではなくバーチャル空間で実施される、教師による一対一の指導を開発した。これは、私が「電子オックスブリッジ」と呼ぶもので、従来の個別指導システムの長所の多く（緊張感、感化性、個人の専門家教員による指導）が損なわれることなく、実用的で利用しやすい方法で実現された。このアプローチは、必ずしも順調に実施されたわけではないが、パンデミック期間中に必要に迫られて一般的なものとなった。今こそ、何がオンラインでうまく機能し、何がうまくいかないかを深く研究し、この第一世代のオンライン法律学習を産業化し、それを伝統的な物理的授業と融合させる時である。

　しかしながら、オンライン講義、i-チュートリアル、およびバーチャル指導は、未来の法学教育の一部にすぎない。ポール・マハーグ（Paul Maharg）の先駆的な業績は、彼の著書『法学教育の変革（Transforming Legal Education）』で述べられているように、この第一世代を超えて、シミュレーションをベースにした研修と取引学習の世界に我々を導いた。彼は、ストラスクライド大学のポスト・グラデュエートで教えている Scottish Diploma of Legal Practice コースでこれらの技術を開発した。彼は架空の町「アードカロッチ（Ardcalloch）」を設計し、そこで法学生たちがバーチャルな法律事務所で弁護士の役割を演じる。これは法的メタバースの初期の例で、学生はこのバーチャル環境の下で、実際の取引や紛争をシミュレーションした法律問題を、クライアントや裁判官役の経験豊富な弁護士とともに処理する。バーチャル・オ

フィス、さまざまな機関、専門家のネットワークなどのあらゆる種類の施設や設備が、新聞の切り抜き、写真、遺言書、銀行の通帳、広告など信憑性を高める文書資料とともに、オンラインで利用できる。このような業務環境シミュレーションに組み込まれた学生は、実務家弁護士の参加と指導の下で、より強く記憶に残る学習体験を得られることは間違いない。それは、参加者の少ない講義や誰も参加しない個別指導では達成できないものである。

　これらのe-ラーニング技術はより強力になり、弁護活動、ドラフティング、クライアントとの会議、交渉、文書レビュー、デュー・デリジェンス実務などさらに多くのものがオンラインで提供されるであろう。宇宙飛行士になるためのフライト・シミュレーターを開発できるのであれば、若手の法律家に膨大な量の文書をレビューさせたり、判例のリストを記憶させたりするよりも、はるかに効果的に法律家を教育するシステムを構築できるはずである。そして、それらは代替的リソースによりもたらされるギャップをかなりの程度埋めることができるであろう。

第20章
雇用主に尋ねるべき質問

　本章では、視点を変えてみよう。あなたが新しい仕事を求める意欲的な若手の法律家であるなら、非常に疲れる面接の終わりに必ず出される「何か聞きたいことがありますか。」という質問に対し、あなたが尋ねるべきいくつかの質問を紹介しよう。また、これらの質問は、あなたが現在の事務所で長く働き続けていくかどうか疑問に思っている場合にも勧める。これらの質問は、法律事務所のリーダーが外部コンサルタントとして私を雇う際に私が実際に尋ねる質問に非常に近い。それらは総じて、組織の将来に対する洞察の深さと変化への意欲を判断するためのものである。

　これらの質問には使用上の注意がある。質問の数はかなりあり、就職面接で、働く意志があり、聡明で、関心があることを示すのはよいが、一度にすべての質問を聞くべきではない。面接で過度に悪印象を与えたり、反抗的に見られたりすることは、一般的に逆効果である。また、就職マーケットは非常に競争が激しいために、多くの読者はどのようなポジションであっても喜んで受け入れることは私も理解しており、これらの質問は二次的な関心事のように見えるかもしれない。しかし、鋭い観察力を持つことは良いことであり、難しい問題を真剣に考えることは、明日の法律家にとって有益で意義がある。

貴事務所には長期的戦略がありますか？

　この単純な質問は、神経質な笑いから軽蔑的な呟きまで、あらゆる種類の身体的反応を引き起こすことがある。法律事務所のリーダーたちは、実際に彼らの戦略を正式な文書に書き留めてはいないが、すべてのパートナーが彼らの戦略が何であるかを熟知していると回答することが多い。これは例外なくナンセンスである。そのような事務所では、ほとんどのパートナーが、自分たちのビジネス戦略について何も知らないと個人的に認めているに等しい。リーダー自身が、嘘をついているか、言い繕っているのである。戦略文書自体に大きな価値があるというわけではないが、そのような文書が存在していないのは、通常、戦略的思考が欠けていることを表している。

　目下の経済情勢においては、短期的な事象に集中して思考を巡らせるべきだと言う法律事務所のリーダーには注意が必要である。第8章で強調したように、最高のリーダーは、短期的な事柄に目を向ける一方で、組織の長期的な戦略的成長にも目を向けているものだ。シニア・パートナーが「手軽に得られる成果」や「即効性のある勝利」にこだわっている場合は、非常に懸念がある。これは、急速な衰退を導く短期主義を表している場合が多い。

　これとはまったく異なる反応として、300ページもの厚いレポートが渡されることがある。このようなレポートは外部の経営コンサルタント事務所が作成したものであることが多いが、これ自体が問題である。事務所の将来を決定する戦略の構築は、非常に重要な仕事で、他の組織にアウトソーシングすることはできない。さらに言えば、法律事業者の戦略を表現するのに数百ページ

244 第3部 若手の法律家の展望

もかけるべきではない。

戦略文書の全文が渡される可能性はほとんどない。それは、「トップ・シークレット」として保管されるものだからである。しかし、分かりやすいサマリーなら入手することができるかもしれない。そのサマリーの中で探すべきものは、広範にわたるビジネス環境の変化と、その中でのリーガル・マーケットの変化についてその事務所が深く検討していることを示す証拠である。事務所の戦略からは、たとえば5年後にどこに向かおうとしているのか、そのためにはどのような大変革を起こさなければならないかといった目標が読み取れるであろう。それは、事務所が求めるマーケットと、そのマーケットでどのように競争しようとしているかを示しているはずである。また、事務所の中心的な価値観や、醸成しようとしている文化についての指摘も探すべきである。戦略の全体的方向性が現実的であると確信することも必要である。ここで探求すべきものは、断片的な計画の長々とした羅列ではなく、比較的少数の主要な優先事項である。

そのような内容の戦略文書が存在しない場合、その事務所は将来に向けて賢明に準備している事務所ではなく、したがって、明日の法律家に確固たる基盤を提供できる事務所ではないといえよう。

2040年には、リーガル・サービスはどのようになっていますか？

長期戦略についての私の前述の質問は、今から5〜10年後の事務所の見解を尋ねるものである。次の質問は、リーガル・サービスが次世代にどのように変化するかについて、約20年先を見据えてのものである。本書の序論で見たように、私が1980年代

初頭にロー・スクールに在籍し、友人や教授と将来について議論していたときには、弁護士の基本的な日常業務は、四半世紀後も、ほとんど同じであろうという共通の認識があった。結果的に、我々は間違っていなかった。当時は、本書を通じたテーマである、「より多くのものをより安く」という課題、自由化、そしてテクノロジーのような、明白で差し迫った変化をもたらす要因は存在していなかった。

特にテクノロジーについていえば、IBM は私の法学部の最終年に PC を発売したが、我々はまだ大規模で予見可能なテクノロジーの激変の時代に生きてはいなかった。これとは著しく対照的に、2040年のリーガル・サービスが現在とほとんど同じだと考えることは、テクノロジーの普及とその性能の指数関数的な進化を現在目の当たりにしていることを考えると、非常に近視眼的である。もちろん、そのとき世界がどのようになっているかを予測することはできないので、将来の雇用主に遠い未来について質問するときは、確定的で権威的な回答を求めるべきではない。実際に、いかなる方向性においても過度に独断的である人には注意が必要である。本書の議論と予測に納得しているのであれば、あなたがキャリアを築くべき事務所は、そのメンバーが将来についての関心と懸念の両方を表明する事務所である。軽蔑的な反応は偏狭な反応であり、これとまったく対照的な、将来の可能性についての議論に心を開いている事務所を探すべきである。

貴事務所は他の事務所が進歩しないことに安心していますか?

変化が避けられない場合、優れた法律事務所の聡明な弁護士は通常、迅速かつ効果的にこれに適応する。彼らに選択の余地はな

い。存在基盤が揺らいでいるなら、それを放棄するしかない。そのような緊急性がない場合、ほとんどの法律事務所は、最も優れた事務所であっても、ライバルに先んじるよりも、ライバルに遅れをとる恐怖に駆り立てられる傾向がある。言い換えれば、法律事務所は、競争上の優位性よりも、競争上の不利益回避の必要性に動機付けられているのである。これは、家電製品のような他の多くのセクターとはまったく異なる。そこでは、常に競合他社の先を行き、出し抜こうという成長への情熱がある。法律事務所のリーダーと話すとき、彼らをやる気にさせる最も簡単な方法は、彼らの最も近いライバルの注目すべき業績について話すことである。

　だから、多くの弁護士は、自らが高く評価している他の事務所が、自らの業務のやり方を再考したり、テクノロジーを採用したり、本書の提案を取り上げたりすることにわずかな努力しか払っていないと知ると、とても安堵する。

　したがって、ライバルではなくクライアントのニーズに基づき行動しているとか、マーケットは明らかに根本的な変化を必要としているとか、他の事務所が保守的であることは新しいマーケット・リーダーが出現するチャンスであるなどと主張する事務所は、大きな将来性があると見てよい。こういったメッセージを事務所から受け取ったら、そこで雇用されることを目指すべきである。

　興味深いことに、リーガル・プロセス・アウトソーサー、法律出版社、大規模会計事務所などのリーガル・マーケットのオルタナティブ・プロバイダーと会うと、主流の法律事務所によくある、マーケットの状況の変化に対する覇気のない反応よりも、はるかに大きな変化への意欲と未来への期待が見受けられる。

貴事務所は、代替的リソースに対して
どういったアプローチを採りますか？

　この質問に対し、無表情であったり、理解できていないような兆しが見られる場合は、次のような説明が必要である。「クライアントが法律顧問に定型的で反復的な業務に対するコスト削減の方法を見つけるように求めることが増えていますが、どのアプローチが貴事務所は最も有望であると思われますか。」

　この課題を非常に注意深く検討しているとか、現在、リーガル・プロセス・アウトソーサーやフリーランス弁護士などの低コストのプロバイダーと話し合っているなどとしか言わない事務所は疑ってかかる必要がある。検討や議論ではなく、行動や活動の証拠を探すべきである。

　事務所が何らかの施設（おそらく近隣国のセンターや下請契約）に投資したと言ったとしても、これが言い訳か真剣な取組みかを確認するためにもう少し詳しく調べたほうがよい。多くの事務所は確かに何らかの対応をしているが、これらは多くの場合、パートナーが何らかの形で関与していることをクライアントに伝えるためのジェスチャーにすぎない。

　通常、事務所が真剣に取り組んでいるかどうかは明白に読み取れる。あなたは彼らの熱意を感じるであろうし、彼らは何がうまくいき、何がさらなる改善を必要とするかについて語ってくれるであろう。

法律事務所の将来においてテクノロジーは
どのような役割を果たしますか？

　ほとんどのベテラン弁護士は、事務所におけるテクノロジーの役割の変化について話すことに、まだ完全には慣れていない。彼らは、e-メール、ワープロ、PowerPoint、会計システムや、常に持ち歩く携帯デバイスなど、現在使用しているシステムについては十分流暢に話す。多くの法律事務所には洗練された技術部門があり、技術への依存度は実際に相当進んでいる。しかし、私が念頭に置いているテクノロジーは、バックオフィス・システムではなく、クライアント・サービスに直接影響し支援するテクノロジーである。たとえば、その１つのカテゴリーにナレッジ・システムがある。これには、事務所の集団的な経験や専門的知識を収集し利用できるようにするためのアプリケーションの集合体（イントラネットから始まり、ノウハウ・データベースを経て、内部ソーシャル・ネットワークに至るまで）（第７章でいうところの「下部右側」のシステム）や、事務所とクライアントとの間のコミュニケーションとコラボレーションのチャネルを提供するオンライン・ディール・ルームなどのクライアント連携システム（「上部左側」）やリーガル・ガイダンスや自動文書生成などを提供するシステムであるオンライン・リーガル・サービス（「上部右側」）などがある。

　2020年代に、あなたは、テクノロジーの重点が、バックオフィスから、多くの場合、弁護士とクライアントとの従来の協力方法を破壊的（第６章を参照）に変革するテクノロジーへとシフトするのを目撃することになるであろう。

あなたが検討している事務所の技術的洗練度を測るには、まず、今述べたような種類の変化に対する認識の程度を尋ね、次に、これらの新しい技術への投資の証拠を探してみるべきである。興味深い関連質問の１つとして、次のものがある。「貴事務所が新しいテクノロジーを継続的にチェックし、それらを貴事務所の各種業務分野に利用する可能性を評価する正式なプロセスは何ですか」。あなたはほとんどの事務所にそのようなプロセスがないことが分かるであろう。もしもそういったプロセスを有する事務所を見つけることができたら、もう他を探す必要はない。

貴事務所は、研究開発能力を有していますか？

Appleやソニーのような家電メーカーでは、５年後にビジネスの基盤となるような製品はまだ発明されていない。状況は、製薬会社でも同様である。これが、これらや他の多くの会社に、研究開発（R&D）の予算と部門があり、非常に優秀な人たち（白衣を着て額にしわを寄せている人たちを想像している。）のチームが、深く創造的に研究し、将来に向けてのあらゆる種類の可能性を提案する自由が与えられている理由である。彼らのアイデアのほとんどは、陽の目を見ることはない。R&D部門の人たちは、普通の人が思いつかないようなことを考え、斬新で大胆であることが求められている。そして、たとえ彼らの発明が商業化されなかったとしても、失敗とはみなされない。

法律事務所にもこれと同様の課題がある。本書の第１部と第２部で私が主張していることが現実化すれば、おそらく今から５年か10年後には、弁護士はまだ考案されていないサービスを提供しているであろう。では、これらの事務所はどのようにイノベー

ションを起こすのだろうか。誰が新しい、マーケットを変化させるリーガル・サービスを考案するのであろうか。法律事務所に対し、R&Dに投資するかどうか、投資する場合はどのようにするのかを尋ねるのは不合理ではない。ここで補足的に、1年の収入のうち何％がR&Dに充てられるかを尋ねることもよいだろう（家電メーカーや製薬会社は、売上高の約15〜20％をR&Dに回している）。

ほとんどの事務所には、現在、R&D予算や部門がないので、私が推奨する回答は、これがまもなく必要となることは理解しているというものである。この質問に対し否定的で、今後も、古い業務のやり方から多くの成果を搾り出すことを望んでいる事務所は、長期的な雇用の場にはならないと考えるべきである。

**貴事務所をゼロから作り直すとすれば、
それはどのようなものですか？**

クライアントとのコンサルティング業務に際し、私は、この質問を中心に一定の演習方法を確立した。私はそれを「白紙の思考」と呼んでいる。私は、多くの弁護士が、長期的なことを考えるときに、現在の体制に囚われ制約されがちであることに気がついた。彼らの将来に対する考えは、レガシー・ベースであり、後ろを向きながら未来に向かって歩いている。これに対し、大きな変換期にある現在においては、私は、法律事務所に対し、事務所の現在の組織や地位を脇に置いて、ビジョン・ベースで5年後はどうなることができるか、どうなるべきかを前向きに検討することを提案する。

彼らがこのビジョン・ベース思考を取り入れることを手助けす

るために、私は彼らに次の質問に答えてもらうようにしている。「あなたに白紙が与えられ、そこにあなたの業務や事務所をゼロからデザインするとすれば、それはどのようなものになりますか。」（私は彼らに一連のヒントを提供しているが、ここでは触れないことにする）。似たような一連の質問をして、あなたの将来の雇用主から、現在の切迫したプレッシャーに対し、魔法の杖を振って彼らのビジネスを新しく構築できるとしたら何が変化するかといった考えを感じ取るよう努めるべきである。

　私と同様に、あなたも、この思考実験で、弁護士を現状の業務重視の姿勢から解放し、事務所がどこに位置づけられるか、何人の人を雇用するか、どのように業務のリソースを構築するか、どのようなテクノロジーを採用するか、どの程度外部資本を導入するかなどについて、興味深い見解を知ることが可能となるであろう。

　あなたの質問に対する回答の結果が、彼らが現在行っているビジネスとほぼ同じように見える場合、慎重に検討すべきである。一方、この質問により、これまでと異なる業務のやり方についての一連の想像力に富んだ魅力的な回答が導き出された場合、その雇用主があなたの刺激的な将来の職場となるであろう。

　私は、この最後の質問や本章で述べた他のすべての質問を用いて、将来の雇用主を攻撃するようあなたに勧めているのではないことを忘れないでほしい。しかしながら、いくつかの鋭い質問をすることは強い印象を与える。そして、ここで提案されている質問への回答は、あなたの将来にとって非常に啓発的なものとなる可能性がある。

第21章
イノベーション

いまや多くの弁護士や法律事務所は、イノベーターであると自称し始めている。根本的な変化に対する明確なコミットメントは、彼らのウェブサイト、プレス・リリース、出版物、そしてクライアントへのプレゼンなどに散りばめられている。また、いまや産業化したとも言えるイノベーション・アワードにも促進され、そこでは、限界を突破したと言われている人たちが称賛されている。しかし、今のところ、現実はもっと厳しい。本章が少しシニカルに感じられるとしたら、私がそうであるからにほかならない。法律の世界が広範な変化を必要とし、この変化が実際に起きることについて疑いの余地はない。そして今でも、私自身が予測する進歩の多くに胸を躍らせていることは、明確にしておきたい。しかし、従来型の法律事務所における現在のイノベーションの多くは、私が予想し推奨している全面的な改革には及ばない。これが、本書の序文で「明日の法律家の時代がすでに到来した」という意見を否定したことの分かりやすい説明である。

第一世代および第二世代のリーガル・イノベーター

継続的な調査と無数の訪問先から、イノベーションを起こしていると自称する法律事務所のほとんどは、実際には、ダニエル・サスキンドと私が共著『プロフェッショナルの未来（The Future of the Professions)』の最新版でいうところの第一世代のイノベーターであって、第二世代のイノベーターではないということが分かった。大まかに言えば、第一世代のイノベーターは自分のプロジェクトについてよく大袈裟に語るものの、分析してみると、彼らの変化への関心は、通常、業務効率の向上にある。対照的に、第二世代はより根本的な変化を追求している。この2つの世代の違いは、法律事務所に限らずすべての専門職事務所に共通する10組の特徴として、**表21.1**にまとめている。

表21.1　法律界における第一世代と第二世代のイノベーション

第一世代	第二世代
・プロセスの改善	・新しいビジネス・モデル
・過剰な宣伝	・実質的な進歩
・自動化	・イノベーション
・試行	・完全運用システム
・僅少な業績への影響	・多額の収入と利益
・議論ベース	・証拠ベース
・少数のパートナーの関与	・多数のパートナーの関与
・知的理解	・感情的コミットメント
・競争劣位の回避	・競争優位の追求
・短期的、戦術的	・長期的、戦略的

　これら10組の特徴をそれぞれ順番に取り上げると、第1に、大多数の法律事務所のイノベーションは、新しいビジネス・モデルの導入よりも、現在の業務のやり方やプロセスの改善に重点を置いている。第一世代のリーガル・イノベーターが、従来の一対一のコンサルタント型アドバイザリー・モデルによる合理化と最適化に偏りがちである一方で、第二世代は、人間の弁護士の時間

を売ることに代替する持続可能な方法に、より積極的に取り組んでいる。

　第一世代のイノベーションの厳しい現実は、自らを変革的で破壊的であると位置づけようとする法律事務所の饒舌な宣伝活動により、多くの場合、覆い隠されている。これはプレス・リリースによるイノベーションである。対照的に、第二世代は宣伝を控え、実践に取り掛かる。彼らは他人の目よりも現実を重んじる。コメディアンで例えると、第一世代は自分たちが面白いと言い張るのに対し、第二世代はジョークを語る。これをもう少し率直に表現する方法もある。

　リーガル・テクノロジーについてはどうだろうか。第一世代の法律事務所は、自動化に重点を置いて、従来の業務方法をコンピュータ化またはシステム化する。リーガルテックを現在のプロセスに接ぎ木するのだ。第二世代は異なるアプローチを取る。第二世代は、第１章で論じた意味でのイノベーションを支持し、テクノロジーなしでは実現不可能だった（あるいは想像すらできなかった）リーガル・プロダクツ、サービスおよびソリューションを開発している。また、第一世代はプロトタイプや概念の実証実験を提供する傾向にあるが、第二世代は完成した最終システムを提供する。リーガルテックに新しく取り組む法律家は、試行の段階と完全に運用されたシステムとの間には大きな隔たりがあることを認識すべきである。

　業績に関して言えば、第一世代イノベーターは、デモンストレーションやマーケティング宣伝を行うが、財務実績に大きな影響を与えることはほとんどない。これとは著しく対照的に、第二世代のイノベーションは、評価を高めるだけでなく、確実な収入と利益を生み出す。そして、ほとんどの法律事務所のパートナー

が食指を動かすものは、収入である。

　その結果、組織内部では、第二世代は、イノベーションの効果について具体的な証拠があるため、第一世代よりも高く評価される。彼らには共有できるケース・スタディがあり、これが確信を深め、さらなる投資を促す。対照的に、第一世代は、実際に共有できる肯定的な成果がないため、証拠よりも議論に依存する。ビジネス志向の弁護士は、率直に言って、破壊的イノベーションなどの抽象的な理論よりも収入に魅了される。

　これが、第一世代の法律事務所には、イノベーションに全面的にコミットするパートナーが少数しかいない大きな理由である。当該パートナーは、根本的な変化を支持するが、議論と理論だけで十分だと考えている。第二世代の法律事務所の様子は大きく異なる。ここでは、イノベーションがもたらす商業的利益の証拠が豊富にあるので、多くのパートナーが真剣に熱中する。もちろん、第一世代の法律事務所のパートナーも、イノベーションを支持する議論を理解はしている。しかし、彼らはそれを心の底から感じてはいない。彼らには、感情的なコミットメントはないのである。一方で、第二世代のパートナーはすでにイノベーションの利益を享受しており、自分たちが新しく展開される未来の一部であると感じている。

　戦略に関して言えば、第一世代の法律事務所は守備的なイノベーションに参画している。彼らは、競争相手を上回るよりも、競争相手に遅れをとらないことに集中し、競争劣位を回避することに重点を置いている。これに対し、第二世代の法律事務所は、積極的なイノベーションに取り組んでいる。彼らはイノベーションを脅威ではなくチャンスとみなしている。彼らの目的は、持続可能な競争優位を確保することである。したがって、第一世代と

第二世代の法律事務所の戦略は非常に異なっており、クライアントは、多くの弁護士が考えている以上にその違いを感じ取ることができる。

第一世代のイノベーターは、短期的なオペレーターであり、戦術的な思考家であり、変化の表面的な部分や手軽に得られる成果に夢中になっている。対照的に、第二世代のリーガル・イノベーター（希少な存在）は、長期的なプランナーであり、戦略的計画プロセスの隅々にまで根本的な変化を織り込んでいく。

イノベーションと変革

要約すると、実際には、リーガルテックと同様、我々はまだ法律の世界におけるイノベーションの初期の段階にいるにすぎない。詳しく見ると、ほとんどの法律事務所における進展は、遠くから一瞥しただけでは目立たない。私の経験からは、同じことが法律事務所の「変革」についてもいえる。私が訪問した大多数の事務所は（無作為に選んだわけではないが）、何らかの変革プログラムを立ち上げて実行している。しかし、こうした変革への取組みのほとんどは、イノベーションへの取組みのように、効率化プロジェクトを立ち上げただけで終わってしまう傾向にあることが分かった。それらは、根本的で永続的な変化をもたらすという高い志を持って前向きに開始されるが、12〜18か月後には、ほとんどのパートナーがイライラし始め、「即効性のある勝利」と「手軽に得られる成果」を求めて騒ぎ立て、リーダーシップが弱まり、変革計画は控えめになり、既存のものの合理化と最適化に焦点が移行する。

変革について講演したり、プレス・リリースを書いたりするほ

第21章　イノベーション　257

うが、それを実践するよりもはるかに容易である。真に変革的な提案に直面すると、ほとんどの弁護士は少し尻込みする。彼らは軽い舵取りを好み、今とまったく異なる終着点を想像してそこに向かって進むよりも、現状から段階的に改善するほうが、受け入れやすく、脅威が少ないと感じている。このことは、完全に理解できる。なぜなら、制約のない変革は真に破壊的であり、現在のビジネス・モデルやサービスを崩壊させることが多いからである。また、成功している法律事務所が自己破壊を行うことが実現可能か、また望ましいかは明らかではない。自己破壊を回避するほうが簡単である。私は世界中を旅するが、意識的かつ広範囲に自らを変革し、そうすることで著しく自己破壊した大規模法律事務所をまだ見たことがない。他のセクターや業界での経験から、こういった破壊や崩壊は、既存の法律事務所よりも、リーガルテックのスタートアップなどの新しいプレーヤーによりもたらされる可能性が高い。

イノベーションと差別化

　破壊というテーマについては、「ブルー・オーシャン戦略」と「破壊的イノベーション」という2つの異なるタイプのイノベーションをめぐる混乱を明確にする価値があろう。法律関係のブログには、この2つが同じものであるかのように議論され、言及されている。しかし、それらは違うものである。前者は、レネ・モボルニュとW・チャン・キムの名著『ブルー・オーシャン戦略(Blue Ocean Strategy)』[4] (2004年初版) に起源があり、後者は、ク

4　W・チャン・キム＝レネ・モボルニュ著、入山章栄監訳・有賀裕子訳『〔新版〕ブルー・オーシャン戦略——競争のない世界を創造する』(ダイヤモン

258　第3部　若手の法律家の展望

レイトン・クリステンセンの著書『イノベーションのジレンマ (The Innovator's Dilemma)[5]』(1997年初版) というもう1つの最高水準の書物の中で最も適切に説明されている。ブルー・オーシャン戦略の考え方は、新しい未開拓市場を創造し、支配すること、つまり、まったく新しい需要を生み出し、それを刺激し、満たすことである。破壊的イノベーションの考え方は、厳密に言えば、既存の市場を根本的に変革することである。つまり、これはレッド・オーシャン戦略であり、現在存在する市場で競争することである（赤は、激しい競争で流れる血を象徴している）。ブルー・オーシャン戦略は、大まかに言えば、多角化戦略（新しいことをすること）であり、一方の破壊的イノベーションは変革戦略（既存のサービスの全面的見直し）である。どちらもイノベーション戦略である。

　どちらの戦略を選ぶにしても、私は、まず法的イノベーションの世界で言葉よりも行動を示し、続いてイノベーションの追求にもっと大胆になることを要望する。私の考え方は、セオドア・レビットの『経営について考える (Thinking about Management)[6]』で印象的に表現されている。その中で、彼は、イノベーションの概念を差別化に結びつけている。

　　イノベーションは、常に、製品差別化の可能性を探求しなければならない。顧客を作るには、売り手はすべて、他の売り手と違った何らかの魅力を持たなければならない。最良な

ド社、2015年)。

5　64頁（注17）参照。

6　T・レビット著、熊沢孝訳『レビット教授の有能な経営者──欠くべからざる3つの仕事の視点から』（ダイヤモンド社、1998年)。

のは、すべての売り手が圧倒的に他とは異なろうとすること
である。その目的は、著しく明確な差別性を持つことによっ
て、実質的に供給するものの独占者となることである。つま
り、特定の製品の最善の供給者であるに留まるのではなく、
「唯一」の供給者として認知されることである。理想的には、
他のすべての者が、価値の低い別の等級のものであると見ら
れるようにすることである[7]。

　私はこの「圧倒的に他と異なる」という言葉が大好きである。
確かに、レビットはハードルを高く設定している。しかし、彼は
また、イノベーションを真剣に考えることを我々に促している。

7　Ｔ・レビット・前掲（注6）151〜152頁。

第22章
人工知能と長期的展望

　法律家と司法に関して私が予測する変化は、長期的に見ると広範にわたり、不可逆的で、変革的であろう。このことは、法律分野が3～6か月先に一変するわけではないということを意味している。しかし、我々は、2020年代を通じて、多くの根本的な変化を目撃することになるであろう。

　さらに先を見据えると、今の若手の法律家が働き盛りを迎える、今から20年先の2040年までに、法曹界は見違えるほど変化すると予想することは、誇張しすぎであるとも、空想的であるともいえない。最終章は、この法律分野の革命を、より広い文脈で捉えることを目的とする。

人工知能

　法律の世界を長期的な視点で見れば、法律家向けの人工知能（AI）への関心が現在、急激に高まっていることは無視できない。従来より存在する人間である弁護士よりも優秀で、さらにはそれに取って代わりさえするロボット法律家やAIベースのシステムを、マスコミやソーシャル・メディアは毎週のように取り上げている。

　たとえば、英国の大規模法律事務所の大多数は、いずれかのAIプロバイダーと契約しており、彼らへの投資に大きな期待を

寄せている。その事実は興味をそそられるものだ。なぜなら、私は長年この分野に関心を持っていて、1980年代半ばに、オックスフォード大学でAIと法律に関する博士号を取得して以来、この分野の展開に魅了され続けているからである。私の見解では、AIが法律分野に与える影響についての熱狂的支持者や評論家による現在の主張の多くは、「短期的」影響の可能性を「過大評価」しすぎている。しかし、さらに重要なことは、「長期的」影響についての主張の多くが、テクノロジーがリーガル・サービスに与える影響を「過小評価」しすぎていることである。AIが今後数年で、法律家の業務を変革するかといえば、その可能性は低いだろう。しかし、2030年までならどうかと考えれば、それはほぼ確実であると予想する。少なくとも、これが私の期待である。法律分野におけるAIの研究を始めてから40年を過ぎた今になって、ようやくこのように言うことができるようになった。この分析によると、2020年代はAIが法律分野に定着する10年となるであろう。

　我々が用いる機械とシステムはますます性能が向上し、時間が経つにつれて、法律実務家の独占領域であるとこれまでみなされてきた法的タスクをより多く担うようになるであろう。これが、人々が今日、法律分野におけるAIについて語るときに念頭に置くべきことであり、かつて思考する人間の弁護士を必要としたさまざまなカテゴリーの法律業務をシステムが引き受けることになるのである。特に、AIに関する最近の議論は、第6章の用語でいう文書分析、機械予測、法的質疑応答、および程度は低いものの自動文書生成に焦点を当てている。これらのシステムが実際に意識を持ってこれを実行していると考える人は誰もいないが（したがって、これらは「強いAI」ではなく「弱いAI」として知られてい

る。）、機能的には、法律家の業務の一部を行っているように見える。

　私がAIと法律の分野で研究を始めたときは、あるアプローチが支配的であった。それは、「知識獲得（knowledge elicitation）」と呼ばれるインタビュー手法を経て、法律専門家の知識や推論プロセスを頭の中から掘り起こすというものである。その知識は、その後、複雑なディシジョン・ツリーにコード化され、コンピュータ・システムに落とし込まれ、専門家でないユーザーでも利用できるようになった。それらはルール・ベースのエキスパート・システムと呼ばれた。そのシステムはユーザーに質問をし、しばしば人間の専門家よりも高い水準で、法律問題に対する回答を提供し、法律文書を作成することができた。1998年、私は、世界初の商業用システムである潜在的損害賠償システム（the Latent Damage System）を共同開発した。それは、時効法の一分野についてこの方法で助言するものであった。このシステムにより、調査時間が数時間から数分に短縮され、対象テーマの専門家であるフィリップ・キャッパー教授は、最終バージョンが自分の能力を上回っていることを高く評価した。しかし、このシステムは、構築と維持にコストがかかりすぎ、法律事務所はほとんど関心を示さなかった。なぜなら、このシステムは、法律業務に要する時間を短縮したが、それは、高額であるにもかかわらずほとんど文句が出ないタイム・チャージの請求が支配的であった時代には魅力的でなかったからである。

　懐疑論者は、AIのこの第一波はほとんどインパクトを与えなかったと言うが、その基礎にある技術は今日でも広く活用されている。たとえば、世界中の自動文書生成システムや、法律事務所が提供するオンライン・リーガル・サービスなどで使われている。

さらに、数十億ドル規模の税務コンプライアンス業界（個人税および法人税）は、この法律分野における AI の第一波に基づいて構築されている。

重要なことは、現在は AI の第二波を迎えており、その開発者は、機械による法的問題の解決方法とは最高レベルの人間の専門家のそれを模倣することだという初期の考えを否定していることである。重要な 3 種類のシステムがある。1 つ目は、膨大な量の法律資料を分析できるシステムであり、「機械学習」と「ビッグ・データ」の世界である。一部のシステムはすでに、専門家弁護士よりも優れた予測を行うことができる。たとえば、Lex Machina は、10 万件を超える過去の訴訟データを利用して、米国特許訴訟の勝訴の可能性を訴訟弁護士よりも正確に予測できると言われている。これに関する一群のシステムは、弁護士により最初に「訓練」や「監督」されたものであり、大量の訴訟資料を検索し、若手の弁護士やパラリーガルよりも関連文書を正確に特定できる。デュー・デリジェンスにも同様の技術が使用されている。これらのシステムは、第 6 章で述べた「破壊的」なものである。

同様に破壊的なものは、2 つ目のシステムで、一見すると知的に質問に答え、問題を解決する（法的質疑応答）。最新の質疑応答は、自然言語処理（第 1 章および第 6 章参照）に関する最近の目覚ましい進展を活用している。質問に回答しているように見えるシステムの例として私が好んで挙げるのは、IBM の Watson である。これは、第 1 章で述べたように、2011年にアメリカのテレビクイズ番組の生放送に登場し、2 人の最強の人間の挑戦者を打ち負かした。システムが、世界中のあらゆることに関する質問に、どのような人間よりも迅速かつ正確に答えてしまうということについてよく考えてほしい。医療分野での Watson の利用の初期の成

264 第3部 若手の法律家の展望

功に啓発されて、多くの法律事務所やリーガル・プロバイダーは、法律分野でも類似の技術を導入することを模索している。

最後に、感情コンピューティングの分野があり、感情を感知し表現できるシステムを提供している。このシステムはすでに、偽の笑顔と本物の笑顔を、人間よりも確実に識別することができる。

機械が人間よりも高い水準で予測を行い、関連文書を特定し、質問に回答し、感情を測ることができる現在、今後数十年のうちに、法律業務を行うのは、人間かシステムかを問うことは、合理的であるだけでなく、非常に重要でもある。

それでも、多くの弁護士は、自分たちの業務が機械に代替されないと頑なに主張している。彼らは、コンピュータは思考や感情を持つことができないので、判断を下したり共感したりすることはできないのだと言う。この主張は通常、ダニエル・サスキンドと私が共著『プロフェッショナルの未来（The Future of the Professions)』で「AIの誤謬」と呼んでいるものに基づいている。それは、機械に優秀な人間の弁護士よりも優れたパフォーマンスを発揮させる唯一の方法は、人間の弁護士の業務方法を模倣することであるという見解である。ここでの誤りは、第二波のAIシステムが、人間の推論を模倣するものではないということを認識していないことである。我々はこのことを、IBMのDeep Blueシステムがチェスの世界チャンピオンのガルリ・カスパロフに勝った1997年に目撃した。Deep Blueは、名人の思考過程の模倣でなく、1秒あたり最大3億3,000万手を検討することにより、勝利を収めたのである。法律分野も同様であり、人間の法律家は、大量のデータを操作できる、圧倒的な処理能力と驚異的なアルゴリズムによって打ち負かされるであろう。

したがって、機械の性能がますます向上すれば、それらは着実

に法律家の仕事を侵食するであろう。最も優秀で才能のある人間の専門家は、長く生き残れるであろう。彼らは、機械が代替できず、また代替すべきでないタスクを行う専門家である。しかし、伝統的な弁護士の集団の雇用を維持できるようなタスクは十分には存在していない。だが、これは法律家にとって差し迫った脅威ではない。少なくとも2020年代は、第16章で説明したように、法律家の仕事は消滅するのではなく再配置が行われ、法律家はさまざまな業務を引き受けることになるであろう。この間に、法律家は、機械と「競争」する（人工知能よりも人間の能力を優先する仕事を探す。）か、機械を「構築」する（新しいリーガル・テクノロジーやシステムの開発・提供に直接関与することを目指す。）という計画を立てるべきである。ただし、かなり長期的に見ると、従来型の弁護士に対する需要がはるかに減少するという結論は避けられないであろう。もしそうであれば、「競争」よりも「構築」のほうが優れたキャリア戦略であり、ビジネス戦略であるといえる。それ以上に、多くの若手の法律家は、時代遅れの慣行を永続させる仕事よりも、古い働き方や業務に代替するシステムの構築に関与する未来に興奮するであろう。

電動ドリルか穴か

　AIについての以上のような一連の議論や弁護士の仕事の一部または多くがAIに代替されるといった話を弁護士や法学生の前ですると、当然ながらかなりの不安と憤りを生じさせる。懐疑論者に対しては、有名な電動工具メーカーについての私のお気に入りのビジネス・ストーリーの１つを紹介することが役立つ。この会社では、入社した新人幹部に研修を受講させるのであるが、そ

の最初に、大画面にスライドが提示される。このスライドはピカピカの電動ドリルの写真で、講師は集まった新人幹部たちに、これは当社が販売しているものかどうかを尋ねる。

新人幹部はこれに少し驚きながら、皆で勇気を出して、「はい、これは確かに当社が販売しているものです。」と答える。これに対し明るく、誰もが分かるように満足感を示しながら、講師は次のスライドに移る。そこには、壁に整然と開けられた穴が示されている。講師は、次のように教える。「これが、実際にお客様が望んでいるものです。お客様が望むものを提供するための、これまで以上に創造的で、想像力に富み、競争力のある方法を見つけることが、新しい幹部としてのあなたたちの仕事です」。

これは法律家にとっての大きな教訓ともいえる。多くのベテラン法律実務家は、自分たちのビジネスの未来を考えるとき、電動ドリル側のメンタルを持つ傾向がある。彼らは「我々は今日何をするか？」と自問し（回答：タイムチャージ・ベースの、一対一のコンサルタント型アドバイザリー・サービス）、それから、「どうすれば、このサービスをより安く、より速く、より良いものにできるか」を問う。彼らが一歩引いて、法律の世界の壁の穴について、先の研修講師のように自問することは非常に稀である。クライアントは、弁護士に依頼するとき、どのような価値、どのような利益を実際に求めているのであろうか。

25年以上の間、私は弁護士にこう質問してきた。「リーガル・サービスの提供における壁の穴は何だろうか」。この質問に対する最良の答えの1つを、世界的な大規模会計税務事務所の1つであるKPMGから間接的に得ることができた。私はミッション・ステートメントなどにあまり興味はないが、KPMGのウェブサイトで、数年前、私が素晴らしいと思う記述を見つけた。「我々

は、クライアントの利益を図るべく我々の知識を価値に変えるために存在しています」。これは、法律家がもたらす価値を見事に表現していると思う。法律家は、クライアントの特定の状況に適用できる知識、専門的知見、経験、洞察、ノウハウ、理解力を持っており、それをクライアントの特定の状況に適用できることを知っている。法律家はクライアントが持っていない知識と経験を有しているのである。

　KPMG は、タイムチャージ・ベースの、一対一のコンサルタント型アドバイザリー・サービスを提供するために存在するとは言っていないことに気づいてほしい。彼らは、彼らの業務のやり方を彼らが提供する価値と混同していないのである。

　KPMG による専門家や法律アドバイザーの役割についての解釈からは、多くの洞察が導かれる。法律家にとっても、最も重要であると私が考えるのは、KPMG のこの解釈から導かれる課題である。我々の知識と専門的知見をクライアントが活用できるようにする新しい革新的な方法を見つけることができたらどうなるであろうか。法律家である我々が、その有する知識や専門的知見を、文書のドラフティングや紛争解決、または健全な法的コンプライアンス実務のクライアントの作業プロセスへの組み込みなどの、幅広いオンライン・リーガル・サービスを通じて利用可能なものにしたら、どうなるであろうか。それによりサービスがより低廉で、負担が少なく、利便で、迅速になれば、「より多くのものをより安く」という課題のプレッシャーを受けているクライアントは、これらのサービスをもろ手を挙げて歓迎するであろう。

　しかし、クライアントは常に彼らが信頼できる人間の弁護士を求めているとよく反論されるが、私の調査によれば、そうでないことが示唆されている。法律問題を抱えている人たちは、信頼で

268　第3部　若手の法律家の展望

きる解決策を望んでおり、問題を確実に解決する方法がオンラインで提供されるのであれば、多くの場合、人間によるサービスに固執することはないであろう。

変化しないことは最もありそうにない未来

　我々は未来を予測することはできないと、深く考えることなしに指摘されることがよくある。これは、想像力が乏しい者、近視眼的な者、怠惰な者に、あらゆる将来の見通しを無意味な憶測として退ける口実を与えているように見える。反対に、私は、具体的な詳細についてまでは無理だとしても、これからの世界の大まかな輪郭の多くを予測できると信じている人たちの側に立つ。

　未来について考える興味深い方法の1つは、現在の状況が持続可能かを検討することである。経済状況、自由化へのシフト、マーケットにおける新しいサービス・プロバイダー、そしてテクノロジーの能力と普及の急激な指数関数的な進化を考えると、現在の法的機関や法曹界が、今後十年間、実質的に変化しないままであると想像することはできない。法律の世界がほとんど変化しないということは、最もありそうにない未来であると私は思う。それなのに、多くの法律事務所、ロー・スクールおよびインハウス法務部門の戦略は、依然として変化が起きないことを前提としている。しかし、実際には、多くのリーガル・マーケットで、現在のモデルは単に持続可能性を失っているだけでなく、すでに破綻している。

　別の視点から法律とリーガル・サービスを見てほしい。法律とリーガル・サービスの中心にあるのは、リーガル・インフォメーション（制定法などの生の法律から、専門家の頭にある深い専門的知

第22章　人工知能と長期的展望　269

見まで）である。ここで一旦立ち止まって、情報について考えて
ほしい。我々は現在、社会の情報基盤の変化を目の当たりにして
いる。これは、1996年に私が導入した用語であり、情報を取得
し、共有し、伝達する主要な手法を指すものである。私は、人類
が4段階の情報基盤を経験したとする人類学者の見解に賛成する。
すなわち、話すことに支配された口伝の時代、文字の時代、印刷
の時代、そしてデジタル・テクノロジーにより情報伝達の可能性
がますます広がっている現在の世界である。おそらく30〜40年
後に、ナノテクノロジー、ロボット工学、遺伝学とテクノロジー
が統合されたときが、第5段階となることに疑いはない。このト
ランスヒューマニズムの時代には、法律や規制の全体がチップと
ネットワークに組み込まれ、それが、我々の業務や、最終的には、
我々の脳内または脳へのリモート・アクセス・システムに埋め込
まれるであろう。これが私の推測である。評論家により、文脈を
無視して容易に誤解される可能性があるため、少し躊躇があるが、
あえてこれを述べている。

　現在、我々は、発展の第3段階から第4段階への、すなわち、
印刷ベースの産業社会からテクノロジー・ベースのインターネッ
ト社会への、移行段階の終盤に近づいている。ここで重要なのは、
社会における情報基盤が、我々の理解する法律の量、その複雑さ、
その変化の頻度、それらについて誰が十分な知識を持って責任あ
る助言ができるかに、大きく影響しているということである。法
律が歴史を通してどのように進化してきたかを調べると、情報基
盤の変化の観点からその変遷を理解することができる。その核心
は、法律は情報ベースであるということである。そして、我々は
情報革命の真只中にいる。法律と法律家の業務が無傷で済むとは
到底考えられない。

この考えに基づき、私は、1996年に『法の未来（The Future of Law）』を書き、本書第15章で説明した法的パラダイムのシフトを予測した。そのシフトにより、リーガル・サービスとリーガル・プロセスに関する私の基本的な仮定の多くまたはほとんどが、テクノロジーとインターネットによる挑戦を受け、代替されるであろうと主張した。それは20年前の予測であったが、私が描いた進行方向が正確であったことが証明されている。ただ、当初の予想からは10年ほど遅れてはいるが。

我々は法律の「プロフェッション」が必要か？

本書で予測する変化は、プロフェッションのサービスの未来についてさらに深い疑問を提起する。なぜ、特定の職業集団が、人間の活動の特定の分野に対し、独占的権利を与えられるのか。たとえば、会計士、医師、弁護士には、それぞれ、法定監査、手術、裁判所での弁護が独占的に認められている。まるである種の社会契約が存在しているかのようである。『プロフェッショナルの未来（The Future of the Professions）』において、私はこれを「大いなる取引」と呼んだ。これは、特定の技能と知識を持つ人たちに、一般人が自分自身で試みるには無謀か危険である仕事を行う権限を与える合意である。したがって、我々はこれらの信頼できるプロフェッションが必要であり、彼らは知識を最新の状態に保ち、その知識を、機密性を保ちながら、手頃な費用で、アクセス可能な方法で利用させる責任を負っている。彼らは、研修や経験を積み、能力と誠実さを持ち合わせ、倫理規範を有しているので、我々は彼らを信頼している。そして彼らは、仲間である人々が尊敬する集団としての評価と名声を享受している。

第22章 人工知能と長期的展望 271

　ただし、このモデルにはいくつかの課題がある。第1に、多く
の社会では、専門的な知識や経験を一対一の伝統的な方法で提供
することに費用的な問題を抱えている。最近の厳しい経済情勢で
は、医療サービス、リーガル・サービス、教育サービスその他多
くのサービスが、大きな負担を強いられている。古いモデルでは、
手頃な価格でアクセス可能なサービスを、簡単には提供できない
のである。

　このモデルに対する第2の課題は、知識と経験を提供するため
の新しいチャネルが開発されたことである。これがデジタル・テ
クノロジーである。本書全体を通じて指摘しているように、一般
の人々は、たとえば、オンライン・リーガル・ガイダンス・シス
テム、自動文書生成システム、法的経験の交流コミュニティなど
を通じて、弁護士の見解や経験にアクセスすることが可能である。

　プロフェッションに対する第3の課題は、きわめて重要な問題
の核心に迫っている。すなわち、変化に反対する人たちの動機で
ある。本書の冒頭にあるクレイ・シャーキーの言葉を借りると、
自分たちが解決しなければならない問題を存続させようとするの
は、プロフェッションのリーダーとその組織である。もっと俗な
言い方をすれば、七面鳥はクリスマスを早めることに賛成しない。
現状維持の恩恵を受けている人たちほど、保守的で反動的な人は
いない。この考え方が、ジョージ・バーナード・ショーに有名な
「すべてのプロフェッションは素人に対する陰謀である。」という
台詞を書かせたことに、疑いの余地がない。

　これを少し異なる視点で表現してみよう。私が見るところ、法
曹界には、2つの明確な陣営（およびその間にいくつかのもの）が
ある。慈悲深いカストディアンと嫉妬深いガードマンである。慈
悲深いカストディアンとは、ここで述べているプロフェッション

のコンセプトに合致し、法律を発展させ、それを社会の構成員が利用しやすくアクセス可能なものにすることを義務とみなしている人たちである。彼らは一般の人たちと法律の間のインターフェースであり、ユーザー・フレンドリーになるよう努めている。これに対して、嫉妬深いガードマンは、それが本当に弁護士の経験を必要とするものかどうかを問わずに、そしてこの準保護主義がリーガル・サービスの費用や利用しやすさにどういった影響を与えているかをほとんど考慮せずに、法律実務分野を囲い込み、それを独占的な保護区にしようとしている。米国において、弁護士が、市民を支援するオンライン・リーガル・サービスに反対し、プロバイダーが禁止されている法律業務に従事していると主張するときは、この2番目の陣営による活動である場合が多い。司法アクセスとクライアントの利益の保護を常に念頭に置いているという彼らの主張の不誠実さに、私は身震いする思いである。実際、多くの者にとって、主な関心事は、自分自身のことと、収入や自尊心への脅威なのである。

あなたのミッション

　明日の法律家であるあなたには、慈悲深いカストディアンのマントを受け継ぎ、クライアントの利益のために弁護士が真に守るべき法的活動の領域において、あなた自身と社会に正直であってほしい。その上で、自分たちのためではなく、社会の利益のために法律に携わってもらいたい。リーガル・サービスが、公正に判断して、テクノロジーを活用した非弁護士向けのセルフサービスとして、責任を持って確実に提供できる場合、司法アクセスの向上を称賛し、あなたの創造的で起業家的な才能を活用して、あな

たの法律知識と経験がクライアントに独自の価値をもたらす他の方法を見つけてほしい。

　私は法律家によく注意喚起するのだが、病気が医師の生活を支えるために存在するのではないのと同じように、法律は、法律家の生活を支えるために存在するのではない。法律家に仕事をさせることが法律の目的ではない。法律家が担う目的は、社会が必要とする法律の支援を行うことである。

　シリコンバレーのコンピュータ科学者であるアラン・ケイ[8]は、これとは異なるが関連する指摘をしている。彼はかつて「未来を予測する最良の方法はそれを発明することである。」と言った。これは、明日の法律家への力強いメッセージである。リーガル・サービスの未来は、すでにそこにあり、事前に定義され、これから展開されるのを待っているのではない。私やリーガル・サービスのトレンドを追う評論家に、多くのベテラン法律家には見えない未来が見えると言うつもりはない。比喩的に言えば、私はビュッフェを提供しているだけである。つまり、法律家やその他のリーガル・サービス・プロバイダーが選択するかもしれないし、しないかもしれない一連の可能性のある選択肢を提示しているのである。

　ここに明日の法律家を大いに刺激するものがある。これまでにないほど、次世代のリーガル・サービスの形成に参画するチャンスが存在している。そのようなチャンスを探求していくにあたり、あなたは、ほとんどのベテラン弁護士が手助けにならないと気づくであろう。あなたの先輩の多くは、反動的ではないとしても、警戒的で、保身的で、保守的になりがちである。彼らは変化に抗

8　コンピュータの初期の時代に、「パーソナル・コンピュータ」、「ダイナブック」、「コンピュータ・リテラシー」などを提唱した。

い、賞味期限がはるかに過ぎているにもかかわらず、伝統的な業務のやり方にしがみつこうとするだろう。

実際に、あなたは、孤独だと感じるかもしれない。しかし、私は、あなたにも、「司法をアップグレードさせる」ことに尽力している人々の現在進行中の運動に共に参加し、テクノロジーを活用して、我々の最も重要な社会制度である法律の新しい道を切り開いてほしい。

参考文献

リーガル・サービスの未来に関する文献は急速に増えている。この短い参考文献リストには、本文で明示的に言及されている文献と、この分野をさらに深く掘り下げたい読者に推奨する書物、論文、情報源が含まれている。本書で言及されているすべての法律事務所、法律事業者、公開レポート、およびオンライン・サービスに関する資料は含まれていない。これらは、インターネットで簡単に見つけることができる。

出版物

American Bar Association Commission on the Future of Legal Education, *Principles for the Future of Legal Education and Licensure in the 21st Century* (Chicago: American Bar Association, 2020).

Armour, J. and Sako, M., 'Lawtech: Levelling the Playing Field in Legal Services?' (21 April 2021). Available at SSRN: <https://ssrn.com/abstract = 3831481 >.

Baker, S., *Final Jeopardy: Man vs. Machine and the Quest to Know Everything* (New York: Houghton Mifflin Harcourt, 2011).

Beaton, G. and Kaschner, I., *Remaking Law Firms* (Chicago: American Bar Association, 2016).

Benkler, Y., *The Wealth of Networks* (New Haven: Yale University Press, 2006).

Black, N., *Cloud Computing for Lawyers* (Chicago: American Bar Association, 2012).

Bull, C., *The Legal Process Improvement Toolkit* (London: Ark, 2012).

Canadian Bar Association, *Futures: Transforming the Delivery of Legal Services in Canada* (Ottawa: Canadian Bar Association, 2014).

Chambliss, E., Knake, R.N., and Nelson, R.L., 'What We Need to Know About the Future of Legal Services' (2016) 67(2) *South Carolina Law*

276　参考文献

Review 193.

Chan, K.W. and Mauborgne, R., *Blue Ocean Strategy* (Boston: Harvard Business School Press, 2005).

（入山章栄監訳、有賀裕子訳『〔新版〕ブルー・オーシャン戦略——競争のない世界を創造する』〔ダイヤモンド社、2015年〕）

Christensen, C., *The Innovator's Dilemma* (Boston: Harvard Business School Press, 1997).

（玉田俊平太監修、伊豆原弓訳『イノベーションのジレンマ——技術革新が巨大企業を滅ぼすとき〔増補改訂版〕』〔翔泳社、2001年〕）

Civil Justice Council (Online Dispute Resolution Advisory Group),*Online Dispute Resolution for Low Value Civil Claims* (London: Civil Justice Council, 2015).

Cohen, M.A., ' "New Law?": You Ain't Seen Nothing Yet', *Forbes*, 31 May 2022, available at <<https://www.forbes.com/sites/markcohen1/2022/05/31/new-law-you-aint-seen-nothin-yet/?sh= 7ed4eb4f104e> (accessed 9 August 2022).

Croft, J., 'Why Are Investors Pouring Money into Legal Technology', *Financial Times*, 28 July 2022, available at <<https://www.ft.com/content/b6f0796e-0265-40c6-ad4c-a900cd788c39> (accessed 9 August 2022).

Dershowitz, A., *Letters to a Young Lawyer* (New York: Basic Books, 2001).

DeStefano, M., *Legal Upheaval* (Chicago: American Bar Association, 2018).

Dutton, W. and Blank, G., *Cultures of the Internet: The Internet in Britain, Oxford Internet Study 2013* (Oxford: Oxford Internet Institute, 2013).

Faure, T., *Smarter Law* (New York: Thomson Reuters, 2018).

Galbenski, D., *Unbound: How Entrepreneurship is Dramatically Transforming Legal Services Today* (Royal Oak: Lumen Legal, 2009).

Goldsmith, M., *What Got You Here Won't Get You There* (New York: Hachette, 2021).

（斎藤聖美訳『コーチングの神様が教える「できる人」の法則』〔日

経ビジネス人文庫、2024年〕）

Grossman, M. and Cormack, G., 'Technology-Assisted Review in E-Discovery Can be More Effective and More Efficient Than Exhaustive Manual Review' (2011) XVII(3) *Richmond Journal of Law and Technology* 1.

Hagan, M., 'Participatory Design for Innovation in Access to Justice' (2019) 148(1) Daedalus 120.

Harper, S.J., *The Lawyer Bubble* (New York: Basic Books, 2013).

Haskins, P.A. (ed.), *The Relevant Lawyer* (Chicago: American Bar Association, 2013).

Kafka, F., *The Trial* (Harmondsworth: Penguin, 1983).
（辻瑆訳『審判』〔岩波文庫、1966年〕）

Katsh, E. and Rabinovich-Einy, O., *Digital Justice: Technology and the Internet of Conflict* (New York: Oxford University Press, 2017).

Katz, D.M., Bommarito, M.J., and Blackman J., 'Predicting the Behavior of the Supreme Court of the United States: A General Approach' (21 July 2014), available at SSRN: <http://ssrn.com/abstract = 2463244 >.

Kimbro, S., *Limited Scope Legal Services: Unbundling and the Self-Help Client* (Chicago: American Bar Association, 2012).

Kowalski, M., *Avoiding Extinction: Reimagining Legal Services for the 21st Century* (Chicago: American Bar Association, 2012).

Kowalski, M., *The Great Legal Reformation* (Bloomington: iUniverse, 2017).

Kurzweil, R., *The Singularity is Near* (New York: Viking, 2005).
（『シンギュラリティは近い〔エッセンス版〕——人類が生命を超越するとき』〔NHK出版、2016年〕）

Jacob, K., Schindler, D., and Strathausen, R., *Liquid Legal* (Berlin: Springer, 2017).

JUSTICE, *What is a Court?* (London: Justice, 2016).

Kohlmeier A. and Klemola M., *The Legal Design Book* (published by authors, 2021), available at <https://legaldesign-book.com/>

278　参考文献

(accessed 9 August 2022).

Law Society of England and Wales, *The Future of Legal Services* (London: The Law Society, 2016).

Legal Services Board, *Understanding Consumer Needs from Legal Information Sources* (London: LSB, 2012).

Levitt, T., 'Production-Line Approach to Service' (1972) (September–October) *Harvard Business Review* 41.

Levitt, T., *Thinking about Management* (New York: The Free Press, 1991).

Levitt, T., *Marketing Myopia* (Boston: Harvard Business School Publishing Corporation, 2008).
（有賀裕子＝ DIAMOND ハーバード・ビジネス・レビュー編集部訳『マーケティング論』〔ダイヤモンド社、2007年〕第 1 章「マーケティング近視眼」）

Levy, S., *Legal Project Management* (Seattle: DayPack, 2009).

Lightfoot, C., *Tomorrow's Naked Lawyer* (London: Ark, 2014).

Maharg, P., *Transforming Legal Education* (Aldershot: Ashgate, 2007).

Morgan, T., *The Vanishing American Lawyer* (New York: Oxford University Press, 2010).

Mountain, D.R., 'Disrupting Conventional Law Firm Business Models Using Document Assembly' (2007) 15(2) *International Journal of Law and Information Technology* 170.

Newton, J., *The Client Centered Law Firm* (Vancouver: Blue Check Publishing, 2020).

Paliwala, A. (ed.), *A History of Legal Informatics* (Saragossa: Prensas Universitarias de Zaragoza, 2010).

Parsons, M., *Effective Knowledge Management for Law Firms* (New York: Oxford University Press, 2004).

Paterson, A., *Lawyers and the Public Good* (Cambridge: Cambridge University Press, 2012).

Pink, D., *A Whole New Mind* (London: Cyan, 2005).

Rainey, D., Katsh, E., and Wahab, M. (eds), *Online Dispute Resolution: Theory and Practice* (2nd edn, The Hague: Eleven International, 2021).

Regan, M. and Heenan, P., 'Supply Chains and Porous Boundaries: The Disaggregation of Legal Services' (2010) 78 *Fordham Law Review* 2137.

Resnik, J. and Curtis, D., *Representing Justice* (New Haven: Yale University Press, 2011).

Rhode, D.L., *The Trouble with Lawyers* (New York: Oxford University Press, 2015).

Sako, M., *General Counsel with Power?* (Oxford: Said Business School, 2011), available at <http://www.sbs.ox.ac.uk/>.

Schroeter, J. (ed.), *After Shock* (Chicago: Abundant World Institute, 2020).

Staudt, R.W. and Lauritsen, M. (eds), 'Justice, Lawyering and Legal Education in the Digital Age' (2013) 88(3) *Chicago Kent Law Review* 879.

Susskind, R.E., *Online Courts and the Future of Justice* (Oxford: Oxford University Press, 2019; paperback edn, 2021).

Susskind, R.E., *The End of Lawyers?* (Oxford: Oxford University Press, 2008; paperback edn, 2010).

Susskind, R.E., *The Future of Law* (Oxford: Oxford University Press, 1996; paperback edn, 1998).

Susskind, R.E., *Transforming the Law* (Oxford: Oxford University Press, 2000; paperback edn, 2003).

Susskind, R.E. and Susskind, D.R., *The Future of the Professions* (Oxford: Oxford University Press, 2015; paperback edn, 2022).
（小林啓倫訳『プロフェッショナルの未来――AI、IoT時代に専門家が生き残る方法』〔朝日新聞出版、2017年〕）

Tamanaha, B., *Failing Law Schools* (Chicago: University of Chicago Press, 2012).
（樋口和彦＝大河原眞美訳『アメリカ・ロースクールの凋落』〔花伝

社、2013年〕)

Tellman, P., *Building an Outstanding Legal Team* (Woking: *Global Law & Business*, 2017).

Tromans, R., 'Artificial Lawyer', available at <<https://www.artificiallawyer.com/> (accessed 9 August 2022).

Woolf, Lord, 'Access to Justice—Interim Report and Final Report' (Woolf Inquiry Team, June 2005 and July 2006), available at <http://www.justice.gov.uk/>.

訳者あとがき

リチャード・サスキンド理論の
日本のリーガル・インダストリーへの適用

1　翻訳を終えて

　本書は、英国法律研究者の泰斗リチャード・サスキンド（Richard Susskind）氏による *Tomorrow's Lawyers: An Introduction to your Future. 3rd edition*（Oxford: Oxford University Press, 2023）の邦訳である。

　私が最初に本書に出会ったのは、今から5年ほど前に第2版が刊行されていたときである。読後のインパクトは計り知れないものであり、遠い昔の学生時代に未来学者のアルビン・トフラーの一連の作品を読んだときに匹敵するような衝撃を受け、少しでも多くの同業者と共にこれからの弁護士像を考えてみたいと思い、自分の身の丈もわきまえずに、本書の翻訳を思い立った。そこで、旧知のイングランド＆ウェールズ・ロー・ソサエティのサイモン・デービス会長（当時）を通じてリチャード（尊敬を込めてこう呼ばせていただく）を紹介していただき、メールを通じて直接リチャードから翻訳の了解をもらった。そして、3年ほど前に本書の第2版の翻訳の第1稿がほぼできた段階で、株式会社商事法務に相談したところ、幸いにも前向きなご返事をいただいた。そこで、同社から版元のオックスフォード大学出版社に問い合わせてもらったところ、なんとリチャードは本書の第3版を現在執筆中であるとのことで、その出版を待ってそれを翻訳することにした。

一昨年春に第3版が出版され早速入手したところ、50%近くページ数が増え、その後私の仕事の関係もあり、翻訳が大幅に遅れた。この間、出版をご期待いただいていた方々には長らくお待たせして非常に申し訳ないと感じている。

　本書の価値は、司法に携わっているまたは司法に関心のある方であれば、一読していただければわかるであろう。多くの斬新なアイデアが詰まっている。特に、第7章「グリッド」は第3版で新たに挿入された章であるが、世界のリーガルテック関係者の多くがリーガルテックのカオスマップを論じているのに対し、グリッド図という分かりやすい構成で4つの特質からリーガルテックを整理し、かつその歴史的発展を未来も含めて論じあげている。テクノロジーのリーガル・インダストリーに対する影響に関するリチャードの洞察は他の追随を許さないものがあり、その内容に私が口を出すところは何もない。

　しかしながら、本書の説くところがそのまま日本のリーガル・インダストリーに適用されるかについては異論も想定される。ABS（Alternative Business Structure）は日本ではまだ認められていないし、弁護士事務所間のリーガルテックを取り入れた業務の競争も本書で述べられているような範囲・規模ではまだ起きていない。しかしながら、私は本書の内容は、日本のこれからのリーガル・インダストリーにも適用されるべき点が多いと考えている。私が本書を翻訳しようと決心した理由はそこにもある。そこで、真に僭越ではあるが、リチャード理論の日本における適用の試論を述べさせていただく。ここでは、本書の内容から直截に想定される適用ではなく、いわば、本書を通じてリチャードが表現していると私が考える彼のスピリッツが適用される範囲を私の試論として示したい。

2 日本のリーガル・インダストリーの現状

　日本では2001（平成13）年に公表された「司法制度改革審議会意見書」に基づき、次々と司法制度改革が進められた。その影響は計り知れないものがあり、司法制度改革前から弁護士をしていた私も日本の弁護士業としてのリーガル・インダストリーが刻一刻と変化していることを肌で感じていた。その変化の一部をデータを用いてここでご紹介する。

　残念ながら司法制度改革の進行中に日本の裁判数は減少に転じており、現在、事件数はピーク時の約2／3程度である〔表1〕。

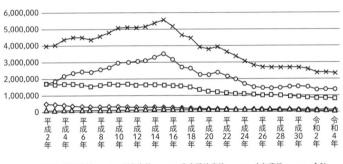

〔表1〕平成以降の新受事件数の推移（司法統計年報のデータから訳者が作成）

　一方で、司法制度改革により司法制度改革の新たな制度（法科大学院）を経て弁護士となった司法修習新60期が弁護士登録し、2008（平成20）年以降の弁護士数は大幅な増加に転じ、その結果、弁護士一人当たりの事件数が大幅に減少し、その減少傾向は未だ

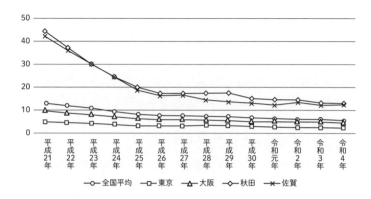

〔表2〕弁護士一人当たりの地方裁判所の民事裁判年間新受事件数と家庭裁判所の調停年間新受事件数の合計の推移（弁護士白書のデータから訳者が作成）

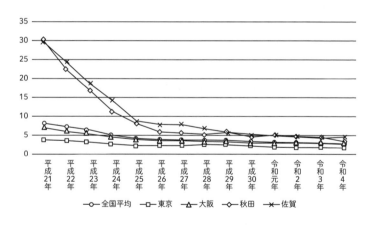

〔表3〕弁護士一人当たりの地方裁判所の民事裁判年間新受事件数の推移（弁護士白書のデータから訳者が作成）

に均衡状態にはない（〔表2〕および〔表3〕：弁護士白書のデータは平成21年分から公表されているが、平成21年分が公表された際に、弁護士一人当たりの事件数の少なさの1位および2位の東京および大阪と、事件数の多さの1位および2位の秋田および佐賀のデータを利用している）。

　一般の人が代表的な弁護士のイメージとして持つ民事裁判事件数についていえば、現在、弁護士一人当たりの受任可能な地方裁判所の民事裁判事件の年間事件数は〔表4〕のとおりである。これは、弁護士一人当たりの事件数に、地方裁判所の1事件に弁護士が関与する関与率〔表5〕を乗じて計算した数字である。

	全国平均	東京	大阪	秋田	佐賀
事件数	2.8	1.7	2.7	3.4	4.6
関与可能事件数	3.8	2.3	3.7	4.6	6.2

弁護士関与率　135.4%

〔表4〕令和4年度の弁護士一人当たりの受任可能な地方裁判所の民事裁判事件の年間事件数（訳者作成）

	事件数	関与弁護士数
事件総数（A）	137,596	
双方代理人	58,946	117,892
原告側	64,522	64,522
被告側	3,953	3,953
附弁護士事件総数	127,421	
関与弁護士合計（B）		186,367
弁護士関与率（B/A）		135.4%

〔表5〕地方裁判所事件弁護士関与率（令和4年度司法統計年報表23から訳者が作成）

286　訳者あとがき

　多くの弁護士が集中している東京についていえば、令和4年における、弁護士一人当たりの平均の年間受任可能な地方裁判所の民事事件数は2.3件であり、仮に弁護士人生40年と考えても、東京の弁護士は平均生涯取扱い民事裁判事件数が100件を割る状況にある。もちろん、東京で登録している弁護士の中には、インハウス弁護士として訴訟事件をほぼ担当しない弁護士や、大手法律事務所で訴訟外の業務に携わっている弁護士も多くいて、この数字が実際の訴訟業務を行っている弁護士の取扱事件数とは直結するものではない。しかしながら、理論値としても、この数字のインパクトは非常に大きいものであろう。

　ただし、一人当たりの事件数がここまで減少傾向にありながら、多くの新規登録弁護士は東京や大阪などの大都市に集中する傾向にある。それは、大都市で裁判業務以外の業務の発展が著しいからという以外に説明がつかないような状況である。

3　弁護士および弁護士に対するマインドセットの転換

　上記の減少を率直に受け入れるのであれば、弁護士業というリーガル・インダストリーに対する弁護士自身および社会のマインドセットは転換を迫られているといってよいのではないか。すなわち、これまでは、弁護士といえば、裁判で当事者を代理する者というイメージが強かったのではないか〔図1〕。このイメージが現実から大きく乖離し始めているのである。

　これはリチャードの、イングランドでは司法において1870年以来大きな変化がなかったという記述を彷彿させる (p. iv)。そして、リチャードは序論においても、今後短期間に生じる変化は過去200年間で経験したことがない革命的な変化であると予測して

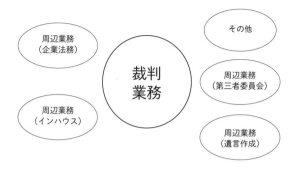

〔図1〕訳者が考えるこれまでの弁護士業務のイメージ

いる (p.1)。

　リチャードが本書で述べる司法の変革は主にテクノロジー中心であるが、日本では、これに加えて、弁護士が提供するリーガル・サービスの内容の変化も含まれるであろう。リチャードは「これまでと異なる業務のやり方」（第5章）を中心に検討を進めるが、我々はこれに加えて司法制度改革の影響による「新しい業務内容」の変化にも取り組んでいかなければならない時代に入っているのではないか。もちろん、理論的には、弁護士業はこれまでと同様に裁判業務中心であるべきであるという意見もあろう。弁護士数をこれまでと同様に増加していけば、やがて弁護士業というリーガル・インダストリーが崩壊するので弁護士数の増加にブレーキをかけるべきだという主張はこの意見と親和性を持つ。

　しかしながら、一方で前述のとおり、弁護士が集中している大都市では弁護士業というリーガル・インダストリーが破綻しているかといえばそのようなことはなく、むしろ、隆盛している新しい分野が数多くある。少なくとも司法制度改革が目指したものは、こういった新しいリーガル・サービスの誕生および発展という革

命的な変化であったと私は理解している。もちろん、それはさまざまな弊害も生じさせるであろう。しかし、大事なことは、テクノロジーを活用して、司法をアップグレードさせ、我々の最も重要な社会制度である法律の新しい道を切り開いていくというリチャードのスピリッツ（p.272〜）を共有し、そういった弊害を法曹業界が全体として力を合わせて克服し、新しい司法を生み出すことではないか。その意味では、司法制度改革は今も進行中であるといえよう。

4　新しい弁護士像の試論

(1)　弁護士の価値向上

　上記のデータによると、日本全国平均でも、令和4年度の弁護士一人当たりの地方裁判所の民事裁判新受事件数および家庭裁判所の家事調停新受事件数は共に2.8件であり、特別な紛争形態でも生まれない限り、今後も減少していくことが予想される。この数字は、弁護士全体の裁判サービス供給能力を大きく下回っていると判断してよいだろう。裁判業務だけに弁護士業を集中すれば、弁護士の能力の十全な発揮ができない。

　この状況を打破する手段のヒントとして、バリュー・エンジニアリングのテクニックを借用したい。バリュー・エンジニアリングでは、下記の公式が使われる。

V（バリュー：価値）＝F（ファンクション：機能）／C（コスト：費用）

　弁護士一人当たりの裁判事件数が減少しているということは、弁護士一人当たりのF（機能）が減少していることであり、その結果、弁護士一人当たりのV（価値）も減少してしまう。しかし、

それでは弁護士業としてのリーガル・インダストリーが一人当たりの事件数の減少に応じて全体として縮小しているかといえば決してそのような状況にはない。司法制度改革後に誕生した弁護士は、現在、総弁護士数の過半数を占めるが、彼ら・彼女らの業務が全体として衰退傾向にあるかといえばそうではない。たとえば、インハウス弁護士は司法制度改革後に大幅に増加したが、彼ら・彼女らの提供するリーガル・サービスは裁判代理ではない。また、企業法務全体についていえば、新進気鋭の弁護士により、数多くの分野が細分化され深く研究され専門化し、その裾野は司法制度改革以前とは比べ物にならないくらいに広がっている。弁護士業界全体としてみれば、裁判業務に集中していたら供給過剰となり利用されずにいた能力が、新しい分野の開拓に活用されているといえるのではないか。すなわち、司法制度改革後に生まれた多くの若い弁護士が、弁護士業としてのリーガル・インダストリーに、次々と新しいＦ（機能）を創造して、弁護士のＶ（価値）を高めているのではないか。裁判事件数の文脈ではないが、リチャードも「伝統的なサービスが次第に少なくなるとすれば、法律家は、より多くの専門分野を持つことで能力を拡張することが求められる」（p.197~198）と述べている。

この新しいＦ（機能）は、弁護士業を裁判（以下、調停も含む）代理中心に考えているとなかなか生まれてこない。伝統的に弁護士の広告は、裁判事件を求めるものであった。司法制度改革前の弁護士過少状況（すなわち、〔表３〕における平成21年以前の裁判事件過剰状態）では、裁判代理をしますと広告すれば依頼者が集まってきた。しかも、その広告も制限されていた。これは、リチャードも本書で引用しているセオドア・レビットの言葉（ただし、この言葉は本書では引用されていない）でいうところの Selling

（自分の持っている商品・サービスを売る）である。しかし、一人当たりの事件数が減少している現在において、Selling では弁護士の能力を十分に生かせない。そこで必要なのが、これまでの裁判事件過剰状況ではすくい上げられていなかった新しいリーガル・サービスの発掘、創造である。これは、依頼者のニーズがどこにあるかを研究し特定し、そのニーズに合ったサービスを提供することであり、レビットの言葉で Marketing と呼ばれているものである。弁護士業は、Selling の時代から Marketing の時代に突入しているといえるであろう。そして、依頼者のニーズがどこにあるかを考えるのが「デザイン思考」である。リチャードは、第3版で、法律家の新しい仕事の筆頭に、「リーガル・デザイン思考家」(p.194) という新しい概念を導入した。これはテクノロジーに限ったものでなく、広く弁護士業務全体にデザイン思考を取り込むべきであることをリチャードも否定しないであろう（ドン・ノーマン著、安村通晃ほか訳『より良い世界のためのデザイン──意味、持続可能性、人間性中心』〔新曜社、2023年〕参照）。

　リチャードは本書全体を通じて、「新しい業務のやり方」を修得するために、複数の専門分野をそれぞれの分野に敬意をもって真剣に身につけることを推奨している。しかし、それは「新しい業務のやり方」に限らず、「新しい業務内容」についてもいえることであろう。明日の法律家は、リチャードが本書で示唆してくれたスピリッツを手掛かりに、大いに努力して価値向上に取り組む必要があるのではないか。

⑵　新しい弁護士像のイメージ

　それでは、新しいリーガル・サービスの創造に努力する司法制度改革後の弁護士たちはどのようにイメージできるであろうか。

〔図2〕「社会システムのデザイナー」というイメージ

これは、弁護士業界内部だけの問題ではなく、新しいリーガル・サービスを社会に認識してもらうためにも非常に重要な問題である。

私は、この点について、ハーバード・ロー・スクールのロン・フラー教授の「社会構造の建築家としての弁護士(the lawyer as an architect for social structures)」(The Principles of Social Order: Selected Essays of Lon L Fuller, Hart Pub Ltd 2002)という考えをベースに、リチャードが示唆したデザイン思考も加味した「社会システムのデザイナー」というイメージを提案したい。その構造は、〔図2〕のとおりである。

① 拡張された紛争解決機能

このイメージのベースは、弁護士業務の基本である紛争解決である。一人当たりの裁判事件数が減少しているとしても、弁護士のこの機能は司法制度の根幹であり、常にそのベースでなければならない。

市民が自律的人格者として社会から認識され尊重され、幸福な人生を享受するには、紛争が生じたときには、基本的人権・社会

正義・公正性に基づき、法律に従い、自己の権利利益を十全に主張・立証したうえで、公平な第三者により、平和的に解決されることが必要である。そうであれば、結果が自己の意図したものではなくとも、紛争当事者はその結果を受け入れ、仮に受け入れられないものとしても、物理的な実力行使ではなく民主主義の過程を通じた社会変革活動などに向かっていくのである。そして、この紛争の平和的な解決こそが社会秩序を維持し、社会生活をサステナブルなものとする法の支配なのであり、この法の支配を実現するのが、「社会的共通資本」（宇沢弘文『社会的共通資本』〔岩波新書、2000年〕）としての司法であり、だからこそ、司法アクセスがSDGs 16-3として要求されていると考える。また、社会システムのデザインにしても、紛争とは社会システムの不具合ともいえ、紛争の制御・回避も目的としたより優れたデザインをするには、紛争解決の経験を重ね、どこで紛争の原因が生じるかを洞察する能力が要求される。

　現代においては、この紛争解決が従来の裁判所での解決を超えたさまざまな解決方法とそれに関連するリーガル・サービスを生み出している。たとえば、伝統的な一対一の紛争（原告と被告の間の紛争）においても、本書で指摘する伝統的な裁判所のサービスの変化（第12章、第13章）のほかに、これまで弁護士の支援がない（従来型のフルコミット型の裁判代理が費用的に合わない）か十分に及んでいなかった少額事件などに関する新しい紛争解決手段としてのODRなどが紹介されている（第14章）。日本でも少額事件において、弁護士の支援が十分でないことは、〔表6〕のとおりである。実に、簡易裁判所では、8割近くの事件が双方当事者本人訴訟である。1事件当たりの弁護士関与率も、地方裁判所と比較すると6分の1と低い。日本でもリチャードが指摘した紛争

		事件数	関与弁護士数
総数（A）		365,928	
双方附代理人	双方弁護士	18,279	36,558
	原告弁護士 被告司法書士	154	154
	原告司法書士 被告弁護士	2,064	2,064
	双方司法書士	98	
一方附代理人	原告弁護士	24,680	24,680
	原告司法書士	7,399	
	被告弁護士	19,719	19,719
	被告司法書士	4,178	
当事者本人（B）		289,357	
関与弁護士合計（C）			83,175
双方当事者本人率（B／A）			79.1%
事件一件当たり（C／A） 弁護士関与率			22.7%

〔表6〕簡易裁判所事件弁護士関与率（令和4年度司法統計年報表23
　　　から訳者が作成）

解決のバリエーションが求められている可能性があるといえるで
あろう。

　また、本書でのテーマではないが、紛争が一対一の関係から、
相手方が不明の紛争（たとえば、SNS上での匿名の営業妨害や名誉
毀損）や一対多の関係の紛争（たとえば、社会またはステークホル
ダーを相手とした企業不祥事）など紛争が多様化し、それに伴う解
決方法も多様化し（第三者委員会は一対多の紛争の一種の解決方法
ともいえる）、専門化しつつある。こういった紛争にも、弁護士
が適切に関与し、紛争が平和裏に合理的に解決されることが法の

支配にとって非常に重要である。

② 社会システムのデザイン

社会システムはルールという規範により確立される。明日の弁護士は、紛争解決経験に基づき、この社会システムのルールの策定に積極的にその才能を注ぐべきであろう。フラー教授が比喩として用いた建築家を例にすれば、どこに不具合（紛争）が生じるかを理解していなければ、良い建物（社会システム）は設計できないのである。また、ルール策定の際には、リチャードが言うようにリーガル・ナレッジが組み込まれるべきであり（p.73）、そのリーガル・ナレッジは単なる法律の内容に限定されず、SDGsやESGに代表される、法律のベースにある基本的人権・社会正義・公正性なども組み込まれていく必要があろう。社会システムのルール策定では、弁護士等の法律家以外にも多くの者が参画可能であろうが、弁護士としての競争力、差別化要因は、圧倒的な紛争解決経験と基本的人権・社会正義・公正性などの感覚であろう。

社会システムのルールは、文章化されるケースが多い。企業でいえば、内部規則や契約である。欧米では、契約の際に、弁護士（インハウスか外部の法律事務所かは問わない）が交渉に立ち会うのは、至極普通の風景である。個人生活においても、さまざまな契約・システム（婚姻、子どもの保護、高齢者の財産管理その他）で今まで以上に弁護士が関与したデザインが必要となるであろう。さらには、地域社会生活におけるシステムのデザイン（地方議員）や国家システムのデザイン（国会議員）にも弁護士が取り組んでいかなければならない。

弁護士は、紛争解決に加えて、社会システムのデザインにもその能力発揮の活路を見い出し、人権が守られ、公正かつ公平な社

会創造に積極的にコミットしていく必要があろう（弁護士法1条2項参照）。そして、それをクライアントをはじめとする社会全体に理解してもらい、新しい弁護士像を作り上げていく努力が必要であろう。そういった新しい弁護士像が社会において正当に認識されれば、現在陰りを見せている弁護士の魅力の復活も期待できるのではないか。

(3) 企業法務の未来像

本書では、企業法務にかなりの重点が置かれている。私の実感としても、前述の新しい弁護士業務は、主に企業法務が中心となって進化しており、ビジネスとして成立している。第三者委員会などの訴訟以外の紛争解決手段は、企業などの組織の不祥事のケースで隆盛しているし、社会システムのデザインであっても、人権デュー・デリジェンス（基本的人権）、ESG経営（公正性）など、弁護士の持つ能力・感覚の多くが求められてきている。

この点、本書全体を通じたリチャードの指摘を理解するために、私は企業法務を次のように整理したい〔表7〕。弁護士のすべての企業法務が必ずこのいずれか1つに当てはまるとは言わないが、大まかな考え方のフレームワークは示していると思っている。

	インハウス弁護士	外部弁護士
大企業	ジェネラリスト （一部スペシャリスト）	スペシャリスト
中小企業	いない （いる場合は、上列に準ずる）	ジェネラリスト

〔表7〕企業法務マトリックス

インハウス弁護士がいない中小企業については、いわゆる伴走

型支援（典型的には顧問契約）を目指すのであれば、費用対効果の関係から、ジェネラリストとなり、提供できるリーガル・サービスに紛争解決以外のF（機能）を付加して（ここに弁護士自身のマインドセットの転換が求められている）、V（価値）を高めてアプローチしていく必要があろう。その際に、キーとなるのは、リチャードが言う通り「クライアントは、弁護士に依頼するとき、どのような価値、どのような利益を実際に求めているのであろうか」（p.266）である。中小企業から裁判代理の依頼を受ける場合は、この答えは明確である。しかし、現在巷で言われているように、中小企業に寄り添った伴走型支援を志向するのであれば、裁判代理業務以外に、中小企業の経営者が喜んで弁護士に報酬を払うインセンティブは何かを考えなければならない。私自身は、これを企業の成長に資するリーガル・アドバイスと捉え、これを「成長法学」と命名して、所属弁護士会の委員会で若手弁護士たちとこれを研究している。企業のリーガル・リスク・マネジメントについては、本書各所で述べられている（p.107、142等）が、弁護士のリーガル・アドバイスは、リスク回避だけでなく、ビジネス・チャンスの確保にも向けられている。私は、これをリーガル・チャンス・マネジメントと呼び、両者を包括して、リーガル・マネジメントと呼んでいる。折しも、リチャードも同様に、リーガル・マネジメント・コンサルタントという概念を提唱している（p.204）。この企業の成長に寄り添い、ビジネスチャンスにもリーガル・アドバイス（詳しく述べる余裕はないが、典型的には、契約支援。ただし、契約書作成のチェックだけでなく、プロジェクトの企画、規範化（契約書の作成）、契約締結後の実行を含めた、契約実務に関する一連の流れに関与することを、我々は目標としている）をするためには、クライアントのビジネスに対する広く深い洞察

が必要となる。リチャードが言う通り、「法的問題はより広いビジネスの文脈から生じ、その大きな構造から離れるべきではない」(p.185) のである。そのためには、持続的に研鑽を積んでいかなければならない。

これに対し、インハウス弁護士を擁する大企業のリーガル・サービスについては、外部事務所のリーガル・サービスがリーガル・ナレッジとして内部でデータ化されるにつれて、30年ほど前にはジェネラル・コーポレートとして分類されていたようなリーガル・サービスが内製化され、インハウス法務部門自体が、ジェネラル・コーポレート・サービスを提供していた外部法律事務所に代替していく可能性がある（これは、ロナルド・H・コースの企業論のリーガル・インダストリーにおける応用といえよう）。かつては、外部弁護士（法律専門家）—クライアント企業（法律素人）という関係であったものが、外部弁護士（法律専門家）—クライアント企業（法律専門家）となったのであり、リーガル・サービスの受け手であるインハウス弁護士も、外部弁護士のサービスを受けるにつれ、自ら学習していくのである。これに対応して、インハウス法務部門を擁する企業を支援する外部弁護士は、一般的な知識の保持とともに、常に特定の分野の最先端の法的知識、知見を持ち続けなければならなくなる可能性がある。従来型の企業法務事務所は、本書を通じた中心的テーマの1つであるテクノロジーによる弁護士業務への破壊的影響をもろに受ける可能性がある上に、クライアントの要求もより厳しいものになっていく可能性があろう。

この点について、是非とも本書前半の第1〜11章を熟読して、自分または自社が置かれている状況を踏まえた未来を考えてほしい。この分析が、本書の白眉であると私は思う。ただし、安穏と

読み進められる問題ではない。特に、リーガル・ナレッジ・マネジメントに関連して、法律事務所と企業（インハウス弁護士）の関係についてテクノロジーを通じた将来を論じた第7章は、説得力があると同時に、だからこそ、外部の企業法務弁護士の端くれとして活動してきた私にとっては、心胆寒からしめるものがあった。しかし、インハウス弁護士から見れば、チャレンジングな未来でもある。やがて、成長著しい新興企業が、自社のインハウス法務部門確立のために設立まもない法律事務所を吸収するようなケースが出てくるかもしれない。さらには、リチャードは、一般的な知識はコモディティ化された外部のサービスを利用して、インハウス弁護士は専門化する未来まで想定している（p.92）。20年後のリーガル・インダストリーは、リチャードが言うように現在とまったく違うものになっているかもしれない。しかし、これが未来であり、イノベーションであるのかもしれない。

5　新しい弁護士像の課題

⑴　紛争解決の経験不足

　前述のとおり、よい社会システムのデザインのためには紛争解決の経験が非常に重要となる。この観点からすると、〔表2〕および〔表3〕が示唆する弁護士一人当たりの紛争解決に携わる機会の減少は非常に大きな問題である。

　そのためには、まだまだ司法アクセスの手が届いていない埋もれた紛争を掘り起こすことの努力が必要であろう（p.187）。リチャードは英国の法律扶助の削減に言及している（p.12）が、わが国でも法律扶助予算の拡大は大きなテーマである。また、ここ十数年で大きく成長してきている弁護士費用保険の発展・普及も

重点課題であろう。

　一方で、実際に事件に携わる機会の減少をカバーするためには、疑似体験が有用であろう。第19章で言及されている教育方法の今後の発展は、この問題の1つの解決方法を示唆している。

⑵　新しい弁護士像に向けての教育

　もう1つの課題は、日本における法曹養成教育である。日本の法曹養成教育は、法学部、法科大学院、司法研修所を通じて、裁判に携わる法曹の養成を中心の目的としている。しかし、弁護士がその技術を発揮することができる事件は減少の一途である。繰り返すが、私は裁判をはじめとする紛争解決技術が弁護士の能力の中心にあると考えている。しかし、これからの弁護士は裁判技術だけでは十分とはいえない。多様化している紛争解決手段や社会システムのデザイン（分かりやすい例としては、契約書のチェックや規則の制定）についての知識が必要なのである。紛争解決のための法律学習と、社会システムのデザインのための法律学習については、以下のような対照的な特徴があると私は考える〔表8〕。

	学習概念	事実			規範	
		対象	個数	認識方法	存在	適用方法
紛争解決	静態的法学 (Static Jurisprudence)	過去の事実	1つ 事実は動かない	backcast	既存	あてはめる
社会システムのデザイン	動態的法学 (Dynamic Jurisprudence)	将来の事実	複数 事実は固定されていない	forecast	適切な規範が十分に既存とはいえない	デザインする

〔表8〕　紛争解決と社会システムのデザイン

300 訳者あとがき

　これらの社会システムのデザインのための法律学は、法律解釈学ではない。契約交渉の実態や組織構造の研究など、新制度派経済学をはじめとする経済学の先行研究も取り入れた、よりリベラルアーツ的な研究が要請されるかもしれない。

　実務的に見れば、所属事務所の研修や OJT が受けられなかったり、受けられたとしても自分の望む分野ではなかったりする若手弁護士のための、より実務的な学習の場が要求されている。これは、リカレント教育の問題でもあるが、現在の日本のロー・スクールは、学生を司法試験に合格させることに集中しすぎて、新しい弁護士像が必要とするような実務的な教育を体系的にリカレントで教えることへの注力が非常に少ないといえる。「ビッグ4会計事務所のリーガル・ビジネスでは、ロー・スクールの細分化された法律分野よりもビジネス・ソリューションに重点が置かれている」(p.185) というリチャードの指摘には留意しなければならない。このままでは、この教育は、産業化され、第17章で列挙されている新しいリーガル・サービス・プロバイダーにより提供される可能性もあろう。第18章でのリチャードのロー・スクール批判は、日本においても参考になるところが多いと思う。

6　おわりに

　本書の翻訳については、株式会社商事法務取締役コンテンツ制作部長の浅沼亨氏に大変お世話になった。本書のタイトルは『明日の法律家』としたが、本文中では、tomorrow's lawyer を、文脈に応じて「明日の法律家」と「明日の弁護士」に訳し分けている。このアイデアは浅沼氏のアドバイスから生まれたものである。また、翻訳の校正においては、後輩の上野陽子弁護士（第一東京弁

護士会所属）にも献身的なサポートをいただいた。お二人にはお礼の申し上げようもないくらい感謝している。

　そして、何よりも、本書の翻訳に理解を示し、日本語版の序文まで寄稿してくれたリチャードに心からの尊敬と感謝の念を捧げたい。

　2025年2月

池 内 稚 利

索　引

━━━━━ あ 行 ━━━━━

アイルランド
　自由化の連鎖反応 ……………… 18
アウトソーシング …… 58, 115, 138
　若手の法律家の雇用主 …… 215-216
アラン・ケイ ………………… 273
AlphaGo
　機械学習の例 ………………… 23-24
e-交渉
　オンライン紛争解決 ………… 147
e-調停
　オンライン紛争解決 ………… 147
e-ファイリング ……………… 156
e-ラーニング
　オンライン講義 ………… 238-240
　シミュレーション・ベースの研修
　………………………………… 240-241
　従来の講義との比較 ……… 238-239
　破壊的テクノロジー ………… 69-70
e-ワーキング
　改革プログラム ……………… 153
　進歩の欠落 ……………… 152-153
　電子ケース・ファイル ……… 149
　投資不足 ……………………… 153
イノベーション
　──と差別化 ………… 257-259
　──と変革 …………… 256-257
　──へのコミットメント …… 252
　第一世代および第二世代のイノ

　　ベーター ……………… 252-256
　破壊的イノベーション …… 257-258
　「ブルー・オーシャン戦略」
　………………………………… 257-258
　リーガルテック ……………… 25-26
インターネット（テクノロジーも参照）
　新しいアプリケーションの出現
　………………………………… 22
　ユーザーの人数 ……………… 19
インハウス法務部門
　オルタナティブ・フィー・アレン
　ジメント ………………… 38-39
　「拡張した家族」 …………… 116
　「株主テスト」 ………… 120-121
　権限と責任 ……………… 119-121
　購買力 ………………………… 121
　効率化戦略 ……………… 120, 121
　コラボレーション精神 …… 116-118
　コラボレーション戦略 …… 120, 121
　ジェネラル・カウンセルの戦略
　………………………………… 118-119
　自　信 ………………………… 119
　ナレッジ・マネジメント … 109-111
　変化の時間軸
　　概　観 ………………… 132-133
　　破壊のステージ ……… 137-139
　　否定のステージ ……… 133-135
　　リソース再検討のステージ
　　………………………………… 135-137
　変化のステージ ………… 133-139
　法律事務所間協力 ……… 116-117

索　引　303

法律事務所へのさらなる期待
　……………………………111-113
「より多くのものをより安く」と
　いう課題……10-12, 113-116, 121
リーガル・リスク・マネジメント
　……………………………107-109
インフォメーション・テクノロジー
（オンライン・リーガル・サービ
スおよびテクノロジーを参照）
ウールフ改革………………141, 152
ウールフ卿…………………141, 152
エリート事務所
オンライン・サービスの開発‥98
潜在的競争者………………98-99
ビジネス・モデル……………97
エリック・シュミット……………19
オーストラリア
自由化の連鎖反応…………17-18
オーダーメイド法律業務
定　義…………………………44-45
法律業務のコモディティ化との違
　い………………………44-45, 47
ODＤと「コンピュータ裁判官」
議　論……………………177-179
オープンソーシング………60, 71-72
オフショアリング……………58, 115
オリバー・ウェンデル・ホームズ
　……………………………………77
オルタナティブ・ビジネス・ストラ
クチャー
ソリシター規制当局によるライセ
　ンス……………………………15
法律事業者……………………15
オンライン・オークション
──によるリーガル・サービスの
　選択……………………………139

オンライン講義
伝統的な講義との違い……239-240
利　点……………………239-240
オンライン裁判
──の影響………………166-167
──の導入………………………166
ODＤとの違い…………169-170
オンライン手続規則委員会……167
改革の継続………………………166
改革プログラム………………166
概　観……………………163-165
大衆の認識………………………173
ビデオ審理との違い…………163
民事司法評議会のオンライン紛争
　解決アドバイザリーグループ
　……………………………………166
利　点………………166, 184
オンライン手続規則委員会………167
オンライン紛争解決（ODＤ）
──の進展………………167-169
e-調停………………147, 167-168
AI をベースとした診断システム
　……………………………………169
ODＤ プラクティショナー
　……………………………202-203
「オンライン裁判」との違い
　……………………………169-170
オンライン調停………………168
具体例としての eBay……168-169
公正な裁判への関心………171-174
「コンピュータ裁判官」
論　争……………………177-179
サービスの融合…………169-171
裁判官の伝統的な任務に対する挑
　戦……………………………150-151
司法アクセス…………………140

304　索　引

「ダブルブラインド入札」手続
　　………………………168
テレプレゼンス・ベース………169
伝統的な裁判システムとの比較
　　………………………173-174
バーチャル・リアリティ‥175-176
破壊的テクノロジー………75-76
民事司法評議会のオンライン紛争
　　解決アドバイザリーグループ
　　………………………166
オンライン・リーガル・ガイダンス
　　………………… 70-71, 185-186
オンライン・リーガル・サービス
　　オンライン・トリアージ………145
　　オンライン紛争解決（ODR）…147
　　基本的利用可能性……………144
　　形　態
　　　ウェブ・ベースの無償サービス
　　　………………………145
　　　サブスクリプション制ツール
　　　………………………145
　　　他の事業者からの有償提供
　　　………………………145
　　コモディティ化…………50-51
　　サービスの提供………………147
　　潜在的リーガル・マーケット‥148
　　代替的形態………………144-148
　　破壊的効果……………………148
　　非弁護士
　　　──による提供……………144
　　　──への支援……………145
　　標準文書作成………………147
　　弁護士の選択………………146
　　弁護士向けのソーシャル・ネット
　　　ワーク………………147
　　法的警告……………………145

法的体験のコミュニティ………146
法的パラダイムのシフト………185
法的ルールのシステムや手続への
　　組込み………………145
マルチ・サービス・プロバイダー
　　………………………185
利用可能性……………………183
若手の法律家の雇用主……219-220

─────── か　行 ───────

会計事務所
　　エリート法律事務所の潜在的競争
　　　者…………………97, 98
　　オルタナティブ・ビジネス・スト
　　　ラクチャー…………14, 15
　　変化への意欲…………………246
　　若手の法律家の雇用主……210-212
外部化
　　オンライン・リーガル・サービス
　　　………………………50-51
　　リーガル・サービスの進化
　　　………………………48-51
価値基準請求……………………38
カナダ
　　オンライン裁判………………166
　　自由化の連鎖反応…………17-18
ガルリ・カスパロフ……………264
機械学習
　　──の例………………23-24
　　機械予測………………77-78
　　強化学習………………23-24
　　人工知能……………………263
　　破壊的テクノロジー………76-77
　　文書分析………………76-77
　　リーガル・データ・サイエンティ

索　引　305

スト ……………………200
機械予測 …………………77-78
企業家精神 …………………16-17
強化型実務家 ………………191
共同ソーシング …………59, 115-116
業務のリソース
　アウトソーシング ……………58
　新しいパートナーからの質問
　……………………………103
　オープンソーシング…………60
　オフショアリング ……………58
　共同ソーシング ………………59
　クラウドソーシング…………60-61
　KM ソーシング………………61-62
　コンピュータ化 ………………61
　下　請 …………………………59
　将来の雇用主に対する質問 ……247
　代替的リソース ………………57-63
　脱弁護士化………………………58
　単独ソーシング ………………61
　内部ソーシング ………………58
　ノーソーシング ………………62
　変化の時間軸
　　破壊のステージ ………137-139
　　否定のステージ ………133-135
　　リソース再検討のステージ
　　………………………135-137
　ホームソーシング ……………60
　リーガル・プロセス・アウトソー
　　シング ……………………138
　リーシング……………………59
　マルチ・リソース ……………57-62
　リロケーティング ……………58
　隣接ショアリング ……………59
許可された法律業務
　留保された法律業務との違い ……13

銀　行
　明日の法律家の雇用主 ……216-217
　共同ソーシング ………59, 115-116
　コラボレーション戦略 ……41, 116
　コンプライアンス・プロセス・ア
　　ウトソーシング ……………42
組み込まれたリーガル・ナレッジ
　………………………………73-74
クライアント・グリッド ………89-92
クラウドソーシング …………60-61
グリッド
　基本—………………………82-84
　クライアント・— ……………89-92
　——のインパクト …………86-89
　——の具体例…………………84-86
　——の原形 ……………………81
　——の創造 ……………………81
クレイ・シャーキー ……………271
クレイトン・クリスチャンセン
　………………………………64, 127
クレメンティ・レポート（2004）
　…………………………………14
**クローズド・リーガル・コミュニ
　ティ** …………………………72-73
KM ソーシング …………………61
研究開発（R&D）
　R&D ワーカー …………201-202
　研究開発能力 …………249-250
　将来の雇用主に対する質問
　………………………………249-250
研　修
　——問題
　　代替的リソース ……………236
　e-ラーニング ……………238-241
　イングランド＆ウェールズにおけ
　　る法学教育と研修の調査

（2013年）‥‥‥‥‥‥‥‥225
現在及び未来のトレンドを学ぶ選
　択科目 ‥‥‥‥‥‥‥‥230-231
師弟モデル‥‥‥‥‥‥‥‥‥237
将来への基盤‥‥‥‥‥‥237-238
人材の争奪戦‥‥‥‥‥‥‥‥235
前提と懸念‥‥‥‥‥‥‥226-228
代替的リソース‥‥‥‥‥234-236
適切な職業準備‥‥‥‥‥‥‥225
並行業務‥‥‥‥‥‥‥‥‥‥237
弁護士研修の再考 ‥‥‥‥237-238
法学教育
　——の価値 ‥‥‥‥‥‥‥226
　——の将来 ‥‥‥‥‥‥230-233
　——の要求水準 ‥‥‥‥‥227
　研究と法律実務の分断‥‥‥227
　研究分野としての法学‥‥‥226
法学教育への実務家の参加‥‥231
法学生
　人　数‥‥‥‥‥‥‥‥‥224
　ローン‥‥‥‥‥‥‥‥223-225
リーガル・サービスのトレンドを
　学ぶ選択科目 ‥‥‥‥‥230-231
ロー・スクール
　カリキュラムの適切性‥‥‥225
　教育範囲の拡大 ‥‥‥‥229-230
　ロー・スクール批判
　‥‥‥‥‥223-225, 227, 232-233

ゴードン・ムーア ‥‥‥‥‥‥‥20
COVID
　——期間中のテクノロジーの加速
　‥‥‥‥‥‥‥‥‥‥‥‥‥29
　——期間中のテクノロジーの減速
　‥‥‥‥‥‥‥‥‥‥29, 33-34
　初期対応‥‥‥‥‥‥‥‥30-31
　予定外の実験‥‥‥‥‥‥31-32

リモート裁判の進化に対する影響
　‥‥‥‥‥‥‥159-160, 161-162
公正な裁判
　オンライン・システムと従来のシ
　　ステムとの比較 ‥‥‥‥173-174
　懸　念 ‥‥‥‥‥‥‥‥171-174
　公衆のアクセス ‥‥‥‥‥‥172
　証拠の信頼性と信用性‥‥‥‥173
　大衆の認識‥‥‥‥‥‥‥‥173
　判　断 ‥‥‥‥‥‥‥‥‥172
効率化戦略
　コモディティ化 ‥‥‥‥‥46-51
　成功への戦略 ‥‥‥‥‥‥40-41
　マーケットにおける差別化 ‥‥48
コラボレーション戦略
　インハウス弁護士 ‥‥‥‥116-118
　クローズド・リーガル・コミュニ
　　ティ ‥‥‥‥‥‥‥‥‥72-73
　成功への戦略 ‥‥‥‥‥‥40-43
雇用主（若手の法律家も参照）
　大手法律出版社 ‥‥‥‥‥212-213
　オンライン・リーガル・サービ
　　ス・プロバイダー ‥‥‥219-220
　概　観 ‥‥‥‥‥‥‥‥‥209
　国際会計事務所 ‥‥‥‥‥210-212
　目抜き通りの有名ブランド・リ
　　テール企業‥‥‥‥‥‥216-217
　リーガル・カンパニー‥‥‥218-219
　リーガルテック・カンパニー
　‥‥‥‥‥‥‥‥‥‥‥218-219
　リーガル・ノウハウ・プロバイ
　　ダー ‥‥‥‥‥‥‥‥213-214
　リーガル・プロセス・アウトソー
　　サー（LPO）‥‥‥‥‥215-216
　リーガル・マネージメント・コン
　　サルティング ‥‥‥‥‥220-221

リーガル・リーシング・エージェ
ンシー …………………217-218
コンピュータ化 ………………… 61
コンピュータ支援速記（CAT）
…………………………156-158
コンピュータ・システム
リーガル・ビジネス・システムの
変化 …………………138-139

──────── さ 行 ────────

サービスの提供
効率化戦略 ………………40-41
コモディティ化とオーダーメイド
法律業務の比較 …………44-46
将来についての検討
電動ドリルか穴か………265-268
変化の不可避性 ………268-270
「より多くのものをより安く」と
いう課題…………………10-12
四段階の発展 ………………46-51
最高執行責任者（COO） ………119
Cybersettle ……………………168
裁判（裁判官も参照のこと）
e-ファイリング …………………158
ODRとの違い……………169-170
オンライン裁判
──改革の継続 ………166-167
──のインパクト ………166-167
──の紹介 ………………166
──の利点 …………… 166, 184
オンライン手続規制委員会 ……167
改革プログラム ………………166
概　観 ………………163-165
コンピュータ支援速記（CAT）
…………………………156-158

証拠のデジタル提出…………158
大衆の認識………………173
テクノロジーを活用した裁判所
…………………………156-158
文書表示システム …………157
リモート裁判 ……………159-162
裁判官（裁判も参照）
e-ワーキング ……………151-152
裁判官の業務に対する影響
…………………………150-151
持続的テクノロジー…………151
自動文書作成 ………………150
大衆の裁判官に対する印象 ……149
リーガル・リサーチ…………150
サヴィル卿………………………158
GC（ジェネラル・カウンセル参照）
ジェネラル・カウンセル（GC）
コラボレーション戦略 …… 116, 120
最高執行責任者（COO）………119
仕事の中心 ………………107-108
法的ニーズ分析 ………………118
法律事務所間協力 …………116-17
未来への戦略 ……………118-119
「より多くのものをより安く」と
いう課題
…… 10-12, 113-116, 118-119, 121
リーガル・リスク・マネジメント
…………………………107-109
ジェフリー・ヴォス卿…………167
システム化
リーガル・サービスに対するテク
ノロジーの影響 …………47-48
自然言語処理……………………78-79
持続的テクノロジー
破壊的テクノロジーとの違い ‥64
下　請…………………………… 59

質疑応答（QA）（法的質疑応答参照）

嫉妬深いガードマン ………271-272

慈悲深いカストディアン……271-272

司法アクセス

ウールフ改革 …………………141

オンライン・リーガル・サービス
………………………………144-148

非弁護士の状況 …………142-143

紛争解決…………………………141

紛争回避…………………………142

紛争制御…………………………142

法律からの排除 …………140-141

法律の恩恵の認識 ……………143

法律の不知……………………141

リーガル・ガイダンスの選択 ・143

リーガル・サービスの提供 ……143

リーガル・ヘルス促進…………142

シミュレーション・ベースの研修
……………………………240-241

市 民

「より多くのものをより安く」と
いう課題……………………10-12

市民へのアドバイス

法的支援のオルタナティブ・プロ
バイダー……………………144

自由化

新しい起業家精神 ……………16

新しい所有規則 ………………15

一般市民の選択肢の必要性 …… 14

オルタナティブ・ビジネス・スト
ラクチャー…………………14, 17

業務に対する波及効果………17-18

クレメンティ・レポート（2004）
……………………………… 14

変化の推進要因 …………13-19

留保された事業としての法律事業

………………………………… 13

若手の法律家の雇用に対する影響
……………………………211, 215

収 入………………………37-38

弁護士の収入………………37-38

出版社（法律出版社参照）

ジュディス・レズニック………173

ジュニア・パートナー

将来の展望…………………102-105

——に対する質問………102-105

ジョージ・バーナード・ショー ・271

証拠のデジタル提出（EPE）……158

常時接続性……………………… 68

将 来

グローバル・エリート…… 97-101

ジュニア・パートナー…… 102-105

小規模法律事務所 …………99-101

訴訟弁護士……………………101-102

中規模法律事務所 …………… 99

トレイニー弁護士 …………… 96

バリスター……………………101-102

人工知能（AI）

インパクト……………262-263

AI の誤謬…………………………264

概 観…………………260-265

感情コンピューティング………264

機械学習…………………………263

機械質疑応答……………………263

潜在的損害賠償システム………262

知識獲得…………………………262

強い AI……………………………261

破壊的テクノロジー……………263

ビッグ・データ ………………263

問題解決システム ……… 23-24, 263

弱い AI……………………………261

ルール・ベースのエキスパート・

システム………………………262

人材の争奪戦………………………235

スコットランド
　自由化の連鎖反応………………18

成功への戦略
　効率化戦略…………………40-41
　コラボレーション戦略………40-43

セオドア・レビット…………95, 98

潜在的リーガル・マーケット
………………………148, 187

専門的で信頼できるアドバイザー
………………………190-191

訴訟弁護士
　将来の展望………………101-102

──────　**た　行**　──────

タイムチャージ
　インハウス弁護士………114-115
　欠　点………………………36
　支配的文化………………36-37, 114
　ビジネス・モデル…………36-37

脱弁護士化………………………58

ダニエル・カッツ………………77

ダニエル・サスキンド………65, 264

単独ソーシング…………………61

知識獲得………………………262

血の日曜日事件調査
　テクノロジーを活用した公的調査
………………………158

地方当局
　コラボレーション戦略…………42

中　国
　オンライン裁判…………………166

長期的戦略………………243-244

調　停

e-調停………………147, 167-168

提案依頼書（RFPs）………………38

デヴィッド・クレメンティ卿……14

テクノロジー（グリッド、イノベーション、リーガルテック、オンライン・リーガル・サービスも参照）

COVID
　初期対応…………………30-31
　COVID 期間中のテクノロジーの
　　加速…………………………29
　COVID 期間中のテクノロジーの
　　減速…………………29, 33-34
　予定外の実験……………31-32

裁判官による活用
　e-ワーキング…………151-152
　裁判官の業務に対する影響
………………………149-151

裁判所による活用
　e-ファイリング…………………158
　コンピュータ支援速記（CAT）
………………………156-158
　証拠のデジタル提出（EPE）
…………………………158
　テクノロジーを活用した裁判所
………………………156-158
　文書表示システム…………157

性　能…………………………22-25

分　解…………………57, 62-63

破壊的テクノロジー
　e-ラーニング……………69-70
　オンライン紛争解決（ODR）
………………………75-76
　オンライン・リーガル・ガイダンス………………………70-71
　概　観…………………64-66
　機械予測…………………77-78

組み込まれたリーガル・ナレッジ ……………………73-74

クローズド・リーガル・コミュニティ ……………………72-73

自然言語処理 ……………78-79

持続的テクノロジーとの違い ……………………………64

常時接続性 ………………… 68

電子リーガル・マーケット ‥ 69

導　入…………………………138

「不合理な拒絶主義」…………22

ブロックチェーン…………74-75

文書自動作成 ………………67

文書分析………………76-77

リーガル・オープンソーシング ……………………71-72

リーガル・プラットフォーム ……………………………80

ワークフローとプロジェクト・マネジメント ……………73

変化の推進要因

新しいアプリケーションの出現 …………………………22

影響の普及 …………………19

誇張されている主張………19-20

処理能力の進化 …………20-21

性質と役割の変化…………21

ムーアの法則 ………………20

リーガル・テクノロジスト ……………………196-197

システム化………………47-48

将来の雇用主に対する質問 …………………………248-249

未来の法律事務所の役割 …………………………248-249

リモート裁判 …………159-162

デジタル・セキュリティ・ガード ……………………………202

デジタル世代

定　義 …………………… 27

デニス・カーティス …………173

電子リーガル・マーケット ‥ 69, 139

電動ドリルか穴か …………265-268

トレイニー弁護士

将来の展望………………… 96

――――――― **な　行** ―――――――

内部ソーシング ………………… 58

ナレッジ・マネジメント

インハウス・マネジメント ……………………109-111

リーガル・ナレッジ・エンジニア ……………… 187, 195

入　札 ……………………… 38, 39

入札招聘書（ITT）……………… 38

ノウハウ・プロバイダー ……213-214

ノーソーシング ………………… 62

――――――― **は　行** ―――――――

破壊的テクノロジー（グリッドおよびイノベーションも参照）

e-ラーニング ……………69-70

オンライン紛争解決（ODR） ……………………75-76

オンライン・リーガル・ガイダンス ……………………70-71

概　観 ………………64-66

機械予測………………77-78

組み込まれたリーガル・ナレッジ ……………………73-74

索　引　311

クローズド・リーガル・コミュニ
　ティ ·····················72-73
自然言語処理 ················78-79
持続的テクノロジーとの違い ·· 64
常時接続性 ···················· 68
電子リーガル・マーケット ···· 69
導　入 ······················138
ブロックチェーン ··········74-75
文書自動作成 ················· 67
文書分析 ·················76-77
変化の時間軸 ·············137-139
リーガル・オープンソーシング
　·······················71-72
リーガルテック ············25-26
リーガル・プラットフォーム ·· 80
ワークフローとプロジェクト・
　マネジメント ··············· 73
破壊のステージ ·············135-137
バック・オフィス・システム
　リーガルテック支出 ·············· 27
パネル ·······················38
バリスター
　資格取得の必要性 ············207
　将来への展望 ··············101-102
判　例
　判例へのアクセス ·············186
ビジョン・ベースの考え方
　·······················250-251
ビッグ・データ ··········76-77, 263
否定のステージ ·············133-135
ビデオ審理 ···················163
評価システム ···················69
標準化
　リーガル・サービスのプロセスと
　　内容 ·······················47
　リーガル・ナレッジ・エンジニア

　·······························195
フィリップ・キャッパー教授 ···· 262
「不合理な拒絶主義」 ··············· 22
ブライアン・タマナハ ············224
フランツ・カフカ ··············140
ブリッグス上級判事 ·············166
プロジェクト・マネジメント（ワー
　クフローとプロジェクト・マネジ
　メント参照）
ブロックチェーン ················74-75
『プロフェッショナルの未来』
　AIの誤謬 ························264
　嫉妬深いガードマン ········271-272
　信頼できるアドバイザーの本質
　·······························270
　信頼できるアドバイザー・モデル
　　の問題 ·····················270-271
文　書
　e-ディスクロージャー ·········138
　インハウス・ナレッジ・マネジメ
　　ント ·······················109-111
　裁判所の表示システム ··········157
　ドラフティングのシステム化 ·· 48
　文書自動作成 ····· 48-49, 63, 67, 138
　文書分析 ·················76-77
紛争解決（オンライン紛争解決も参照）
　司法アクセス ·················141
　紛争予防 ·····················186
　法的パラダイムのシフト
　·······························181-187
紛争回避
　司法アクセス ·················142
紛争制御
　司法アクセス ·················142
米　国
　オンライン裁判 ·················166

許可された法律業務 13
自由化の連鎖反応 18
法学教育 223, 224, 225, 231-232
ロー・スクール 223, 224
変化の時間軸
概　観 132-133
変化の推進要因
概　観 10
自由化
新しい起業家精神 16
新しい所有規則 14-15
一般市民の選択の必要性 14
オルタナティブ・ビジネス・ス
トラクチャー 15, 18
業務への波及効果 17-18
留保されたビジネスとしての法
律 13
テクノロジー
新しいアプリケーションの出現
22
影響の普及 19
過大評価 20
処理能力の進化 20-21
性質と役割 21
性　能 22-24
「不合理な拒絶主義」.......... 22
ムーアの法則 20
「より多くのものをより安く」と
いう課題 10-12
リーガルテック
イノベーション 25-26
支　出 26-27
重要性 25
デジタル世代 27
破壊的テクノロジー 26
バック・オフィス・システム

.... 27
予期されるインパクト 25, 28
**弁護士（バリスター、ジュニア・
パートナー、若手の弁護士、若手
の法律家も参照）**
将来の展望に対するジュニア・
パートナーの共通質問
.... 102-105
訴訟弁護士の将来の展望
.... 101-102
プロフェショナル・サポート・
ローヤー 110-111
法的パラダイムのシフト .. 181-187
若手の弁護士の将来の展望 96
弁護士の新しい仕事
自由化の波及効果 18
弁　論 101-102
報　酬
オルタナティブ・フィー・アレン
ジメント 35-36, 38-39
競争入札 38-39, 134
成功への戦略
オルタナティブ・フィー・アレ
ンジメント 35-36, 38-39
タイムチャージ 36-38
タイムチャージからのシフト
.... 184
タイムチャージ 36-38
「より多くのものをより安く」と
いう課題 10-12
法的経験のコミュニティ 146
法的質疑応答 79, 261, 263
『法の未来』
インターネット・ユーザーの数
.... 180
概　観 180-181

潜在的リーガル・マーケット
……………………………187-188
テクノロジー
　アドバイザリー・サービスから
　　の離別……………………182
　法律界の主流派への挑戦
　……………………………180-181
　用　語……………………181
法曹界の主流派の反応……180-181
法的パラダイムのシフト
　アドバイザリー・サービスから
　　インフォメーション・サービ
　　スへ ……………………182
　一対一から一対多へのリーガ
　　ル・サービス ……………183
　オンライン・リーガル・サービ
　　ス ………………………184
　情報基盤……………………263
　人　材……………………186
　タイムチャージの終焉………184
　他分野に渡るオンライン・サー
　　ビス ……………………185
　能動的リーガル・サービス …183
　紛争予防……………………186
　法律の平易化 ………………184
　法律へのアクセス…………186
　「法律を解放せよ」…………186
　要　約……………………181-182
　リーガル・リスク・マネージメ
　　ント ……………………185
法務部門（インハウス法務部門も参照）
法律業界の人材 ……………186-187
法律業務のコモディティ化
　オーダーメイド法律業務との比較
　……………………………44-45
　オープンソーシング…………60

効率化戦略の効果 …………40-41
４段階の進化 ………………46-51
法律業務の分解
　業務のソース ………………53-56
　効率化戦略の効果 …………40-41
　裁判業務……………………150-151
　訴訟業務……………………53-56
　適　用 ……………………52-53
　取引業務……………………56
　プロジェクト・マネジメント ‥55
　文書レビュー………………55
　リーガル・プロセス・アナリシス
　……………………………198-199
法律事業者（法律事務所も参照）
　大手法律出版社 ……………212-213
　オンライン・リーガル・サービ
　　ス・プロバイダー ………219-220
　国際会計事務所 ……………210-212
　目抜き通りのリテール企業
　……………………………216-217
　リーガル・エージェンシー
　……………………………217-218
　リーガル・カンパニー………218-219
　リーガルテック・カンパニー
　……………………………221-222
　リーガル・ノウハウ・プロバイ
　　ダー ……………………213-214
　リーガル・マネジメント・コンサ
　　ルティング………………220-221
　リーガル・プロセス・アウトソー
　　サー（LPO）……………215-216
**法律事務所（インハウス法務部門も
参照）**
　新しい所有規則 ……………15
　オルタナティブ・ビジネス・スト
　　ラクチャー………………14

改革のマネジメント…………94-95
業務のやり方
　クライアントとの関係
　　…………………………111-113
　クライアントとの共感………113
　クライアントによる選択………
　　111-113
　クライアントの選択…………57
　クライアントの期待……111-113
グローバル・エリートの将来への
　展望 ………………………97-101
研究開発能力 …………………249-250
最高レベルの業務 ………………96
小規模の法律事務所………99-100
中規模の法律事務所……………99
長期的戦略……………………243-244
ニッチな専門分野 ………………99
破壊のステージ …………137-139
パネル ………………………………38
ビジョン・ベース思考……250-251
否定のステージ …………133-135
変化へのモチベーション…245-246
法律事務所間協力 …………116-117
「より多くのものをより安く」と
　いう課題………………10-12, 95
リーガル・マネジメント・コンサ
　ルティング ……………220-221
リーダーシップ …………105-106
リスク共有………………………109
リソース再検討のステージ
　………………………………135-137
若手の法律家の雇用主としての
　リーガル・カンパニー
　………………………………218-219

法律出版社
　変化への意欲…………………246

若手の法律家の雇用主……212-213
**法律専門家（プロフェッションの未
　来参照）**
法律へのアクセス ……………186
「法律を解放せよ」
　キャンペーン ……………………186
ホームソーシング ………………60
ポール・マハーグ …………240-241

──────── **ま 行** ────────

マネジメント・コンサルティング
　………………………………220-221
マルチ・ソーシング
　効率性戦略の結果 ………………41
　分　解 …………………57, 62-63
ムーアの法則
　コンピュータの処理能力………20
目抜き通りのリテール企業
　………………………………216-217
モデレーター………………203-204

──────── **や 行** ────────

**「より多くのものをより安く」とい
　う課題**
　インハウス法務部門………113-116
　収益性 ……………………………37
　成功への戦略
　　効率性戦略…………………40-41
　　コラボレーション戦略……40-43
　　報酬の低額化 ………………35-38
　変化の推進要因…………11, 12-13
　変化のタイミング ………133-134

索 引 315

——— ら 行 ———

リーガル・アドバイス
オルタナティブ・プロバイダー
……………………………143
リーガル・インフォメーション
リーガル・インフォメーションの
情報基盤の変化………268-269
リーガル・エージェンシー
若手の法律家の雇用主……217-218
リーガル・カンパニー……218-219
リーガル・サービス
アドバイザリー・サービスからイ
ンフォメーション・サービスへ
………………………………182
一対一から一対多へ…………183
オンライン・オークション
………………………69, 139
現在モデルの非持続可能性……268
サード・パーティ・プロバイダー
………………………58, 115
受動的サービス……… 183-184, 185
情報基盤の変化…………268-269
選 択………………………139
能動的サービス…………183-184
評価システム……………69, 139
報酬比較システム…………69, 139
法的パラダイムのシフト…181-187
四段階の発展
オーダーメイド…………46-47
外部化………………46, 48 -51
システム化…………46, 47-48
標準化……………………46-47
**リーガル・データ・サイエンティス
ト**………………………………200

**リーガル・データ・ビジュアライ
ザー**………………………………201
リーガル・テクノロジスト
………………………………196-197
リーガル・デザイン思考家……194
リーガルテック・カンパニー
イノベーション……………25-26
支 出………………………26-27
デジタル世代…………………27
破壊的テクノロジー……………26
バック・オフィス・システム‥26
予期されるインパクト……25, 28
リーガルテック・スタートアップ
——のインパクト………127-131
——の数………………………124
——のサポート・スキーム
………………………………125-126
——のスコープ…………126-127
——への投資…………………124
——へのリーガル・アドバイス
………………………………124-126
新しいシステムとサービス
………………………………126-127
契約サービス…………………126
重要性………………………25
スタートアップの構図……123-126
法律事務所による変革と自己破壊
………………………………122-123
リーガル・ナレッジ・エンジニア
……………………… 186-187, 195
リーガル・ノウハウ・プロバイダー
若手の法律家の雇用主……213-214
リーガル・ノーコーダー…………196
リーガル・ハイブリッド……197-198
リーガル・プラットフォーム…… 80

316 索 引

リーガル・プロセス・アウトソーシング
　リーガル・プロセス・アウトソーサー
　　変化への意欲 ·················246
　リーガル・プロセス・アナリスト
　　·····················198-199
　　若手の法律家の雇用主··215-216
　リーガル・マネジメント・コンサルティング
　　若手の法律家の雇用主
　　·····················220-221
リーガル・ヘルス・プロモーション
　·····························142
リーガル・マーケット
　コモディティ化
　　オーダーメイド法律業務との比較 ························44-45
　　リーガル・サービスの進化
　　························46-51
　　重要性······················ 44
　成功への戦略
　　オルタナティブ・フィー・アレンジメント ················38-39
　　効率化戦略···············40-41
　　コラボレーション戦略·····40-43
　　報酬の低額化···············35-38
　潜在的リーガル・マーケット
　　·················· 148, 187-188
　破壊的テクノロジー
　　e-ラーニング··············79-70
　　オンライン紛争解決（ODR）
　　························75-76
　　オンライン・リーガル・ガイダンス ·····················70-71
　　概 観·····················64-66

機械予想·····················77-78
組み込まれたリーガル・ナレッジ·····················73-74
クローズド・リーガル・コミュニティ·····················72-73
持続的テクノロジーとの違い
······························ 64
自動文書生成 ················· 67
常時接続性 ··················· 68
電子リーガル・マーケット
·····················69, 139
導 入·················138-139
文書分析·····················76-77
リーガル・オープンソーシング
·····························71-72
ワークフローとプロジェクト・マネジメント ················· 73
変化の推進要因
　概 観··························· 10
　自由化·················10, 13-19
　テクノロジー ··········10, 19-25
　「より多くのものをより安く」
　という課題············10, 11-12
法律業務の分解
　効率化戦略の結果············· 41
　訴訟業務·················53-56
　取引業務····················· 56
　プロジェクト・マネジメント
　·····················55-56
　文書レビュー ················· 55
法律業務のリソース
　オープンソーシング············ 60
　オフショアリング············· 58
　共同ソーシング ················· 59
　クラウドソーシング········60-61
　KMソーシング··············61-62

索　引　317

下　請······························59
代替的リソース ············57-63
脱弁護士化······················58
単独ソーシング ················61
内部ソーシング ················58
ノーソーシング ················62
ホームソーシング··············60
マルチ・ソーシング···57, 62-63
リーシング·····················59-60
リロケーティング··············58
隣接ショアリング··············59
**リーガル・マネジメント・コンサル
ティング**·····················220-221
リーガル・リスク・マネジメント
インハウス弁護士 ·········107-109
標準文書························109-111
法的パラダイムのシフト
·················· 181-182, 185-186
リーガル・リスク・マネジメント
·····························205-206
リーシング·····················59-60
リーダーシップ
法律事務所·····················105-106
リスク・マネジメント
インハウス法務部門········107-109
リーガル・リスク・マネジャー
·····························205-206
リソース再検討
リーガル・サービスの変化のス
テージ ·····················135-137
リテール企業
若手の法律家の雇用主·····216-217
リモート裁判·····················159-162
リロケーティング ···················58
隣接ショアリング ·················59
Rulefinder··························42

―――――　**わ　行**　―――――

**ワークフローとプロジェクト・マネ
ジメント**
専門分野························199-200
破壊的テクノロジー·············73
法律業務の分解 ·················55
リーガル・プロジェクト・マネ
ジャー ·····················199-200
若手の弁護士
ジュニア・パートナー
将来の展望についての共通質問
····················102-105
将来の展望··············96, 102-105
若手の法律家（研修も参照）
新しい雇用主
大手法律出版社 ··········212-213
オンライン・リーガル・サービ
ス・プロバイダー······219-220
概　観························209
国際会計事務所 ··········210-212
目抜き通りのリテール企業
····················216-217
リーガル・カンパニー··218-219
リーガルテック・カンパニー
····················221-222
リーガル・ノウハウ・プロバイ
ダー ·····················213-214
リーガル・プロセス・アウト
ソーサー（LPO）·······215-216
リーガル・リーシング・エー
ジェンシー ·············217-218
新しい仕事
R&D ワーカー ············201-202
明日の法律家 ·············191-193

ODR プラクティショナー‥‥‥202
基本的資格取得の必要性
　強化型実務家 ‥‥‥‥‥‥‥‥191
　専門的で信頼できるアドバイ
　　ザー ‥‥‥‥‥‥‥‥‥190-191
　デジタル・セキュリティ・ガー
　　ド ‥‥‥‥‥‥‥‥‥‥‥‥202
　モデレーター ‥‥‥‥‥‥203-204
　リーガル・データ・サイエン
　　ティスト ‥‥‥‥‥‥‥‥‥200
　リーガル・データ・ビジュアラ
　　イザー‥‥‥‥‥‥‥‥‥‥201
　リーガル・テクノロジスト
　　‥‥‥‥‥‥‥‥‥‥‥196-197
　リーガル・デザイン思考家 ‥194
　リーガル・ナレッジ・エンジニ
　　ア ‥‥‥‥‥‥‥‥‥‥‥‥195
　リーガル・ノーコーダー ‥‥196
　リーガル・ハイブリッド
　　‥‥‥‥‥‥‥‥‥‥‥197-198
　リーガル・プロジェクト・マネ
　　ジャー‥‥‥‥‥‥‥‥199-200
　リーガル・プロセス・アナリス
　　ト ‥‥‥‥‥‥‥‥‥‥198-199
　リーガル・マネジメント・コン
　　サルタント ‥‥‥‥‥‥204-205
　リーガル・リスク・マネジャー
　　‥‥‥‥‥‥‥‥‥‥‥205-206
最初の仕事‥‥‥‥‥‥‥‥‥‥222
資　格
　取得の必要性 ‥‥‥‥‥ 207, 222
従来型の弁護士 ‥‥‥‥‥‥‥190
将来の雇用主に対する質問
　概　観‥‥‥‥‥‥‥‥‥‥‥242
　業務のやり方 ‥‥‥‥‥244-245
　研究開発能力 ‥‥‥‥‥249-250

今後20年のリーガル・サービス
　の見方‥‥‥‥‥‥‥‥244-245
将来の成長へのモチベーション
　‥‥‥‥‥‥‥‥‥‥‥245-246
代替的リソース ‥‥‥‥‥‥‥247
長期的戦略‥‥‥‥‥‥‥243-244
テクノロジーの役割‥‥‥248-249
法律事務所をゼロからデザイン
　する ‥‥‥‥‥‥‥‥‥250-251
将来のミッション ‥‥‥‥272-274
人材の争奪戦‥‥‥‥‥‥‥‥235
ワトソン（IBM）‥‥‥‥‥‥‥ 23

リチャード・サスキンド（Richard Susskind）
1961年生。英国首席判事ITアドバイザー、オックスフォード大学教授、グレシャム・カレッジ教授、ストラスクライド大学教授を歴任。グラスゴー大学およびオックスフォード大学ベリオール・カレッジ卒業。

池内稚利（Masatoshi Ikeuchi）
1962年生。光和総合法律事務所・弁護士。1985年中央大学法学部卒業、1991年弁護士登録（第一東京弁護士会所属）。企業法務、倒産事件、国際取引、中小企業支援などを幅広く手がける。

明日の法律家

2025年4月3日　初版第1刷発行

著　　者　リチャード・サスキンド

訳　　者　池　内　稚　利

発　行　者　石　川　雅　規

発　行　所　鑄商　事　法　務

〒103-0027 東京都中央区日本橋3-6-2
TEL 03-6262-6756・FAX 03-6262-6804〔営業〕
TEL 03-6262-6769〔編集〕
https://www.shojihomu.co.jp/

落丁・乱丁本はお取り替えいたします。　印刷／そうめいコミュニケーションプリンティング
©2025 Masatoshi Ikeuchi　　　　　　　　　　Printed in Japan
Shojihomu Co., Ltd.
ISBN978-4-7857-3138-0
＊定価はカバーに表示してあります。

JCOPY ＜出版者著作権管理機構 委託出版物＞
本書の無断複製は著作権法上での例外を除き禁じられています。
複製される場合は、そのつど事前に、出版者著作権管理機構
（電話03-5244-5088、FAX 03-5244-5089、e-mail: info@jcopy.or.jp）
の許諾を得てください。